일본은 왜 원전을 멈추지 않는가?

なぜ日本は原発を止められないのか？

원자력 실태와 에너지 정책의 구조적 문제를 파헤치다

일본은 왜 원전을 멈추지 않는가?

.... 아오키 미키 지음 ─ 오하라 츠나키 옮김

마르코폴로

목차

목차

한국어판 서문

●

도쿄전력 후쿠시마 제1원전 사고가 발생한 지 14년이 지났다. 도쿄에서는 부흥 올림픽도 열렸다. 그런데 아직도 원전사고의 여파가 진행중인데 사태가 끝났다고 생각하는 사람들도 많다. "피난하고 있는 사람은 이제 없는 거지?", "후쿠시마 원전 주변도 이제는 안전해져서 사람이 살 수 있는 거지?" 이런 이야기가 들린다. 일본 정부는 원전 사고가 마치 일어나지 않았던 것처럼 행동하고 있다. 최근 발표된 에너지기본계획에서는 "원전을 가능한 한 줄여간다"는 문구를 삭제하고 신규 건설까지 포함시켰다. 한국을 포함해 원전 활용으로 되돌아가는 국가들도 나오는 상황이다.

한편 후쿠시마 제1원전 사고로 발령한 "원자력 긴급 사태 선언"은 지금도 계속 유지되고 있다. 정부가 주민에게 피난을 지시한 "귀환곤란구역"은 후쿠시마 제1원전으로부터 30km를 넘은 지역까지 포함되었고 피난자 수는 수만 명에 이른다. 후쿠시마 제1원전에서 380km 떨어진 아오모리현(青森県)에서 채취한 야생 버섯에도 여전

13

히 출하 제한이 걸린다. 그러나 이러한 실태는 잘 알려지지 않는다.

2025년 3월, 나의 강연을 들으러 온 후쿠시마의 고등학교 2학년 여학생이 이렇게 말했다.

"후쿠시마에서는 '새로운 주먹밥 가게가 생겼어요'와 같은 밝은 뉴스만 보도되고 있어요. 그래서 아직 이렇게 방사선량이 높다는 것은 전혀 몰랐습니다." 현지 후쿠시마현에서조차 진실이 전해지지 않고 있는 것이다.

기자들은 기사를 쓰지 못하고 있다. 어느 메이저 신문사 기자는 후쿠시마현 이이타테무라(飯館村)의 방사선량에 관한 기사를 썼는데, "주민들의 귀환을 방해하게 되면 안 된다"며 데스크가 기사를 삭제했다고 한다. 또 다른 기자는 건강 피해 상황에 대해 연재 기사를 쓰려다 상사가 "이런 보도를 원하지 않는 사람도 있을 거니까 (쓰지 않았으면 좋겠다)"라며 말려서 결국 기사는 나가지 못했다.

후쿠시마현에서 멀리 규슈지역으로 피난한 남성 농업 종사자는 나에게 "오랜만에 취재를 받았다"며 기쁜 마음으로 연락해 왔다. 그는 규슈에서 농사를 새로 지으면서도 후쿠시마에 돌아가고 싶어서 후쿠시마의 흙 오염 상태를 계속 조사하고 있다. 며칠 후 그가 나에게 기자와 인터뷰한 기사를 보내왔는데 침울한 상태였다. 기사에는 그가 왜 피난해 왔는지가 적혀 있지 않았다. 기사를 쓴 기자는 그에게 편지를 보내왔다. 편지에는 "오염과 관련해서 쓰려고 했는데 회사의 방침으로 모두 삭제되었습니다. 죄송합니다"라고 적혀 있었다고 한다. 기자도 분명 억울했을 것이다.

　나는 에너지 연구자의 딸로 태어나서 어릴 때부터 아버지의 일을 도왔다. 성인이 되고 나서는 지역 신문사 두 곳에서 기자로 근무했고 메이저 신문사로 옮긴 후에도 원전 관련 기사를 써왔다. 그런데 후쿠시마 사고 발생 후 몇 년이 지나서는 "언제까지 이 사람(피난민)들을 만날 거야?"와 같은 말을 상사로부터 듣게 되었다.

　일본은 '국경 없는 기자회'가 발표하는 보도 자유도 순위에서 낮은 평가를 받고 있다. 2024년은 전년보다 두 단계 내려가 70위가 되었다. 국경 없는 기자회는 그 이유 중 하나로 "원전 보도를 하는 기자가 괴롭힘을 당하고 있다"는 것을 꼽았다.

　밖에서도 안에서도 계속해서 시달린다는 것은 정신적으로 괴로운 일이다. 이러한 일을 당한 기자들은 포기하고 퇴사한다. 나는 줄기차게 기획서를 쓰고 제출했다가 5년 전 갑자기 기자직에서 쫓겨났다. 나는 휴일 등을 이용해 프리랜서로 취재를 계속하기로 했다. 그러다 메이저 언론사 자체가 오랫동안 원전 추진의 역할을 해왔다는 것과 언론이 후쿠시마 사고 피해에 관한 보도를 방해하고 있다는 사실을 알게 되었다. 피해 실태가 전해지지 않으면 원전 회귀로 돌아갈 수밖에 없다. 미디어가 원전 회귀의 한 쪽 역할을 담당하고 있는 것이다.

　나는 이 실태를 밝히기 위해 책을 출판하기로 했다. 그런데 내가 일하는 메이저 신문사에서 몇 번이나 방해를 받았다. 그들은 "인정할 수 없다"고 승인하지 않았다. 임원을 직접 만나서 얘기해 봤지만 "회사를 그만두고 출판한다면 문제는 없다"라며 내게 퇴직을 종용했다. 그래도 각오하고 출판한 것이 이 책이다. 다행히 탈원 전문학대상, 빈곤저널리즘상을 받았고 6쇄까지 나왔다. 그리고 오디오북이 나왔고 약 50회 강연회를 통해서 약 5천 명의 사람들과 이야기를 나눠왔다. 더구나 이렇게 한국어판도 나온다. 고마울 따름이다.

　원전에서 한 번이라도 사고가 나면 한 국가가 망가질 정도로 피해가 크다. 그래서 원전은 전쟁의 표적이 된다. 이 책에서 인터뷰한 이시바 시게루(石破茂) 씨는, 2024년 10월 일본 수상이 되었다. 이시바 수상은 취임 전 원전을 제로로 하고 싶다고 나에게 말했다. 그 이유에 대해 "동일본 대지진으로 알게 된 자연 재해의 위험성"을 거론했고, "군사적으로 안전하지 않기 때문"이라고 말했다. 이시바 수상은 본인이 방위대신(장관)을 했을 때부터 그렇게 생각해 왔다고 말했다.

　러시아는 우크라이나의 자포리자 원전을 표적으로 삼았다. 2024년 12월 31일에는 러시아가 일본 도카이 제2원전을 포함한 이바라키현(茨城県) 도카이무라(東海村) 핵관련 시설을 표적 리스트에 올리고 있었던 사실도 밝혀졌다(영국 파이낸셜 타임즈). 도카이 제2원전은 일본 수도권에서 유일한 대형 원자로로 30km 권내에 약 90만 명이 생활하고 있다.

　원전이 군사적으로도 위험하다는 지적은 많다. 그런데 이시바 수상은 취임 후 원전 추진으로 전환하는 에너지기본계획을 각의 결정했다. 요미우리 신문은 이시바 수상이 원전 추진 관련 법인 출신의 자민당 의원들과 원전 추진파 국민민주당의 요구를 뿌리칠

수 없었다고 보도했다.

국방 문제에 더해 고준위 방사성 폐기물 처분장도 전망이 보이지 않는다. 후쿠시마 사고로 안전 기준이 강화되었다고 하더라도 사고의 위험은 지금도 여전히 같다. 원전을 둘러싼 크고 작은 문제들은 여전히 해결되지 않았기 때문이다.

원전 사고의 피해가 잊히면서 마치 사고가 일어나지 않았던 것처럼 되어버린 현실 속에서 원전 재가동을 찬성하는 젊은이들이 증가하고 있다. 도쿄대학에서 강의했을 때 어떤 학생이 말했다.

"저는 원전이 많이 들어선 후쿠이현 출신입니다. 주위에는 원전에서 일하는 사람도 많고 원전은 좋은 것이라고 생각해 왔습니다. 아오키 씨가 영상으로 보여준 실태에 대해 그동안 잘 몰랐습니다. 우리는 장점과 단점을 모두 보고 어떤 에너지를 선택할지 생각해야 합니다. 하지만 그동안 단점에 대해서는 거의 들을 기회가 없었습니다."

사고를 일으킨 국가가 원전 추진으로 돌아간 것은 각국에 적지 않은 영향을 줄 것이다. 일본원자력문화재단이 2024년에 실시한 여론조사에서는 원전 사용에 대해 "서서히 폐기" 답변이 39.8%, "즉시 폐기" 답변이 4.91%로 압도적 다수를 차지한데 비해 "유지" 답변은 18.3%에 머물렀다. 한편 "모르겠다"는 답변도 33.1%가 나왔다. 국민적 논의도 하지 않은 채 원전 추진으로 결정되어버린 것이다.

후쿠시마 원전 사고를 경험한 일본이 왜 원전을 멈출 수 없는 것인가에 대해 작금의 현실을 직시해 주셨으면 한다.

2025년 봄, 아오키 미키

글을 들어가며

태평양을 빠져나온 바닷바람이 어선들이 머무는 항구를 휘감는다. 후쿠시마현 이와키시 오나하마(いわき市 小名浜) 어항에는 군청색 바다가 펼쳐져 있었다. 후쿠시마현 어업 협동조합 연합회(이하 현어련) 이사 야나이 다카유키(柳內孝之, 57세) 씨는 티셔츠 차림으로 이렇게 호소했다.

"바다를 오염시킨 건 도쿄전력입니다. 그런데 그 바다를 정화하겠다는 것도 아니고 오염수를 추가로 해양 방류하겠다는 겁니다. 사람들은 후쿠시마 바다가 더 안 좋아질 거라고 생각할 거예요. 그러면 장사는 더 어려워질 수밖에 없습니다. 동료들이 더 고통 받을 것이고 스스로 목숨을 끊을 사람도 또다시 생길 수 있습니다."

야나이 씨에게는 잊을 수 없는 사람이 있었다. 그는 원전 사고로 수산물 소비가 줄어든 데다 흉어가 겹쳐서 파산했고 결국 스스로 목숨을 끊었다. 어린 아들이 있었는데도 가족을 남겨두고 슬픈 선택을 한 것이다. 이런 사실은 언론에 잘 보도되지 않는다. 야나이

20

후쿠시마현 어업 협동조합 연합회 이사 야나이 다카유키

씨는 말한다.

"이상해요. 저널리스트들이 정부를 옹호하면서 '오염수 해양 방류는 안전하다'고 말하고 있어요. 하지만 그런 사람들이 우리 어업 관계자들의 얘기를 들으러 오진 않아요."

일본 정부와 도쿄전력은 2015년 '오염수는 관계자 이해 없이는 어떠한 조치도 하지 않겠다'는 문서로 현어련과 약속했다. 어업 관계자와 시민들은 계속해서 이 약속을 지키라고 요구했지만, 일본 정부는 결국 2021년 4월 해양 방류를 결정했다. 일본 정부는 겉으로는 '관계자와 했던 약속은 지키겠다'는 말을 공공연히 되풀이했다. 해양 방류를 결정한 지 3개월 후, 후쿠시마 사람들은 국회 중의원 제2의원회관에서 경제산업성 관료들에게 약속을 어긴 것에 대한 사죄와 해양 방류 방침 철회, 공청회 개최 등을 요구했다. 이를 취재하고 있던 나는 관료들에게 물었다. 주변에 다른 사람은 없었다.

"문서에는 '관계자 이해 없이…'라고 쓰여 있잖아요. 후쿠시마 어업조합이나 해당 지자체 등과는 어디까지 합의를 할 건가요?"

"합의 같은 건 안 할 거예요. 할 수도 없지요. 그렇게 하면 너나 나나 다 합의하려 할 것 아니에요?"

그는 당연하지 않겠냐는 표정이었고 나는 깜짝 놀랐다. 그렇다면 무슨 생각으로 약속을 지키겠다고 공언한 것일까? 니시무라 야스토시(西村康稔) 경제산업성 대신은 2023년 6월 10일에도 "약속은 지키겠다. 어부들이 불안해하는 이상 정중히 설명하겠다. 나의 책임이다"라고 말했다.[1] 현어련은 마지막까지 납득할 수 없어 반대 입장을 표명했다. 그럼에도 일본 정부는 2023년 8월 결국 방류를 시작했다.

일본 정부의 공식 발언과 실제 행동은 왜 이렇게나 다를까? 해양 방류 결정 후 정부는 공청회조차 열지 않았다. 오염수를 '방류하겠다'는 스토리는 처음부터 만들어진 것이었다. 이런 정부의 속내를 안 취재자들은 사실 많았을 것이다. 그들은 왜 그 사실을 밝히지 않았을까? 정부가 관계자들과 합의할 생각을 애초부터 하지 않았다는 사실은 왜 보도되지 않았을까? 도쿄전력은 오염수를 실제로 바다에 방류하기 전에 ALPS라는 설비로 삼중수소를 제외한 방사성 물질을 제거한다고 설명한다. 그런데 방사성 물질의 완전한 제거는 불가능하다. 도쿄전력은 방사성 물질의 농도를 기준치 이

----

1 출처 : 2023년 6월 10일 도쿄신문 디지털판

하로 만들겠다고 주장하고 있다. 하지만 삼중수소를 제외한 방사성 물질에 대해 전체적으로 어느 정도 양을 배출하는지에 대한 '총량' 한도 규제가 없다. 통틀어서 얼마만큼의 방사성 물질을 방류할지 일본 정부도 도쿄전력도 밝히지 않은 것이다. 또한 일본 정부는 방류하는 물에 대해 'ALPS 처리수'라는 이름을 붙여 사실을 은폐하고 있다. 그러나 실제 그 물은 '원자로등규제법'에서 말하는 '액체 상태의 방사성 폐기물'이다. 2023년 9월 14일 나는 국회의원들 앞에서 원자력규제청에 확인했다. "맞습니다. 액체 상태의 방사성 폐기물입니다"라고 정확한 대답을 받았다. 사실 '해양 방류 기간은 30년 정도'라고 발표했지만 실제로는 몇십 년이 걸릴지, 100년이 넘게 걸릴지 아무도 모른다.

어업관계자 외에도 반대 목소리를 내는 사람들이 있다. 일본 과학자회의는 "과학적 연구가 충분하지 않다고 염려하는 목소리가 있다는 것을 고려해야 한다"며 해양 방류가 아닌 탱크 증설을 통한 장기 보관을 요구하는 성명을 냈다. 피폭 영향 전문가와 주민들도 "안전성을 확보하지 못했다"고 호소했다(이런 반대 의견에 대해 SNS에서는 '비과학적', '감정적'과 같은 상투적인 비판이 잇따랐다). 도쿄전력이 해양 방류를 시작한 날부터 바로 중국이 일본산 수산물 전면 수입 금지를 결정하는 등 반향이 나타나고 있다. 야나이 씨는 참을 수가 없다.

"약속 위반은 분명해요. 대부분 어업 관계자들이 그렇게 생각해요. 도쿄전력은 피해를 보상하겠다고 하지만 지금까지 도쿄전력은 수많은 배상을 거부해 왔어요. 이번에는 제대로 보상할 것이라고 누가 믿겠어요? 해양 방류와는 관계가 없다며 이번에도 제대로 배상하지 않을 거예요. 결정한 것은 수상관저이지만 피해를 받는 것은 우리 관계자들이 압도적입니다."

　무서운 것은 이 해양 방류가 '배출 작업의 시작'에 불과하다는 것이다. 몇 명의 원자력 추진 전문가들이 "이 정도를 처리하지 못한다면 앞으로 더는 나아갈 수 없다", "방사선량이 더 높은 폐기물이 산적해 있다"고 말한다. 전 원자력규제위원회 위원장 다나카 슌이치 씨는 "삼중수소 배수는 1F[2] 리스크에서 제일 작은 것이다. 이런 것을 못한다면 1F는 폐로 프로세스를 밟을 수 없다."라고 프라임 뉴스[3]에서 말했다. 실제로 후쿠시마 제1원전에서는 폭발로 무너진 지붕과 지하에서 물이 계속해서 들어가고 있다. 물은 무너진 원자로 안에서 녹아내린 핵연료에 닿아 오염수를 증가시키고 있다. 오염수에는 세슘137, 플루토늄239, 스트론튬90, 요오드129를 비롯해 다양한 방사성물질이 포함된다. 통상적인 원전 배수에는 기본적으로 삼중수소밖에 포함되지 않기 때문에, 후쿠시마 오염수는 전혀 다른 차원의 액체 폐기물이라 할 수 있다. 이 무너진 원자로에 끊임없이 유입되는 물을 막을 수단은 아직 없다. 오염수는 정부가 엉성하게 추진해온 원자력 정책의 대가이다. 하지만 정부가 우리들에게 그 대가와 리스크를 전가하는 것도 아직 시작에 불과하다.

＊

　물 다음은 흙이다.

2　후쿠시마 제1원전을 뜻함

3　출처 : BS후지 2021년 4월 16일

정부는 제염 작업으로 제거한 오염 토양을 전국에서 이용하는 방침을 결정했다. 원전 사고로 세슘 등 방사성 물질이 공기 중에 퍼져서 논밭과 주택 등을 광범위하게 오염시켰다. 작업자가 봉지에 담은 흙은 후쿠시마현 내에서만(귀환곤란구역 제외) 1,400만㎥에 이른다. 그 오염된 토양을 보관할 곳이 없다며 일본 정부는 전국 농지와 도로 정비 등에 사용하려 하고 있다. 방사성 물질 취급의 기본은 '가두는 것'이다. 그런데도 한 번 가둔 흙을 봉지에서 일부러 꺼내서 사용하겠다는 말이다. 오염 토양을 땅에 깔고 그 위에 오염되지 않은 흙을 높이 약 50㎝ 정도 덮는다.

삿포로 출신 50대 한 노동자는 예전에 후쿠시마현의 강둑과 주택가에서 오염된 흙을 모아서 봉지에 담고 트럭에 담는 제염 작업에 종사했다. 방사선 선량계를 차고 다니는 피폭 노동이었다. 그 오염 토양을 봉지에서 다시 꺼내 사용하는 것에 대해 그는 충격을 감추지 못하는 표정으로 이렇게 말했다. "사람들에게 도움이 되는 일이라 생각해서 피폭을 감수하면서까지 작업했는데, 우리가 한 일은 무엇이었을까요?"

오염 토양이 사용되는 곳의 주민들도 당혹스럽다. 후쿠시마현 니혼마츠 시(二本松市)와 미나미소마 시(南相馬市)에서는 정부가 오염 토양을 도로에 사용하려고 했지만 지역 주민들이 '귀환하는 사람들이 줄어든다'는 등을 이유로 항의해 계획이 동결되었다. 한편 후쿠시마현 이이타테무라 나가도로(長泥) 지구에서는 오염 토양을 사용한 농지조성사업이 진행되고 있다. 정부는 도쿄 신주쿠 교엔(新宿御苑) 화단과 사이타마 현(埼玉県) 도코로자와 시(所沢市) 일각에서 오염 토양을 이용한 사업을 계획하고 있어 지역 주민들이 반대하고 있다. 나는 환경성 관료에게 주민 합의를 받을 거냐고 물었지만 '합의는 필요 없다'는 답변을 받았다. 해양 방류 때와 마찬가지다. 정부는 오염 토양을 '제염토양'이라고 부르고 있다. 언론보도에서도 '제염토'라는 표현이 눈에 띈다. 나는 환경성 간부에게 "제염토라고 하면 깨끗해진 토양 같지 않아요? 오염토가 맞죠? 오염된 그대로인…"이라고 물었다. 그는 쓴 웃음을 지으며 "오염토라고 하면 이미지가 좋지 않죠. 그쪽(언론)에서 오염토라고 부르는 것에 대해서는 아무 말하지 않겠습니다만…"이라고 대답했다. 인터넷 등에서 '오염토는 사실과 다른 호칭'이라며 비판하는 글이 올라오기 시작했다. 해양 방류하고 있는 액체 방사성 폐기물을 '오염수'라고 부르면 비판 받듯이 '오염토'라는 표현 또한 비아냥거리가 된다. 사실을 사실대로 전달할 수 없고 또 전달해서도 안 된다고 강요받고 있는 것이다. 우리는 언제까지 이 대가를 치러야 할까.

도쿄전력과 일본 정부가 손을 맞잡고 원전을 추진하고 '원자력 마을(핵 마피아)' 사람들이 안전 규제를 엉성하게 한 대가로 후쿠시마 사고가 일어났다. 그런데도 정부는 도쿄전력의 '오염자 부담 원칙'을 무시하고 사고 처리에 따른 막대한 비용을 일본 국민에게 전가했다. 왜 그렇게까지 정부는 도쿄전력을 두둔할까? 이탈리아 물리학자 안젤로 발라카 씨는 일본을 방문했을 때 이렇게 호소했다.

"중대한 사고가 일어났을 때 전력회사의 부담은 일정액을 넘으면 면책됩니다. 이것은 원전 비용을 외부로 전가하는 하나의 속임수입니다. 아주 부도덕한 일이지요. 현재 일본에서는 안타깝게도 이런 생생하고도 극적인 사태가 계속되고 있습니다. 사고로 생긴 도쿄전력의 부담액은 면제되었고 그것을 대신 지불하는 것은 일본 국민입니다. 이 사실만으로도 일본 국민들이 모두 원자력 에너지 포기를 요구할 만한 충분한 이유가 있습니다."

정부는 위험한 원전을 추진해 온 대가를 국민에게 전가했다. 게다가 사고 발생 불과 12년 후 다시 원전을 활용하는 것으로 돌아섰다. 원전의 최대 과제라 할 수 있는 '핵쓰레기 처분장 문제'를 해결하지 못하는 채로 말이다. 그렇다면 사법부는 우리들을 지켜주고 있을까? 최고재판소는 원전 사고에 대한 정부의 법적 책임을 인정하지 않았다. 후쿠이 지방재판소 전 재판장 히구치 히데아키(樋口 英明, 71세) 씨는 "오로지 정부가 이기도록 하려는 강고한 의사가 작용된다고 밖에 느껴지지 않는다. 내각이 정권에 가까운 법률가를 최고재판소 재판관으로 임명하는 경향이 짙어지고 있다."라며 한숨을 짓는다.

정부가 원전으로 회귀하는 한편, 재생에너지 기술개발과 보급 계획은 다른 나라들에 비해 뒤처지고 있는 게 현실이다. 일본은 1993년부터 국가 프로젝트로 '뉴-선샤인(New Sunshine) 계획'을 추진해 왔다. 혁신적 기술 개발을 목적으로 석탄 액화, 지열 이용, 태양광 발전, 수소에너지 기술 개발에 힘써 왔지만 2000년에 종료했다. 프로젝트에 참여한 관료는 "원전 때문에 예산이 삭감되고 부서가 통째로 없어졌다. 일본의 재생에너지 기술은 세계 1위였다. 계속했었다면 지금도 세계 1위였을 것이다."라며 호소했다. 태양광 패널 점유율은 일찍이 일본이 세계 1위였고 2005년에도 약 50%를 차지했지만 2008년쯤 중국에 밀리기 시작했다. 2020년에는 중국 제품의 점유율이 70%인데 비해 일본 제품은 불과 0.3%로 추락했다.[4] 태양광뿐 아니라 다른 에너지 개발 국가 프로젝트도 원전 때문에 도태된 것이다. 일본 정부가 원전으로 회귀하는 가운데 전기는 남아돌고 전력회사가 재생에너지 사업자에게 발전을 억제하는 출력제어가 빈번히 일어나고 있다. 2023년 4~9월에는 홋카이도전력과 도쿄전력을 제외한 8개 주요 전력회사가 194회 출력제어를 실시했고 최대 1회당 원전 3기분에 해당하는 약 287만kW를 억제했다.[5] 설치한 재생에너지를 제대로 활용할 수 없게 되면서 관련 업체들이 경영난에 빠지는 일이 일어나고 있다.

　원전을 계속 유지한다는 것은 사고가 일어날 가능성을 안고 가는 것이다. 후쿠시마 제1원전 사고를 통해 그 영향이 얼마나 큰지 우리는 깨달았다. 당시 수상관저가 전문가에게 의뢰해서 만든 최악의 시나리오는 도쿄를 포함한 반경 250km 권내 사람들의 임의 이전을 인정할 필요가 있다는 것이었다. 일본에는 전국 각지에 원전이 있다. 각 원전을 반경 250km로 둘러싸면, 오키나와와 홋카이도 동부를 제외한 거의 일본 전역이 그 속에 들어간다. 원전 사고는 누구에게나 언제 내 일이 될지 모르는 얘기인 셈이다. 후쿠시마 사고부터 12년이 지난 지금도 수만 명이 고향에 돌아가지 못하고 피난 생활을 이어간다. 그렇다면 만약의 경우를 대비해 10년 이상 피난 생활을 계속할 준비가 되어 있는 사람이 있을까?

4　출처 : 2021년 10월 18일 일본경제신문
5　출처 : 2023년 10월 16일 교도통신

사고가 한 번이라도 나면 돌이킬 수 없는 사태를 초래할 텐데, 왜 원전은 이렇게나 우선시되는 걸까? 그리고 무엇을 위해 필요로 하는 걸까? 그 이유를 해명하기 위해서는 역사를 돌아보고 생각해야 한다. 이 책은 내가 약 30년에 걸쳐 한 인간으로서 모든 것을 집대성한 것이다. 취재한 사람들은 대학 시절부터 알고 지내온 에너지 관련 연구자들이며 그 수는 약 100명이 넘는다. 재해 피해자들을 포함하면 수백 명이다. 의견이 다른 사람들과도 대화를 계속했다. 야단을 맞아도 얘기를 들었다. 알고 싶었기 때문이다. 원전 추진파 주요 인물들이나 관료들이 조금씩 실태를 얘기하기 시작했다. 그 증언을 근거로 자료를 접하고 다방면의 관계자들을 만나 증거를 모으며 기록했다.

우리가 우리 스스로를, 그리고 소중한 사람들의 목숨과 안전을 지키기 위해서는 먼저 알아가는 것으로부터 시작해야 한다. 이 책이 그 출발에 도움이 되었으면 한다.

제1장

부흥의 현실

돌아올 수 없는 사람들

●

"소중한 사람이 또⋯⋯." 후쿠시마 원전 사고 여파로 사람이 살 수 없는 귀환곤란구역으로 지정된 후쿠시마현 나미에마치(浪江町) 쓰시마(津島) 지구에서 피난 온 시바타 아키노리(柴田明範) 씨(57세)는 지인의 부고를 듣고 어깨가 축 처졌다. 2023년 6월 2일 그는 쓰시마 이나리(稲荷) 신사 17대 궁사[6] 이세 노부히코(井瀬信彦) 씨(92세)가 갑자기 세상을 떠났다는 소식을 들은 것이다. "평화롭고 풍요로운 땅으로 돌아가게 해 주세요"라고 매일 같이 기도했던 희망은 끝내 이루어지지 않았다. 시바타 씨는 본인이 피난 생활을 하는 니혼마츠(二本松) 시로부터 약 25㎞ 떨어진 이세 씨 집을 1년에 두어 번씩 매년 방문했었다. 원전 사고로 후쿠시마 시로 피난한 이세 씨가 "우지코[7]들에게 힘내라는 뜻으로 부적과 편지를 계속해서 보내고 있다"는 얘기를 듣고 감동했기 때문이었다.

---

6 宮司, 신사의 제사를 맡은 사람 중 최고위급을 가리킨다.

7 같은 씨족신을 모시는 고장에 태어난 사람들을 뜻한다.

쓰시마 이나리 신사

　"천천히 쉬었다 가라며 항상 맑은 웃음으로 저를 맞이해 주신 게 잊혀지지 않아요." 두 사람은 항상 쓰시마 얘기를 함께 나눴다. 정부가 개최한 설명회에서 시바타 씨가 "도쿄전력이 더럽힌 땅은 도쿄전력이 원래대로 되돌려야 해요"라고 주장했을 때 이세 씨는 "내가 하고 싶은 말을 다 해줘서 고맙다"며 시바타 씨를 위로했다. 이세 씨는 쓰시마 지구 주민이 정부와 도쿄전력을 상대로 소를 제기한 원고 약 630명 중 한 사람이었다. 그가 세상을 떠나기 직전인 5월 25일에는 센다이 고등법원 재판관이 현장을 방문해서 확인하는 '현지 진행 협의'가 있었다. 그의 신사인 쓰시나 이나리 신사도 그 대상지가 되었다. 이세 씨는 신사 앞에서 재판관들에게 호소했다.

"쓰시마라는 지명이 일본 지도에서 사라질까 봐 걱정하는 사람들이 많습니다."

"사람이 살지 않으면 그 지역에 있는 신사는 어떻게 됩니까. 이건 손발의 자유를 빼앗기는 것과 마찬가집니다."

그 이후 건강 상태가 악화되어 입원한 이세 씨는 결국 간질성 폐렴으로 돌아올 수 없는 사람이 되었다. 재판소가 현지 조사를 진행한 지 8일 만이었다. 시바타 씨는 그를 추억한다.

"정말 따뜻한 사람이었어요. 이젠 편안하게 쉬셨으면 하는 바람뿐입니다."

원래 살던 곳으로 돌아가기를 간절히 원했던 수많은 지인과 친척들이 그 소망을 이루지 못한 채 세상을 떠난다. 시바타 씨는 본인만큼은 살아 있는 동안에 반드시 고향으로 돌아가기를 간절히 원하고 있다.

제염 작업이 끝났는데도 울리는 경고음

나는 2023년 7월 23일 시바타 씨와 함께 쓰시마 지구를 방문했다. 시바타 씨는 JR 니혼마츠 역에 소형 트럭을 몰고 나타났다. 사람이 살 수 없게 된 그의 집터로 가는 길에는 잡초와 나뭇가지 등 여러 장애물이 쌓여 있었다.

"어떤 험한 길이든 잘 갈 수 있어야지"라며 트럭을 몰고 나를 위해 마중 나와 준 것이다.

"니혼마츠도 더워요."

이날 우리가 만난 시간은 오전 11시. 기온은 26.7도를 가리킨다. 따가운 햇살이 피부를 태우면서 체감 온도는 그 이상으로 느껴졌다. 나는 트럭 조수석에 앉아 대시보드에 서베이미터[8]를 뒀다. 손바닥 크기의 우크라이나 제품이다. 시간당 0.3마이크로 시버트를 넘으면 경고음이 울리도록 초기 설정을 맞췄다. 사고 전 후쿠시마는 시간당 0.03~0.04마이크로 시버트였다. 공간 방사선량이 사고 전 약 10배가 되면 울리게끔 되어 있다. 니혼마츠 시를 출발해 가와마타마치(川俁町)에서 국도 114호선을 남동 방향으로 내려가면 나미에마치 쓰시마 지구에 들어간다.

"이세 씨의 신사가 있는 곳은 '부흥거점구역'이니까 이젠 제염이 끝나서 사람들이 다시 돌아와서 살 수 있게 되었겠네요?"

"네, 맞아요."

'부흥거점구역'의 정식 명칭은 '특정부흥재생 거점구역'이다. 정부가 방사선량이 높은 귀환곤란구역을 제염해 부흥의 발판으로 삼은 지역이다. 쓰시마 지구는 전 구역인 약 9,550헥타르가 모두 귀환곤란구역으로 설정되었다. 지자체와 일본 정부는 그중 153헥타르(1.6%)를 부흥거점구역으로 설정해 2023년 3월 31일 피난 지시를 해제했다. 제염을 끝냈다는 뜻이다. 그 지역을 내 눈으로 직접 확인하는 것이 취재의 이유 중 하나였다. 중앙선이 없는 길로 들어서자 서베이미터 경고음이 울리기 시작했다. '삐삐' 소리가 고음과 저음

---

8 공간 방사선량 측정기.

9 1μSv는 1밀리 시버트의 1,000분의 1이다. 자연 상태에서 1년 동안 노출되는 방사선 양은 1밀리 시버트에 해당한다.

을 차례로 반복하면서 주의를 재촉한다. 장소를 확인하기 위해 고개를 들었더니 왼쪽 전방에 신사 기둥 문이 보였다. 이세 씨의 쓰시마 이나리 신사다. 나는 확인 차 시바타 씨에게 물었다.

"여기… 제염이 끝난 부흥거점구역 맞죠?"

"맞아요. 부흥거점인데 울려요. 계속 울리니까 우리 아내는 서베이미터를 아예 켜지 말라고 하더라고." 그는 쓴웃음을 지으며 말했다. 정부가 당초 제염 목표로 세운 숫자는 연간 1밀리 시버트(일반 공중 피폭 한도), 즉 시간당 0.23마이크로 시버트다. 그러나 서베이미터는 현재 시간당 0.3마이크로 시버트를 가리킨다. 사람이 살아도 좋다고 정부가 인정한 지역에서조차 경고음이 울리는 것이다. 제염 작업이 끝난 후에도 0.3을 넘는 지역은 셀 수 없이 많다. 나는 다무라(田村) 시와 나미에마치 등 각지에서 열린 주민 설명회에서 주민들이 "방사선량이 높고 산은 제염하지 않았기 때문에 방사성 물질이 바람을 타고 날아와 선량이 높아진 곳도 있는데 왜 정부는 피난 지시를 해제하냐"며 목소리를 높이는 것을 몇 번씩 봤다. 실제로 2023년 9월 13일 가츠라오무라(葛尾村)의 부흥거점구역에서 수확한 (껍질을 안 벗긴) 메밀에서 기준(1㎏당 100베크렐)의 약 4배인 430베크렐의 세슘이 검출되었다. 수확 후 먼지와 함께 세슘이 부착한 가능성이 높다고 보도되었다. 뉴스에서는 피난 지시 해제가 마치 반가운 일인양 보도하지만 실제 방사선량은 원래대로 내려가지 않았다.

나와 시바타 씨는 트럭으로 부흥거점구역을 지나 귀환곤란구역으로 갔다. 원전에서 북서쪽으로 7개 기초 지자체가 사람이 살 수 없는 귀환곤란구역으로 설정되어 있다. 국도 114호선에서 쓰시마 지구 아코우기(赤宇木) 마을로 들어가자 방사능 수치는 시간당 0.6마이크로 시버트까지 뛰었다. 신사 앞에서 측정한 수치의 약 2배다. 마을로 들어가면 바로 오른쪽에 2층 건물 상점이 보인다. 벽돌 건물과 창고 등이 나란히 서 있다. 동물이 들어가서 어지럽히지 않도록 건물 주변을 널빤지로 둘러쌓았다.

"여기는 아들이 고등학생 때 하교 길에 들러서 라면을 먹던 가게에요. 가게 주인이 물을 끓여서 '오늘은 어떤 라면 먹고 갈래?' 말을 걸어 주곤 했다고 해요. 가게 주인이 아주 좋은 사람이었어요. 후쿠시마 시로 피난 갔고 내가 몇 번 만나러 갔지요. 사고 이후 처음 몇 년은 벌초하러 돌아오기도 했고 '언젠가는 다시 마을로 돌아가겠다'고 했었죠. 그런데 나이가 80, 90세 정도 되니까 요즘은 '이젠 안 되겠어. 못 돌아가겠네.'라고 하시더라고요."

가게를 지나면 숲처럼 자란 나무들과 함께 초원이 펼쳐진다. 원래는 논밭이었던 지역이다. 1년 8개월 전에 시바타 씨와 함께 왔을 때는 제염 작업이 막 끝난 후였기 때문에 논둑이 잘 보였지만 다시 초목이 우거졌다. 논 곳곳에 움푹 패어져 까맣고 울퉁불퉁하게 생긴 부분이 보인다. 멧돼지가 지렁이를 잡아먹은 흔적이다. 흙 방사선량은 상당히 높다. 원전 사고 이후 멧돼지 고기에서 기준치를 초과한 세슘이 검출되고 있다. 일본 정부는 후쿠시마현과 군마현 전역에서 멧돼지 고기 출하를 제한하고 있다(2023년 10월 20일 현재).

간선도로에서 갈라지는 길이 좌우로 몇 개씩 보인다. '귀환곤란구역 통행금지'라고 빨간 글씨로 쓰인 노란색 간판과 함께 은색 바리케이드가 길을 막고 있다. 서베이미터에서 경고음이 계속 울린다. 수치는 부쩍 올라 트럭 안에서조차 1.2마이크로 시버트를 가리킨다. 이 수치는 사고 이전의 약 30배. 트럭 안은 차폐되어 있으므로 수치는 낮은 편이다. 밖은 조금 더 높고 지표면은 훨씬 더 높다. 길은 어느새 국유림으로 접어들었다. 양쪽에서 나무들이 밀려드는 듯 자라고 있다. 시바타 씨가 운전석에서 나를 힐끗 보며 이렇게 말했다.

'여기서 마주 오는 차가 있으면 큰일 나겠네. 그 전에는 이 정도까지 나무들이 자라질 않았는데요. 우리 주민들이 수시로 풀을 매고 나뭇가지를 벴으니까. 여기는 친하게 지내던 후배 집이에요'

시바타 씨 시선의 끝이 숲에 닿았다. 푸르른 나무들 사이로 하늘색 지붕만 보인다. 어떤 집이었는지 나에게는 상상도 가지 않는다. 원래는 도로에서 집이 보였을 것이다. 예전 마을 모습을 본 사람이 아니라면 사고 전 이 지역이 어떤 풍경이었는지 상상하기 어렵다.

"난 언젠가 와이프랑 블루베리 관광농원을 해보려고 했었지요. 이 지역에서 땅을 빌려 블루베리를 키우고 있었거든. 언젠가는 규모를 더 키워 보려고 했는데……."

시바타 씨는 원전 사고 이전에는 자갈 제조회사에서 발파 책임자로 일하면서 노후 설계를 위해 블루베리를 키우고 있었다. 친척과 친구들이랑 함께 먹기도 하고 술을 담그도 했다. 이제는 풀만 무성하고 그 흔적을 찾을 수 없다. 꿈이 깨지고 만 것이다.

통행금지 간판과 바리케이드

멧돼지가 휩쓸고 간 집

얼마 지나지 않아 시바타 씨 자택 부지로 이어지는 도로가 오른쪽에 보이기 시작했다. 금속으로 만든 은색 막대기가 길을 막고 있다. 사전에 나미에마치 지자체장이 발행하는 '주민 일시출입 차량통행증'을 받지 않으면 부지로 들어갈 수 없는 것으로 정해져 있다. 시바타 씨는 통행증을 이미 받았었다. 햇빛에 노출된 막대기는 맨손으로는 들 수 없을 정도로 뜨거웠다. 시바타 씨는 "우와, 뜨거워" 하며 막대기를 길가에 내동댕이쳤다.

트럭을 타고 안으로 들어간다. 부지 내 좁은 비포장 길에 나무들이 밀려나와 아치 모양을 이루고 있다. 노면은 잡초로 뒤덮였고 군데군데 나뭇가지가 떨어져 있다. 덜컹거리는 길을 조심스럽게 트럭이 올라간다. 트럭이 아니면 쉽게 갈 수 없는 길이다. 시바타 씨 식구들이 가꾸던 밭이 펼쳐진 곳까지 와서 그는 이렇게 말했다.

"이제 완전 숲이 되어 버렸어요(쓴웃음). 블루베리 외에도 하얀색, 보라색, 분홍색 용담꽃을 키웠지요. 산나물 캐고 고기를 사와서 바비큐하고 직접 키운 야채와 함께 먹기도 하고요. 연휴나 명절 같은 때는 친척들이 모여서 와글와글 항상 재밌게 지냈는데……."

이 일대 4헥타르는 시바타 씨 조부모가 개척해서 밭으로 만든 땅이다. 시바타 씨는 부모와 아내 그리고 자녀 다섯 명까지 총 아홉 식구, 3대가 함께 산다.

"우리 집 샘물은 아주 깨끗했어요. 둘째 딸이 도롱뇽 알을 가져와서 부화시키는 탐구 활동을 하기도 했어요. 도롱뇽은 깨끗한 자연에서만 살 수 있잖아요. 담임 선생님이 '도롱뇽이 있어?'라며 놀래시더라구요."

덤불길을 더 가니 기와지붕 단층 주택이 보이기 시작했다. 발코니와 현관 하부에 주황색 널빤지가 쳐져 있다. 멧돼지가 침입하지 않도록 하기 위해서다. 널빤지에는 밑에서 위쪽 방향으로 7, 8개의 갈색 발자국이 보인다. 멧돼지가 널빤지를 올라탄 흔적이다. 시바타 씨는 말한다. "나중에 아들 가족들과 함께 살려고 2층 집으로 증축할 계획이었어요. 그런데 원전 사고 후 니가타 대학 교수가 와서 집안 방사선량을 측정하더니 '사람이 살 수 있는 수준이 아니니 집은 해체할 수밖에 없다'고 하더라고요. 이젠 살 수 없는 집이 되고 말았지만 그렇다고 멧돼지가 휘젓고 가는 것은 용납할 수 없어요…"

멧돼지에게 털린 시바타씨 부모의 자택

사냥꾼인 인간이 없어졌기 때문에 마을에는 멧돼지가 대량 번식해 가옥을 해치고 있다. 후쿠시마 제1원전 부근에서도 멧돼지 피해를 입은 집을 수없이 봤다. 멧돼지는 여기저기 똥을 싸고 살림 가구들을 엉망으로 만들고 간다. 발 디딜 틈도 없이 말이다. 시바타 씨는 여생을 보내려고 지은 집을 어떻게든 지키고 싶어 한다. 시바타 씨 집 옆에는 부모가 살던 단층집이 있다. 거실 유리문에 큰 구멍이 났고 현관문이 바깥쪽으로 열려 있다. 멧돼지가 거실 유리문을 깨고 안으로 들어와서 현관문으로 돌진해서 밖으로 나간 모양이다. 거실 테이블이 뒤집어지고 안쪽 방에 있는 서랍장도 바닥에 넘어진 것이 보인다. 발을 디딜 틈도 없이 어지럽혔고 벽이 사라지고 바깥 덤불이 그대로 보인다.

시바타 씨는 슬픈 표정으로 이렇게 말했다.

"벽을 쓸어버렸네요. 무섭죠. 멧돼지가 다 한 짓이에요. 앞으로 제염 작업이 잘 된다면 나도 다시 돌아와 살고 싶지만 산은 제염할 수 없잖아요. 산에서 방사성 물질이 날아와요. 우리들과 부모 세대들은 돌아와 살 수 있다 하더라도 아이들은 안 돼요. 돌아오라고 해도 안 되고요. 만약 피난구역이 다 해제되었다 하더라도 나는 다시 여기서 생활하고 싶지 않아요"

부모님, 시바타 씨 부부, 그리고 장남과 그 가족들……. 그는 그의 모든 식구가 안심하고 오랫동안 지낼 수 있는 곳을 만들었고 미래를 계획하고 있었다. 그런데 지금 그 미래는 모두 물거품이 되고 말았다.

2시 46분에 멈춘 벽시계

시바타 씨 집에서 일어난 변화는 멧돼지 피해뿐만이 아니다. 여름철에는 등에가 대량 발생했다. 이번 방문 때도 등에가 트럭을 에워싸고 차에서 내릴 수 없을 정도였다. 등에는 열을 감지해서 가까이 다가오기 때문에 트럭 앞 유리판에도 붙는다. 크기는 작아도 2~3㎝ 이상 될 것 같다. 등에는 나무와 풀잎 뒤에 알을 낳는다. 밭이 있던 곳이 울창한 덤불이 되어 버려서 등에가 대량으로 발생하게 된 것이다. 2021년 여름 방문했을 때도 마찬가지로 등에가 에워싸서 차 밖으로 나갈 수 없었다. 다만 등에 발생 시기는 9월경까지라고 하니까 가을이 되면 피해를 입지는 않는다.

나는 집안 상태를 보고 싶어서 그해 가을인 11월 7일 다시 방문했다. 시바타 씨는 열쇠로 현관문을 열고 멧돼지 출입을 막기 위해 설치한 널빤지를 넘어서 집 안으로 들어갔다. 거실에도 아이들 방에도 부엌에도 천장 곳곳에 거미줄이 보인다. 사랑방 높은 곳에는 기모노를 입은 남성과 여성 사진들이 나란히 걸려 있다.

"이 토지를 개척한 조부와 조모들 사진이에요. 이 집은 할아버지가 가꾼 삼나무와 소나무, 밤나무로 지었어요. 오랜 세월을 지낸 집이니까 역시 마음이 편해지고 좋아요. 할아버지가 우리 부모님에게, 그리고 우리 부모님이 우리에게 남겨준 집을 나는 내 아들에게 남겨주고 싶었지만 이젠 안 될 거예요. 그래도 아마 앞으로도 조상님들이 우리를 지켜줄 거니까 사진은 그대로 두자고 아내랑 얘기했어요."

거실 가운데에는 고타쓰[10]가 있다. 상판은 부드러운 크림색이다.

"우리집 (부지) 나무를 잘라서 숯을 만들어서 사용했죠. 그것을 고타쓰 안으로 넣으면 너무 따뜻해요. 발을 넣으면 몸이 후끈후끈해져요."

거실에는 네모 모양 검은 벽시계가 걸려 있다. 지진이 일어난 2시 46분을 가리킨 채 멈춰 있다. 그 옆에 달린 달력도 2011년 3월 그대로다. 거실에서 안쪽으로 들어가면 시바타 씨 첫째 딸 방이 있다. 옷걸이에는 여름용과 겨울용 학생복이 걸려 있다. 시바타 씨는 "앗"하고 소리를 내며 남색 파일을 들었다. 졸업장이다.

"3월 11일은 첫째 딸 중학교 졸업식이었어요. 저녁에 함께 축하

---

10 일본식 난방기구

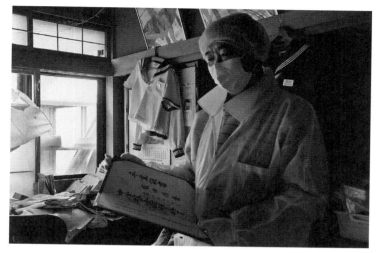

장녀의 졸업장을 발견하는 시바타 씨

하자고 했는데……."

졸업식이 있던 그날 일어난 원전 사고로 시바타 씨 식구들의 인생은 크게 흔들렸다. 시바타 씨는 "산나물을 따와서 이웃들과 나눠 먹기도 하고… 그런 게 너무 좋았는데……."라며 과거 일상을 돌이킨다. 지산지소(地産地消)[11]를 했던 그 풍요로운 생활은 이제 돌아오지 않는다.

방사능을 뒤집어썼으니 가까이 오지 말라

후쿠시마현 나미에마치는 후쿠시마 제1원전에서 제일 가까운

---

11 지역에서 생산한 농산물을 지역에서 소비한다는 뜻

곳이면 4㎞, 제일 먼 곳이면 30㎞ 거리에 있다. 일본 정부는 2011년 3월 11일 오후 7시 3분 원자력 긴급사태 선언을 발령했다. 오후 9시 23분 반경 3㎞ 권역에 피난 지시를 내렸고 다음날 12일 오전 5시 44분 원전사고로 인한 피난 지시를 10㎞ 권역으로 확대했다. 10㎞ 권내에는 나미에마치 지자체 청사와 중심부가 모두 들어간다. 나미에마치 행정은 주민들에게 쓰시마 지구로 피난하도록 유도했다. 원전에서 28㎞ 거리에 있는 시바타 씨 집은 나미에마치 중심부에서 떠나온 친척들을 받아들였고 피난소로 지정된 체육관에 주먹밥을 제공했다. 그런데 그 후 잇따라 원전이 폭발을 일으켰고 방사선량이 높아지면서 상황이 악화했다. 나미에마치 행정은 15일 쓰시마 지구보다 더 원전에서 멀리 떨어진 니혼마츠 시로 주민들을 피난시킬 것을 결정했다. 당시 바람은 원전에서 북북서 방향에 있는 나미에마치 쓰시마 방면으로 불었다. 그 때문에 쓰시마 지구가 오히려 오염이 심각하다는 사실은 나중에 밝혀졌다. 중심부는 사고 후 6년이 지난 2017년 3월 말 피난 지시가 해제되었다. 그런데 쓰시마 지구는 방사선량이 여전히 높아서 피난 지시가 아직 해제되지 않은 상태다.

시바타 씨는 말한다.

"원전 사고 직후 우리는 다른 지역에서 피난해 온 사람들을 우리 지역에서 받아들이고 도와야 했어요. 그래서 우리는 바로 피난하지 않았는데 그 때문에 오히려 더 많이 피폭된 것 같아요."

시바타 씨는 쓰시마 지구 곳곳을 나에게 안내했다. 가게 앞 텐트가 드리워진 상점, 유리창이 몇 개씩 깨진 가게 겸 주택 등……. 사고 전 이 지역 인구는 약 1,400명이었다. 초·중·고등학교 모두 갖춰져 있었다. 쓰시마 초등학교는 3층 건물로 사고 당시 시바타 씨 둘째 딸은 6학년이었다. 체육관 옆 양동이에는 꽃을 키우던 작은 삽 30개 정도가 녹슬어 있다. 창문 밖에서 교실을 들여다보면, '학교는 즐거워', '식단표', '학급 담당(역할분담)' 같은 문구가 쓰인 종이가 붙어 있는 것이 보인다. 다른 교실에는 연분홍색 조화가 3개 떨어져 있다. 10년이라는 세월은 조화도 시들게 하는 걸까……

"학교 마당에서는 매년 초등학교와 중학교 그리고 고등학교 학부모들의 소프트볼 대회가 열렸어요. 엄마들은 체육관에서 배구 대회를 하고요. 100명 가까운 어른들이 참여했어요. 대회가 열리기 전부터 분위기가 고조됐죠. '아이들은 지역에서 함께 키운다'는 것이 원칙이었죠. 동네를 돌아다니는 아이를 보면 어디 집 아이인지 금방 알아요. 우리 아들이 차를 운전하다 쓰시마 지구 사람 차와 부딪혀 흠집을 낸 적이 있는데, 그때도 '시바타 씨네 아들이네. 괜찮아, 그냥 가.'라고해서 그냥 돌아왔다고 하더라고요. 그런데 지금은 모두 뿔뿔이 흩어졌죠. 지역도 집도 논밭도 직업도 모두 잃었어요. 남은 것은 가족뿐이에요."

원전 사고 이후 나미에마치 행정 사무실은 후쿠시마현 나카도리(中通り) 지구에 속하는 니혼마츠(二本松) 시로 옮겼다. 조립식 가설 주택도 니혼마츠 시내에 잇따라 지어졌다. 고등학교도 니혼마츠 시내에서 재개했다. 시바타 씨 가족은 도치기현(栃木縣) 친척 집에서 피난 생활을 한 후 니혼마츠 시로 옮겼다. 결국 그해 6월 시바타 씨 아홉 식구가 3개 가설주택에 나눠서 입주했다.

시바타 씨는 직업과 집을 잃었다. 게다가 주택 융자 등 채무가 600만 엔 이상 있어서 어찌할 바를 몰랐다. 하지만 더 마음 아팠던 것은 아이들이 처한 상황이었다. 니혼마츠 시에 있는 중학교에 입학한 둘째 딸은 같은 나미에마치에서 온 친구가 급우로부터 "(너는) 방사능을 뒤집어썼으니 가까이 오지 마"라는 말을 들은 것을 보고 충격을 받아 학교를 다닐 수 없게 되었다. 시바타 씨는 "이대로는 가족들조차도 내가 제대로 지킬 수 없다"는 불안감에 휩싸였다.

그해 여름 시바타 씨는 행정 사무실에서 쓰러져 구급차에 실려 갔다. 메니에르병이라는 진단명을 받았다. 오른쪽 귀가 안 들리게 되었고 현기증도 심해 방에 틀어박히는 날이 많아졌다. 그 후 양극성 장애(조울증) 진단을 받았다. 의사는 피난 생활이 원인이라고 했다. 의사 소견서와 진단서를 가지고 도쿄전력에 배상을 청구했지만 거부당했다. 사실 피난민들의 정신상태는 심각하다. 후쿠시마현은 피난 지시가 발령된 12개 기초지자체 주민 약 20만 명을 대상으로 건강조사를 실시하고 있다. 원전 사고 당시 중도 정신장애 진단을 받은 피난민 확률은 14.6%(8,717명)에 달했다. 이것은 일반인 확률 3%와 비교하면 약 5배에 달하는 수치다. 이후 3년 동안에 그 수치는 감소했고 점차 완만한 감소세를 보였다. 그런데 2020년 실시한 조사에서는 5%(1,463명), 2021년 조사에서는 5.2%(1,608명)로 전년보다 다시 증가 추세를 보이고 있다.

시바타 씨는 가족들의 도움으로 조금씩 회복했다. 온 가족이 다 함께 살기 위해 66년 된 중고 주택을 사서 대대적인 리모델링을 했다. 도쿄전력이 배상금으로 1인당 월 10만 엔을 주었다. 그러나 시바타 씨 부모와 본인, 아내의 배상금만으로는 생활이 부족했다. 결국 아이들의 배상금도 주택 자금으로 댔다. 그런데 도쿄전력 지원금은 2018년 3월에 끝났다. 저축은 바닥이 보이고 시바타 씨는 아픈 몸으로 다시 일해야만 했다. 난청과 현기증이 여전했지만 건설회사에서 아르바이트를 해야 했다. 50대라는 나이 탓에 정규직 직장은 구할 수가 없었다. 피난 때문에 직장과 경력을 잃었다. 새 직장을 얻기에는 시바타 씨는 나이가 너무 많았다.

시바타 씨가 배상금을 받는 것에 대해 아르바이트 동료들은 "매달 10만 엔이나 받아서 좋겠다"고 조롱하듯 몇 번이나 말했다. 한턱내라는 소리도 들었다. 고향의 일상생활은 돈으로 바꿀 수는 없는 것이다. 그런데 사람들이 자꾸 그런 말을 해댔다. 이미 배상금 지급 기간이 끝났다는 것을 주변에 말했기 때문에 여전히 그런 말을 계속하는 것에 대해 더 화가 났다. 시바타 씨는 참았다. 그런데 어느 날 한 동료로부터 또 같은 말을 들었다. 그곳에는 시바타 씨와 그 동료만 있었고 다른 사람들은 없었다. 기화라고 생각해 시바나 씨는 말했다.

"나, 너에게 10만 엔 다 줄게. 그러니 일 그만두고 집 버리고 전혀 모르는 곳에 가서 생활해봐. 그러면 알 거야. 10만 엔으로 생활할 수 있다면 그렇게 한번 해 봐!"

동료는 깜짝 놀란 표정으로 "직장까지도 잃으면 어렵겠지…"라고 중얼거렸다. 그 이후 동료들은 더 이상 그런 얘기를 하지 않게 되었다.

시바타 씨는 말한다.

"(우리가 배상금을 받고 있는 것에 대해) 뭐라고 말하는 사람들은 고향과 직장을 한꺼번에 잃는 게 어떤 건지 상상할 수 없는 거야."

2022년 8월 시바타 씨는 이전에 근무했던 자갈 제조회사 사장의 도움으로 다른 사업소에 복직했다. 차로 편도 1시간이 걸리지만 하는 일은 20년 동안 해 온 익숙한 작업이다. 후배들도 "이렇게 일을 잘 하시는 분이 오셔서 좋아요"라고 환영했고 동료들 중에는 쓰시마 사람들도 몇 명 있다. 이전 아르바이트 때처럼 싸늘한 시선도 없다. 다만 시바타 씨가 억울해지는 순간은 있다. 사장이 이런 말을 했기 때문이다.

"시바타 씨는 원전 사고가 일어나지 않았다면 지금쯤 소장을 맡았을 것이고 급여도 아마 배는 받았을 거야."

잃어버린 11년이라는 세월이 없었다면 지금은 소장이 되어 많은 월급을 받으며 지냈을 것이다. 시바타 씨의 아쉬움과 분노가 느껴진다. 나는 묻지 않을 수 없었다.

"원전 사고로 잃은 것이 100이라 하면 지금 얼마만큼 되돌아왔어요?"

"10도 돌아오지 않았지요. 회사에 복귀했을 뿐이에요. 나머지는 아무것도 돌아오지 않았어요. 쓰시마는 좋았죠. 이웃과는 말하자면 '된장국이 식지 않는 거리'였고 '안녕'하며 인사하고 자연스럽게 현관문 열고 들어가는 그런 관계였어요. 이제는 두 번 다시 가능하지 않을 것 같아요. 지금은 쓰시마 사람들을 만나려면 고속도로를 타고 달려가야죠. 둘도 없는 소중한 생활을 잃었어요.

시바타 씨 부부

재해 공영주택에 이주자가 산다?

재난 지역의 부흥은 밝은 뉴스로 전국에 보도되는 경우가 많다. NHK는 2023년 3월 18일 쓰시마 지구에 대해 '후쿠시마현 나미에마치에 재해 공영주택 완공. 입주 준비를 위해 올 31일 피난 지시 해제'라는 제목으로 다음과 같이 전했다.

도쿄전력 후쿠시마 제1원전 사고로 내려진 대피 지시가 이번 달 31일로 해제되는 후쿠시마현 나미에마치 서부 쓰시마 지구 에서는 재해 공영주택이 완공되어 오늘 입주 예정 주민들이 이 사 작업을 했습니다. 완공된 것은 나미에마치가 쓰시마 지구 관 공서 지소 옆에 정비한 재해 공영주택 10가구입니다.

18일 열린 완공식에서 요시다 에이코우(吉田栄光) 정장(기초지자
체장)이 후쿠시마 시내에서 피난 생활을 계속하던 입주 예정자
이시이 키누에(石井絹江) 씨에게 열쇠를 전달했습니다. 나미에마
치는 원전 사고로 전체 면적 약 80%가 '귀환곤란구역'으로 설
정되었습니다. 정부는 이 중 대략 40%에 해당하는 쓰시마, 스
에모리, 무로하라, 오오보리의 4개 지구에 설정된 '특정 부흥재
생 거점구역' 피난 지시를 이번 달 31일 해제할 계획입니다. 완
공된 재해 공영주택에는 귀환하는 기존 주민들과 새로 이주하
는 사람들이 거주할 예정입니다.

새집에 짐을 옮긴 이시이 씨는 "나미에마치를 떠난 후 12년
동안 계속 이날을 기다리고 있었어요. 너무 기뻐요. 태어나고
자란 고향 공기는 역시 좋네요"라고 말했습니다.

영상에는 하얗고 예쁜 새로운 단층 주택과 함께, 입주한 이시
이 씨가 "(피난 지시) 해제가 기다려지네요"라며 말하는 모습이 나왔
다. 시바타 씨와 나는 그 주택으로 향했다. 뉴스가 방송된 지 4개월
이 지났었다. 쓰시마 지구에서는 서베이미터 경고음이 계속 울리
고 있었는데, 새로운 주택이 있는 일각에 들어서자마자 경고음은
멈췄다. 도로를 새로 포장하면 방사선량이 저감되기 때문이다. 새
로 나란히 지어진 10채 중 5채의 집 주차장에 자동차가 주차되어
있었다.

이시이 씨와 시바타 씨는 구면이다. 이시이 씨는 웃는 얼굴로
우리를 맞이해 주었고 '차라도 마시고 가세요'라고 권유했다.

"쓰시마 지구는 공기가 좋아요. 새소리도 들리고요. 장보는 것도 이동 판매 차량이 와주니까 편하고요."

TV에서 본 것과 똑같이 그녀는 얘기했다. 나는 그녀에게 물었다.

"일주일에 며칠 정도 여기에 계시나요?"

"주 2일이요. 평상시에는 피난 간 후쿠시마 시에서 여전히 생활해요"

"원래 살았던 사람 중에서 현재 매일 여기서 생활하고 있는 사람은 몇 명이나 되나요?"

"한 명이요. 나머지는 모두 타지에서 이주해 온 사람들이에요"

NHK에서는 '재해 공영주택'이라고 보도했다. 재해 공영주택의 대상은 '재해로 주택을 잃고 스스로 주택을 확보하는 것이 곤란한 사람'이다. 그런데 이주자가 살고 있다니 무슨 까닭인지 이해가 안 된다. 나는 나미에마치 홈페이지를 검색해 봤다. 거기서 재해 공영주택이란 '후쿠시마 재생 임대주택'이라고 표기되어 있고 '주민 귀환을 촉진하고 신규 이주자를 확보하기 위해 지자체가 정비한 주택'이라고 되어 있다. 즉, 재해 공영주택은 원래 이주자를 위한 주택이었던 것이다. 지자체에 문의했더니, 'NHK가 잘못 보도했다'고 설명한다. 2023년 9월 현재 이 주택에 거주하는 사람은 5세대 6명. 그 중 4세대가 이주자였다. 쓰시마 지구에서 사람이 살고 있는 곳은 이 공영주택뿐이라고 한다. 주택을 나와 쓰시마 지구 중심부로 가면 서베이미터가 다시 울리기 시작했다. 방사능 수치는 시간당 0.3 마이크로 시버트가 넘었다.

옛 중심부에는 오래된 건물이 나란히 서 있었다. 피난 지시가 해제되기 전인 2021년에 찾아왔을 때와 거의 달라지지 않은 모습이었다. 일부는 밭이 새로 조성되거나 해체 공사 중인 곳도 있었지만, 식당은 절반 정도의 벽이 무성한 잡초로 덮여 있었다. 오래된 슈퍼 유리문 너머에 인적은 보이지 않았다. 길에는 인기척이 없고 경고음만 울린다. 수백 미터밖에 떨어지지 않았는데 방금 다녀온 새 마을 주택가와는 대조적인 모습이다.

시바타 씨는 두 팔을 벌리며 말했다.

"보세요. 이게 현실이에요. 유령마을이죠. 숙박 시설이나 가게가 몇 개 생기더라도 병원이 없어요. 마트도 없고요. 자동차 기름을 넣으려면 20㎞ 떨어진 나미에마치 중심부로 가야 해요. 이주한 사람들이 몇 명밖에 안 돼요. 관공서 직원들도 다른 지역에 살고 있고 매일 타 지역에서 출근해 와요. 경찰도 없고 소방서에도 사람이 없어요. 부흥거점이라는 건 이름뿐이고 이게 현실이에요. 피난 지시를 해제했다고 하지만 이런 곳에서 누가 살 수 있겠어요?"

타 지역에서 낮에 통근하는 관공서 직원은 3명. 야간에는 경찰도 없다. 1,400명이 살았던 이 산골마을에 현재 살고 있는 사람은 불과 6명이다.

나는 뭐라고 대답해야 할지 몰랐다.

주민 절반이 마을에는 돌아가지 않겠다고 결심

나미에마치에 주민등록을 두고 있었던 19,343명 중 다시 마을로 돌아온 사람은 7%인 1,386명에 불과하다(2023.9.30. 현재). 그러나 피난

지시가 해제되면 귀환 여부와 관계없이 집과 토지에 대한 고정자산
세[12]가 발생하기 때문에 피난 생활을 계속하기가 더욱 힘들어진다.

　피난 지시가 해제된 나미에마치 중심부에도 주민들은 많이 돌아오지 않았다. 정부와 후쿠시마현, 해당 지자체 조사(2022.11~12월)에서는 약 50%가 '돌아갈 계획은 없다'라고 대답했다. 그 이유(복수응답)를 물어봤더니 '이미 피난 간 곳에서 생활기반이 생겼기 때문에'가 52.2%로 제일 많았고 '돌아갈 집이 없기 때문에'가 49.7%, '현재 피난생활을 하고 있는 곳이 생활이 편리하기 때문에'가 43.0%, '의료 환경이 갖춰지지 않아서 불안하기 때문에'가 39.3%이었다. 돌아갈지 말지 판단이 안 서는 제일 큰 이유로는 '의료 환경이 갖춰지지 않아서 불안하기 때문'이라는 응답이 62.2%에 달했다. 실제로 피난 지시가 해제된 지역의 의료 환경은 좋지 않다. 원래 하나의 기초 지자체에 병원 1곳과 진료소 13곳이 있었지만 현재는 나미에마치가 운영하는 진료소 1곳이 평일 낮에만 운영되고 있을 뿐이다.

　나미에마치에 돌아온 한 남성은 일하다 다리를 다쳤는데 나미에마치 북쪽에 인접하는 미나미소마 시에 있는 시립 종합병원까지 가야했다. 다른 지역도 마찬가지다. 후쿠시마현 도미오카마치(富岡町)에 사는 70대 여성은 원전 사고 이후 남편과 함께 도쿄에 있는 국가공무원 숙소에서 피난 생활을 했다. 자택이 있던 곳이 귀환곤란구역이 되었기 때문이다. 그런데 일본 정부와 후쿠시마현은 도미오카마치와 나미에마치를 비롯해 4개 기초지자체 주민들을 대상

12　소유하고 있는 고정자산에 대한 세금.

으로 한 피난민 주택 제공 사업을 2020년 3월 중지하기로 결정했다. 주택 지원이 끝나더라도 원래 살던 곳이 귀환곤란구역이어서 집으로 돌아갈 수는 없다. 지금 사는 숙소 근처에서 새로 찾으려 했지만 집세가 너무 비싸다. 이 여성은 피난 지시가 해제된 다른 지역으로 옮겨가 집을 짓고 살기로 결정했다. 제일 큰 이유는 마당 가꾸기를 좋아했던 남편을 위해서였다. 그녀는 원래 살던 집에서 약 2㎞ 떨어진 곳에 1층 주택을 지었다.

"후쿠시마현 행정 공무원이 '언제 이사하실 거예요?'라며 자꾸 우리에게 전화를 걸어서 재촉했어요."

그녀는 2019년 10월 후쿠시마에 돌아갔다. 남편에게는 '앞으로 10년 더 열심히 살자'고 얘기했다며, 나에게도 "아오키 씨, 도미오카에 놀러 오세요"라고 말했다. 그 목소리에서 나는 부풀어 오르는 그녀의 기대감을 느꼈다. 나는 나미에마치에 취재 올 때마다 몇 번이고 도미오카마치까지 그녀를 만나러 가려고 했다. 그런데 제염 작업으로 나온 오염 토양을 운반하는 트럭 때문에 도로가 항상 막혀서 한 번도 찾아갈 수 없었다. 그녀를 다시 만난 것은 2021년 3월 11일이었다. 새로운 1층 집 현관문에서 나온 그녀는 울 것 같은 얼굴이었다.

"그 후 여러 일들이 있었어요……."

그렇게 말하자마자 그녀는 결국 울음을 터뜨리고 말았다. 그동안 도대체 무슨 일이 일어났을까? 집 안에는 불단이[13] 있었다. 나이

---
13 仏壇. 가족이나 조상을 집안에서 기리는 곳

든 남성의 영정이 보인다.

"아, 남편 분이⋯⋯."

"네⋯⋯."

그녀의 눈에서 눈물이 주르르 흘렀다.

이 집으로 이사오고 나서 남편은 '나는 원래 집에 가서 혼자 살 겠다', '잠깐 나갔다 올게'라며 원래 살던 집을 향해 배회하기 시작 했다. 앞에서 말한 것처럼 귀환곤란구역은 사전에 허락을 받지 않 으면 들어갈 수 없다. 그런데 남편에게 치매 증상이 시작된 것이었 다. 남편은 '함께 있지 않으면 너의 얼굴을 잊어버릴 것 같아'라며 그녀가 장 보러 갈 때도 졸졸 따라왔다.

2020년 7월 아침, 남편이 일어나지 않아서 말을 걸었더니 두통 이 있고 일어날 수 없다고 했다. 그녀는 바로 구급차를 불렀다. 원래 가까이에 큰 종합병원이 몇 개 있었지만 원전 사고로 문을 닫았다. 구급차는 북쪽으로 33㎞ 떨어진 미나미소마 시 시립종합병원으로 향했다. 치료를 받을 때까지 1시간 반 이상 걸렸다. 남편은 의식이 돌아오지 않은 채 3일 후 병원에서 사망했다. 뇌출혈이었다. "코앞 에 원래 살던 집이 있는데 돌아갈 수 없다는 사실에 남편은 큰 스 트레스를 받았던 것 같아요. 10년은 더 열심히 살자고 늘 얘기했는 데 불과 1년 뒤에 돌아가셨어요. 제가 도미오카마치에 돌아가자고 하지 않았으면, 이런 일이 일어나지 않았을 텐데⋯⋯." 그녀는 하염 없이 눈물을 흘리면서 손수건으로 눈물을 닦았다.

나는 가만히 불단 앞에서 손을 모을 수밖에 없었다. 피난 지시 가 해제된 곳에 돌아오는 사람들은 고령자가 대부분이다. 그러나

병원과 요양시설들이 문을 열지 않았다. 나는 그녀와 헤어진 후 도미오카마치에 사는 92세 남성을 만나러 갔다. (타 지역에서 받았던) 주택 지원이 중단되어 남성 부부는 원래 살던 집으로 돌아왔다. 부인이 치매에 걸려 침대에서 생활하게 되면서 그는 부인 수발을 하고 있었다. 요양시설은 정원이 다 차서 자리가 없다. 낮에는 주간 보호 서비스를 받고 있지만 밤에는 힘들다. "기저귀를 바꿔줄 때마다 난폭해져요. 이러다 제가 먼저 체력에 한계가 올 수 있어요. 첫째 딸이 이쪽에 와서 돌봐주겠다고 얘기하지만 '오지 마라'고 했어요. 마을에는 각종 건설업에 종사하는 남성들만 있으니 여성이 혼자 와서 살 수 있는 환경이 아니에요." 그는 지친 표정이었다. 내가 인터뷰를 마치고 가려고 할 때 "마을 사람들은 거의 돌아오지 않았어요. 하루 종일 아무하고도 대화하지 않을 때도 많아요"라며 현관문에서 아쉬운 듯 몇 번씩 나를 불러 세웠다. 나는 뒷머리를 끌리는 심정으로 그 자리를 떠났다.

열네 살 중학생이 자살

고령자뿐만이 아니다. 후쿠시마현이 진행하는 이재민 건강조사에서는 고령자보다 젊은 층에 더 중증 정신장애 확률이 높게 나온다. 일반인을 대상으로 한 조사와는 반대다. 2021년 조사 결과에서는 '16~39세'가 8.5%, '40~64세'가 6.0%, '65세 이상'이 4.1%였다. 재난 피해를 받지 않은 일반인 평균은 약 3%이다. 이재민 모든 세대가 그 수치보다 높지만 젊은 층은 약 3배라는 놀라운 수치가 나왔다.

2017년 6월 미나미소마 시에서 니가타현으로 피난한 14세 중학생이 스스로 목숨을 끊었다. 일본 정부와 후쿠시마현은 피난 구역 외 지역에서 자발적으로 피난을 선택한 약 1만 2,000세대에 대해 도미오카마치와 같은 피난 지시 구역보다 3년 빨리 주택 지원을 중단했다. 그 때문에 중학생의 아빠는 타 지역으로 가서 일해야만 했고 가족과 떨어져서 혼자 생활하게 되었다. 아이가 자살한 날은 아버지가 첫 출근하는 날이었다. 아빠는 "내가 늘 가까이 있어 줬으면 자살을 선택하지 않았을 것"이라는 생각에 매일 후회한다. 후쿠시마현 소마시(相馬市)에 있는 정신과 클리닉 원장 아리즈카 료지(蟻塚亮二) 의사는 "젊은 사람이 죽고 싶다고 말하는 사례가 늘어나고 있습니다. 행정이 급히 대책을 세워야 합니다."라며 경종을 울리고 있다.

정부가 피난 지시 해제와 그에 따른 부흥 이벤트를 추진하는 가운데 "현지 상황이 이제 많이 좋아지지 않았나요?", "부흥 올림픽[14]도 했으니 어느 정도 좋아진 것 아니에요?" 그렇게 생각하는 사람들이 많아지고 있다.

어렵게 버티면서 눈물을 흘리고 있는 사람들이 있다는 사실은 잘 알려지지 않고 있다.

---

14 2020년 도쿄 올림픽의 별칭.

제2장

원자력 전문가의 의문

기대가 크지만 불확실성도 컸던 원전

원전 사고 당시의 상황은 빠르게 잊히고 있다. 세계에서 제일 심각한 레벨7(국제원자력평가 척도) 사고의 기억이 이대로 희미해져서는 안 된다. 그때 도대체 무슨 일이 일어났는지, 실패에서 배워야 할 교훈과 과제는 무엇인지, 당시 정부 측 전문가에게 물어봤다. 내각부 원자력위원회 위원장 대리 스즈키 다츠지로(鈴木達治郎, 사고 당시 59세) 씨는 지진이 발생한 오후 2시 46분, 도쿄 롯폰기(六本木)에서 열린 심포지엄에서 사회를 맡고 있었다. 도쿄 23구는 진도 5강을 감지했다. 심포지엄 단상에서는 네덜란드 연구자가 발제하고 있었다. 네덜란드에서는 지진이 거의 일어나지 않아서 그런지 그의 얼굴은 창백해졌다. 진원지가 산리쿠(三陸) 앞바다로 발표되자, 스즈키 씨는 '원전이 위험하지 않을까' 염려했다.

스즈키 씨는 도쿄대학 공학부 원자력공학과를 졸업 후 원자력 정책을 배우기 위해 미국으로 유학했다. 미국 매사추세츠 공과대학 석사과정을 수료했고 총 12년에 걸쳐 미국에서 연구했다. 원전

에 대해서는 원래 '부작용이 많은 약과 같은 것'이라는 염려 때문에 '기대는 크지만 불확실성 또한 크다'고 공언해 왔다. 그가 위원장 대리를 맡은 원자력위원회는 원자력 연구와 개발 및 이용을 위한 기관이며, 사고 대응은 원자력안전위원회가 맡는다. 그래도 스즈키 씨는 원전이 걱정되어 심포지엄을 다른 멤버에게 맡기고 가스미가세키(霞が関)에 있는 원자력위원회 사무실로 향했다.

원자력위원회가 있는 합동청사에 도착했더니 엘리베이터는 지진으로 멈춰 있었다. 건물 밖으로 뛰쳐나온 직원들도 있었다. 블록이 깨지고 바닥이 비틀어진 곳도 있었다. 계단으로 7층까지 올라가 직무실로 들어갔다. 방에 도착해서 시계를 봤더니 오후 4시를 가리키고 있었다. 사무국 직원은 "원전은 셧다운(긴급정지)했고 문제는 없습니다"라고 보고했다. 원전 사고 대응은 원자력위원회 소관이 아니기 때문에 직원들은 귀가하기로 했고 스즈키 씨도 집으로 향했다.

오후 7시쯤 집에 도착한 스즈키 씨는 바로 TV를 켰다. 뉴스는 후쿠시마 제1원전이 전원이 나가서 냉각 장치가 멈추었고 정부가 '원자력 긴급사태 선언'을 발표했다고 보도했다. 원전 내 핵연료를 냉각할 수 없게 되면 핵연료가 녹아내리는 노심용융이 일어난다. 이어 방사성물질이 대량 방출되는 대형사고로 이어진다.

"노심용융은 일어나지 않았어요?"

스즈키 씨는 자택에서 사무국으로 메일을 보냈다. 연락은 메일로 하는 것으로 되어 있었기 때문이다. "확인되지 않았습니다"라는 답변이 왔다.

노심용융을 일으킨 대형 사고로는 미국 스리마일섬(1979년, 레벨5), 구소련 체르노빌(1986년, 레벨7)에서 두 건 일어났다. 스즈키 씨는 '스리마일에서 냉각 장치가 가동하지 않았던 시간은 약 2시간이었고 후쿠시마 제1원전은 이미 3시간이 지났다'는 생각에 초조해졌다. 스즈키 씨는 사무국에서 1시간마다 연락을 받기로 했다.

정부는 오후 9시 23분 원전에서 반경 3㎞ 권내 지역에 피난 지시를 내렸다. 오후 11시에는 사무국이 스즈키 씨에게 "도쿄전력이 팩스를 보내왔습니다. 노심용융 가능성이 큽니다."라고 메일을 보내왔다. 도쿄전력은 노심 손상이 시작되는 예상 시점을 오후 10시 20분경, RPV(원자력 압력용기) 파손은 오후 11시 50분경이라고 전해왔다.

"심각하다. 피난 지시는 3㎞ 권내로 괜찮을까? 빨리 10㎞ 권내로 확대하는 것이 좋겠어."

핵연료를 냉각할 수 없게 되면 핵분열로 인한 열이 발생해 격납용기 내 압력이 높아져 폭발할 가능성이 있다. 그렇게 되면 방사성물질이 대량 방출된다. 이러한 최악 사태를 피하기 위해서는 압력을 빼는 '벤트'를 해야 한다. 벤트는 격납용기 내 기체를 빼는 작업으로 방사성물질을 포함한 수증기 등이 방출되지만 격납용기 폭발을 피할 수 있다. 스즈키 씨는 큰 위기감을 느꼈지만 12일 새벽에 사무국에서 '벤트가 진행될 예정'이라는 얘기를 듣고 조금 안심했고 선잠을 잤다.

이삼십 대라도 면진동으로 피난시켜라

그런데 벤트 작업은 진행되지 않았다. 12일 오전 5시 44분 정부는 주민에 대한 피난 지시를 3㎞ 권내에서 10㎞ 권내로 확대했다. 원자력안전·보안원은 1호기 원자로 건물 중앙제어실 방사선량이 1,000배가 되었기 때문이라고 설명했다. 그 중앙제어실에서는 도쿄전력 20대 남성 직원이 12일 아침부터 대기하며 본부 지시를 기다리고 있었다.

남성은 11일 지진이 발생했을 때도 근무 중이었다. 지진 발생 후 손전등을 들고 원자로 건물에서 점검하고 있을 때 쓰나미가 닥쳤다. 허리까지 물에 잠겼지만 가까스로 중앙제어실로 돌아왔다. 그 후에도 격납용기 내에 물을 넣을 수 있는지, 연결할 수 있는 전원이 있는지 계속 점검했기 때문에 한숨도 잠을 잘 수 없었다.

중앙제어실에는 비번이나 야근했던 직원도 일찍부터 도착해 30~40명은 모여 있었다. 그러나 아침이 오고 오후가 되었지만 좀처럼 본부로부터 명확한 지시가 내려지지 않았다. 교착 상태에 빠진 남성 직원은 불안이 커져가기만 했다.

"체르노빌처럼 되지 않을까?"

"압력용기 뚜껑이 날아가지 않을까?"

최악의 사태가 머리를 스친다. 지푸라기라도 잡는 심정으로 기도할 수밖에 없었다.

"아무것도 아닐 거야. 아니겠지."

"지금은 기술이 있는 시대잖아. 도쿄전력만의 기술로는 안 되더라도 분명 뭔가 방법이 있을 거야."

그때 갑자기 귀청을 찢는 굉음이 울렸다. 오후 3시 36분이었다. 강한 흔들림과 함께 천장 조명 패널이 떨어졌다.

"엄청난 소리네. 마치 바로 내 옆에서 불이 난 것 같다."

남성 직원은 그렇게 느꼈다. 지진 흔들림과는 전혀 달랐다.

"이상하다. 나는 이것으로 죽는가 보다."

중앙제어실에는 유리창이 없어서 밖의 상황을 볼 수 없었다. 바로 전용회선 전화가 울리고 상사가 전화를 받았다. 전화 내용은 애매한 것이었다.

"TV 생중계를 보고 있었지만 무슨 일이 일어났는지 알 수 없다. 1호기에서 원자로가 안 보일 정도로 연기가 나고 있다."

남성 직원은 생각했다. "격납용기가 날아갔다면 나도 아마 여기서 죽을 테지.”

그 순간 '1호기는 뼈대만 남았다'라는 정보도 들어왔다. 수소 폭발일까? 수증기 폭발일까? 남성 직원은 1호기 안에서 작업하고 있는 동료들이 걱정됐다. 그래도 중앙제어실에서 가만히 대기할 수밖에 없었다. 아무것도 할 수 없었다. 지시가 내려지지 않은 채 시간만 흘렀다. 도쿄에 있는 도쿄전력 본사도 면진 중요동[15]에 설치된 긴급 시 대책본부도 체르노빌 사고가 머릿속에 떠올라서 아무것도 못하는 게 아닐까 생각했다. 폭발한 지 2~3시간이 지나 고참 직원이 “20~30대라도 여기에 있지 말고 면진 중요동으로 가라”고 목소리를 높였다. 후쿠시마 원전 내 면진 중요동은 원자로 건물에서 수백 미터 떨어진 곳에 있다.

고참 직원의 제안으로 중앙제어실에 있던 30~40명 중 당직장, 부장, 주임 등을 빼고 젊은 부주임, 주요 기기 조작원, 보조 기기 조작원 등 20~30명은 면진 중요동으로 향했다. 차량과 버스는 모두 쓰나미를 뒤집어써서 사용할 수 없었다. 전면 마스크와 B장비(얇은 작업복), 장갑으로 온몸을 감싼 젊은 직원들은 1, 2호기 가까이에는 가급적 가지 않도록 우회 경로로 약 1㎞를 달렸다. 전면 마스크를 쓰고 있어 숨 쉬기도 힘들었지만 방사선의 공포에 떨며 오로지 면진 중요동을 향해 달려갔다. 도착해보니 거기는 별세계였다. 실내는 불이 밝게 켜져 있었다. TV도 PC도 사용할 수 있었다. 비상용 발전기가 살아 있었던 것이다. 그 후로는 면진동에서 마냥 대기하

---

15 진도7급 지진이 발생해도 지진 흔들림을 억제할 수 있는 면진 구조를 가진 건물을 뜻하며, 일본 각 발전소마다 설치되어 있다

기만 했다.

한편 1호기에서는 오전 4시쯤부터 소방차가 원자로에 담수 주입작업을 시작했지만 한계적이었다. 담수가 부족해지자, 긴급 시 대책본부를 지휘하고 있던 요시다 마사오(吉田昌郎) 소장은 담수 주입을 해수 주입으로 변경하는 판단을 내렸고 오후 7시쯤부터 실행했다.

위기 상황에 놓인 4호기 핵연료 1,535개

원자력위원회 스즈키 씨는 1호기 폭발을 자택 TV에서 봤다. 1호기 폭발이 전국 방송으로 나온 것은 폭발부터 1시간여 뒤인 오후 4시 49분이었다. 여성 아나운서가 "보고 계시는 것은 오후 3시 36분 후쿠시마 제1원전의 영상입니다. 후쿠시마 제1원전에서 수증기 같은 게 펑하고 뿜어져 나왔습니다"라고 전했다.

스즈키 씨는 바로 사무국에 메일을 보냈다. 격납용기가 폭발한 것이냐는 질문에 사무국은 "알 수 없다"는 회신을 보내왔다. 스즈키 씨는 '큰일 났다'고 생각했다. 메일에는 중앙제어실에 있던 40명 가까운 직원이 열 몇 명을 빼고 모두 대피한 것과 1호기 폭발 영향으로 복구 작업이 중단되어 2호기와 3호기 상태도 위태로워졌다는 내용이 적혀 있었다. 스즈키 씨는 출근하려고 사무국에 확인 메일을 보냈지만 "(원자력위원회는) 사고 대응책임 조직이 아니기 때문에 안 오셔도 됩니다"라는 답변을 받았다. 출근을 포기할 수밖에 없었다.

외국인 연구자들이 보낸 문의가 그의 이메일을 가득 채웠다. 이 사태에 대해 영어로 정보를 제공하고 있지 않았기 때문이다. 스즈키 씨는 보도 내용을 영어로 번역해서 SNS로 보내기 시작했더니 많은 반응이 있었다. 1호기 폭발로 원자로 건물 상부가 날아갔는데 격납용기 폭발은 아니었다. 그래서 TV에서는 "폭발했지만 잘 비켜갔다"는 식의 낙관적인 코멘트를 날리는 전문가도 있었다. 하지만 2호기와 3호기에서는 위태로운 상황이 진행되고 있었다. 스즈키 씨에게는 또 한 가지 걸리는 부분이 있는데 사용후핵연료다. 원자로에서 사용한 연료는 그 원자로 건물 내 수조에서 냉각한다. 냉각하지 않으면 재임계를 일으켜 방사성물질이 방출되기 때문이다. 특히 4호기는 당시 수개월에 걸쳐 정비 점검을 진행하고 있었다. 수조에는 사용후핵연료와 함께 점검에 들어가기 4개월 전까지 사용하고 있던 고온의 핵연료가 들어 있었다. 4호기만 해도 1,535개의 사용후핵연료가 들어 있었으며 그 양은 다른 호기의 3배였다. 원자로로 말하자면 2기 분 이상이었다. 만약 수조 물이 열로 증발해 없어지면 연료봉이 공기 중에 노출되어 방사성 물질이 대량으로 밖으로 나올 염려가 있었다.

다른 전문가들도 같은 염려를 하고 있었다. 11일 사고 발생 직후부터 사용후핵연료 수조 상태를 걱정하는 메일이 스즈키 씨에게 집중됐다. 그중 한 명은 미국인 전문가로 스즈키 씨의 스승이었다. 그는 '사용후핵연료 수조에 대한 테러 대책'이라는 논문으로 저명한 연구자다.

스즈키 씨는 사무국에 사용후핵연료 수조가 '증발하기까지의 시간'을 계산해 달라고 했다. 사무국은 "수조에는 물이 있고 1주일은 버틸 수 있다"는 답변을 보내왔다. 스즈키 씨는 그 답변을 미국인 전문가에게 전했지만 내심 '수조 자체가 지진으로 무너지지 않을지'를 염려했다. 현장에서도 사용후핵연료에 대한 염려가 컸다. 내각관방 '도쿄전력 후쿠시마 원자력발전소에 대한 사고조사·검증위원회(정부 사고조사위원회)'가 실시한 도쿄전력 후쿠시마 제1원전의 요시다 마사오 소장 인터뷰 조사에는 이런 말들이 오갔다는 당시 기록이 있다

> Q. 사용후 핵연료 수조에 대해 대책을 강구해야 한다고 생각했습니까?
>
> A. 처음부터 그렇게 생각했습니다. … (중략) … 원자로를 어떻게든 제어해야한다는 것이 제일 컸지만, 당연히 연료 수조도 냉각이 되고 있는 상황이 아니기 때문에 (대책이 필요하다고 생각했습니다). 사용후핵연료가 가지는 붕괴열이 있으니까요. 온도가 높아져서 물이 증발해갈 텐데 이에 대한 대책을 취해야 한다고 생각했습니다.

> Q. 3월 14일 4시 8분, 4호기 핵연료 수조 온도는 84도였다고 자료에 기록되어 있지만 그 전에는 측정하지 않았습니까?
>
> A. 측정할 수 없었습니다. 아마 누가 들어가서 측정할 것이냐는 문제가 있었고 온도계 자체도 버틸 수 없었을 겁니다. … (중략) … 어떻게든 측정하라는 지시는 내렸습니다.

그 후 스즈키 씨의 염려는 현실이 되고 말았다. 4호기를 둘러싼 얘기는 후술한다.

우리들의 이미지는 동일본 궤멸

스즈키 씨가 3월 13일 중앙합동청사 제4호관 7층에 있는 원자력위원회에 갔더니 '엉망진창'이었다. 전날부터 원자력위원회 사무국이 원자력안전위원회 사무국을 지원하게 되어 직원들은 7층에 있는 원자력위원회와 6층에 있는 원자력안전위원회를 분주하게 오가고 있었다. 거기에는 원자력위원회 곤도 슌스케(近藤駿介) 위원장도 있었다. 호소노 고시(細野豪志) 수상 보좌관과 후쿠야마 데츠로(福山哲郎) 관방부장관, 원자력안전·보안원과 도쿄전력 직원 등도 출입했다. 스즈키 씨는 6층에서 마다라메 하루키(班目春樹) 원자력안전위위원장을 가끔 봤지만 수면 부족으로 굉장히 피로해 보였다. 1호기가 폭발한 데다 지진이 계속 이어져 2호기와 3호기 대응은 마음대로 진행되지 않았다. 스즈키 씨는 해외에서 사무국으로 도착한 영어 메일 회신과 위원장 대리로 공식 메일 대응을 담당했다. 그런 가운데, 고온 핵연료 영향으로 4호기 수조 온도가 높아진 것에 대해 몇 명의 전문가들이 염려의 목소리를 보내왔다. 하지만 당시 신문 보도에는 오히려 사람들을 안심시키는 듯한 내용들이 눈에 띄었다. 14일 요미우리신문은 이런 해설 기사를 게재했다.

이번 사고로 외부에 방출되고 있는 방사성 물질은 미량이기

때문에 정부 발표 등에서는 방사선량 단위로 마이크로 시버트를 사용하고 있다. 후쿠시마 제1원전 주변에서 13일 오후 2시 전에 기록된 방사선량은 시간 당 1557.5마이크로 시버트이다. 이에 비해 도카이무라 JCO사고[16]로 피폭해서 사망한 작업원이 뒤집어쓴 방사선 총량을 같은 단위로 표현하면 1000만~2000만 마이크로 시버트이다.

14일 오전 11시 1분, 이번에는 3호기가 수소 폭발을 일으켰다. 스즈키 씨는 원자력위원회 위원실에 있었다. 곤도 위원장과 그 외 위원들도 함께 있었다. 검은 구름이 수백 미터 상공까지 높이 올라가는 광경을 후쿠시마 중앙 TV 화면이 전했다.

"충격을 받았죠. 곤도 위원장도 어이가 없다는 표정으로 보고 계셨어요. '원자력은 끝났구나'라는 느낌이 들었어요. '앞으로 어떻게 되어 버리는 걸까' 생각했어요."

3호기 폭발로 2호기 내 핵연료를 냉각하기 위해 준비해 놓은 소방차와 호스가 손상되어 사용할 수 없게 되었다. 그 여파로 14일 밤부터 다음날 아침에 걸쳐서 2호기 원자로 격납용기 압력이 급격하게 상승하는 사태가 벌어진다. 15일 오전 0시를 넘어 2호기 드라이 벤트(원자로 내 가스를 물 필터를 통하지 않고 방출하는 작업)를 몇 분 동안 시도했지만 압력 수치는 내려가지 않았다. 벤트를 실패했기 때문에 격납용기 어딘가에서 방사성 물질을 포함한 기체가 직접 방

---

16 1997년 발생

출되고 말았다. 부지 주변 방사선량이 급격히 올라갔다. 요시다 소장은 2호기가 위기 상황에 처했을 때의 심경을 정부 사고조사위원회 인터뷰 조사에서 얘기하고 있다.

"저는 정말 그때만큼은 기억하고 싶지 않습니다. 그때는 몇 번이나 죽었다고 정말 죽었다고 생각했습니다… 우리들의 이미지는 동일본 궤멸이었습니다."

3월 15일 후쿠시마 제1원전에서 방출된 대량의 방사성 물질은 간토 평야를 포함해 광범위하게 확대되었고 오후에는 북서 방향으로 흘러갔다. 저녁에 내리기 시작한 비와 눈으로 방사성 물질이 지표에 떨어졌고 원전에서 북서 방향으로 이어지는 지역은 고농도 오염 지역이 되고 말았다…….

왜 4호기 수조에 물이 있었을까

앞서 언급한 20대 도쿄전력 직원이 '별세상에 왔다'고 느끼며 대기하고 있던 후쿠시마 제1원전 면진 중요동에는 사무직원과 협력회사 직원들도 있었다. 주변에는 2호기 압력제어실 손상 가능성을 고려해 최소한의 인원을 남기고 남쪽으로 12㎞ 떨어진 후쿠시마 제2원전으로 피난하자는 얘기도 나왔다.

도쿄전력과 그 외 관련회사 직원 등 약 650명은 15일 아침, 동료들과 함께 버스를 타고 제2원전 체육관으로 향했다. 그 20대 직원도 피난했다. 면진 중요동에는 약 70명이 남았다. 15일 오전 9시쯤에는 정문 부근에서 현재까지 최고선량인 시간당 11.93밀리 시버트의 감마선이 계측되었다. 4호기 사용후핵연료 수조에서도 심각한 상황이 벌어지고 있었다. 앞에서 언급한 것처럼 4호기 수조에는 이전부터 수조에 들어 있던 사용후핵연료와 정기 검사 중에 막 꺼낸 핵연료를 포함해 총 1,535개가 들어 있었고 1~6호기 중에서 제일 많았다. 평상시에 수조는 물을 순환시켜 40도 이하로 관리하고 있었는데 순환 시스템을 움직이는 전력을 상실했기 때문에 14일 오전 4시 8분 시점에서 84도까지 상승한 것이 확인되고 있었다. 스즈키 씨는 '생각보다 높다'고 염려했다. 15일 오전 6시를 넘어 이번에는 4호기가 폭발했다. 수개월에 걸친 정기 점검 중이어서 발전 설비는 멈춘 상태였음에도 폭발한 것이다.

원자력위원회는 큰일 났다고 들썩였다.

"화재? 가동하지 않았는데 어디서 불이 났어?"

"폭발한 모양이에요."

도쿄전력이 확인한 결과 원자로 건물 5층 지붕 부근에 손상이 확인되었다. 그리고 오전 9시 38분쯤 원자로 건물 4층 북서부 부근에서 불이 확인되었다.

사용후핵연료는 어떻게 되었을까?

계측기가 고장나서 온도조차도 알 수 없었다. 스즈키 씨가 있는 원자력위원회 내에서는 사람들의 동요하는 목소리가 커졌다.

"전쟁이라면 상대방이 어떻게 나올지 예측이라도 할 수 있지만 지금은 어떤 일이 일어날지 상상할 수도 없어. 전쟁보다 상황이 더 안 좋아."

"어둠 속에서 총을 쏘는 느낌이야."

스즈키 씨도 절망적인 생각이 들었다.

미국 백악관 과학기술정책국 직원이자 안면이 있던 전문가가 보낸 '4호기 수조에는 물이 있는가'라는 문의에 스즈키 씨는 이렇게 답했다.

"이 정도 폭발이 일어났으니 물은 아마 없을 겁니다."

원자력위원회에서는 곤도 위원장이 최악의 사태를 고려해 자발적으로 시나리오 작성에 착수했다.

미국도 반응했다. 미국 원자력규제위원회(NRC)에서는 재일 미군을 투입해 핵연료에 모래와 흙을 투하하는 안까지 논의했다. NRC 그레고리·야츠코 위원장이 16일 미 의회 공청회에서 '수조에 물이 없다'고 발언했고 미국은 16일 루스 주일대사 성명으로 후쿠시마 제1원전에서 80㎞ 권내 미국인에게 피난 권고를 내렸다.

한편 16일 저녁 자위대 헬리콥터가 센다이에서 후쿠시마 상공으로 떴다. 도쿄전력 직원도 동승해 촬영한 4호기 영상을 그날 심야 도쿄전력 본사 회의에서 공개했다. 직원은 '반짝 빛이 났고 육안으로는 수면으로 보였다'고 의견을 냈다. 거듭 추궁했더니 '자위대 분들도 수면이 보였다고 얘기했다'고 흥분한 목소리로 대답했다. 왜 수조 내에 물이 있었을까? 수조 옆에 '원자로 웰'이라는 공간이 있고 그곳에 물이 저장되어 있었는데 거기서 수조로 물이 흐르고 있던 것으로 추정되었다. 원자로 웰과 수조 사이에는 칸막이 판이 있었지만 수조 물이 증발해 수위가 낮아지면서 수압 균형이 깨져 압력이 더 높은 원자로 웰 쪽에서 수조 쪽으로 물이 흘러 들어가는 틈이 생긴 것 같았다. 원자로 웰에 물이 있었던 것은 우연이었다. 원자로 웰은 원자로 상부에 있고 연료 교환 할때만 물을 채우고 연료를 수중에서 이동하기 위해서 쓰는 공간이다. 즉 연료 교환 시 외에는 물은 없다. 그런데 3월 7일까지 물을 뺄 예정이었는데 공사 지연으로 물이 채워진 상태였던 것이다. 공사 기간이 지연되는 바람에 물이 수조에 남아 있었고 예기치 않은 이유로 수조에 물이 들어갔다. 우연이 겹친 행운이었다.

자체적으로 최악의 시나리오를 작성하고 있었던 곤도 위원장은 22일 쯤 간 나오토(菅直人) 수상으로부터 의뢰를 받아 25일 '후쿠시마 제1원전 예측불능 사태 시나리오 소묘'를 제출했다. 이른바 "최악의 시나리오'라고 불리는 것이다. 시나리오 중 제일 염려되는 것은 4호기 수조에 있는 사용후핵연료였다. 만약 이후 1호기 원자로 격납용기 내에서 수소 폭발이 일어나 작업원이 대피해서 복구 작업이 멈출 경우, 약 14일 후에는 4호기 수조에 있는 1,535개 핵연료에서 방사성물질이 방출된다는 예측이었다. 원전에서 반경 170km 권내가 강제 피난, 반경 250km까지가 임의 피난 대상이 될 것으로 예상했고 그 범위에서 방사선이 자연적으로 감소하기까지는 수십 년이 걸릴 것이라고 적혀 있었다.

한편 2호기는 15일 방사성물질을 포함한 공기가 대기에 방출되었기 때문에 압력이 떨어져 체르노빌 사고처럼 원자로 그 자체가 폭발하는 것은 면했다. 2호기에서 방사성 물질이 방출된 이유에 대해서는 지금도 해명되지 못한 것들이 많다. 격납용기 틈을 막고 있던 실리콘 고무 등이 고온을 견디지 못해 증기가 빠진 가능성, 압

력 제어실이 파손한 가능성 등이 지적되고 있다.[17]

공개가 늦어진 SPEEDI 예측 데이터

사고 발생부터 며칠 후 스즈키 씨는 원자력위원회 직무실에서 자료를 훑어보고 있었다. SPEEDI(긴급 시 신속 방사능 영향 예측 네트워크 시스템)의 방대한 데이터다. 시간마다 찍은 화상 데이터로 100장이 넘는다. SPEEDI는 원자력안전기술센터(도쿄도 분쿄구)가 일본 전역을 250m 사방으로 나눠 그곳에 사는 사람들이 흡입 등으로 피폭하는 양을 예측하는 시스템이다. 피폭량은 원전 위치, 방사성 물질의 종류와 양, 방출되는 높이, 지형 등을 근거로 최신 풍향과 풍속 데이터를 가미해서 계산한다. 피난을 결정할 때 기본 정보인 원자력 재해 대책 매뉴얼로 쓰인다.

11일 지진 발생부터 약 2시간 후 원자력안전기술센터는 후쿠시마 제1원전에서 방출된 방사성 물질 예측에 대해 계산하기 시작했다. 방사성 요오드와 희가스에 대해[18] 몇 단계에 걸쳐 환산하여 방출량을 계산해 2시간 후까지의 피폭 예측 데이터를 1시간마다 원자력안전위원회에 보고했다.

15일에는 2호기에서 각각 오전 7~11시와 오후 1~3시 방사성 물질이 대량 방출되었다. 당시 SPEEDI 확산 예측으로는 방사성 물질은 모든 방향으로 균등하게 비산하는 것이 아니라 바람 방향에 따

17 2016년 3월 2일 아사히신문

18 비활성기체

라 띠 모양으로 50㎞ 이상 날아간다고 보고되었다. 그런데 정부는 이 분석 결과를 활용하지 않고 원전에서 반경 20~30㎞에 동심원을 그려 그 안에 있는 사람들에게 옥내 대피 지시를 15일 오전 11시에 내렸다.

스즈키 씨는 직원에게 물었다.

"이건 공개하고 있어요?"

"아뇨, 공개하지 않았어요. 대외비입니다."

"빨리 공개하는 것이 좋지 않아요?"

다른 위원들 사이에서도 '멀리 날아간다는 상황을 알리는 것이 좋겠다'는 목소리가 나왔다.

직원은 당황했다.

"어떤 정보를 내보내면 좋을까요?"

시간대 별로 100장 이상 있었다. 스즈키 씨는 '전부 다 공개하면 어떨까요'라고 말했지만 직원은 이렇게 답했다.

"모두 공개하면 오히려 어떻게 판단해야 할지 몰라서 혼란이 일어날 겁니다. 우리 원자력위원회는 사고 대응 관할이 아닙니다. 이건 정부 대책실이 정하는 일이죠."

스즈키 씨는 답답함을 느꼈다.

16일부터는 원자력위원회 비상근 전문위원을 맡고 있던 고사코 도시소(小佐古敏莊) 도쿄대학 대학원 교수가 간 나오토 수상에게 정보 제공과 조언을 하는 내각 관방 참여에 임명되어 정부에 조언[19]

---

19 실무 책임 보좌관

하는 역할을 하고 있었다. 고사코 씨도 17일에 SPEEDI로 주민 피폭 수준을 예상할 것을, 18일에는 SPEEDI에 근거해 당초 피난 구역의 타당성을 재고할 것을 원자력안전위원회에 요구했지만 받아들여지지 않았다(2011년 7월 2일 『월 스트리트 저널』). 이후 열린 기자회견에서 "SPEEDI를 법령 등에서 정한 대로 운영하지 않고 있다"고 말하면서 "제가 해오던 일을 벗어났기 때문에 더 이상 제가 여기에 있을 이유는 없는 것 같다"고 참여를 사임했다.

한편 미국과 프랑스, 오스트리아를 비롯한 각국은 기상 조건 등을 근거로 후쿠시마 제1원전에서 나오는 방사성 물질 영향 예측을 사고 직후부터 독자적으로 인터넷으로 공개했다. 시민과 전문가들은 '일본도 빨리 예측 결과를 공개해야 한다'고 목소리를 냈고 3월 23일 드디어 원자력안전위원회가 SPEEDI 데이터를 공개했다. 그 내용은 원전에서 북서와 남쪽 방향으로 방사성 요오드가 비산해 최악의 경우 30㎞ 권외에서도 12일간에 100밀리 시버트를 웃돌 것이며, 갑상선 내부피폭을 일으킬 가능성이 있다는 것이었다. 계산 방법은 12일 오후 6시부터 24일 오후 0시까지 계속해서 옥외에서 지냈다는 가장 보수적인 조건으로, 각지 모니터링 데이터 등을 근거로 요오드 방출량을 가정해 요오드 영향을 가장 많이 받는 1세 유아 갑상선 내부피폭량으로 계산했다.

계산에 따르면 하루 종일 옥외에서 지냈을 경우 내부피폭이 12일간에 100밀리 시버트에 달할 가능성이 있는 지역에는 원전 북서쪽에 위치한 후쿠시마현 미나미소마 시와 이이타테무라, 가와마타마치와 함께 남쪽에 위치한 이와키 시의 일부가 포함되었다. 100밀리 시버트는 갑상선 피폭을 저감하기 위한 안정 요오드제를 먹을지를 판단하는 중요한 정보 중 하나이다. 옥내에 있었을 경우 피폭량은 그 4분의 1내지 10분의 1로 줄어든다고 했다.

　데이터를 공개한 원자력안전위원회 마다라메 위원장 등은 "(하루 종일 밖에 있었을 경우라는) 굉장히 보수적인 조건을 상정했다. 당장 대책을 취할 필요는 없다"고 말했다. 공개가 늦은 이유에 대해서는 방출원이 어떻게 되고 있는지, 어떤 방사성물질이 얼마나 방출되었는지 확실하지 않았기 때문이라고 말했다. 정확한 정보를 접하지 못해서 주민을 (방사선량이 높은) 쓰시마 지구로 피난시킨 나미에마치 바바 타모츠(馬場有) 정장(지자체장)은 5월 20일 후쿠시마현 담당 과장에게 "이것은 살인죄가 아니냐"고 강하게 항의했다고 한다(2011년 10월 6일 『아사히신문』). 나미에마치 쓰시마 지구의 시바타 씨도 "우리는 피난 주민을 받아들이는 입장이라고 쓰시마 지구를 그렇게 지정했기 때문에 피폭할 것이라고는 전혀 생각하지 않았고 오랫동안 쓰시마 지구에 머물렀다"고 얘기했다(제1장 참조). 정부는 4월 11일이 되어서야 북서 방향으로 20㎞ 권외에 있는 이이타테무라와 가츠라오무라, 미나미소마 시 일부 등 5개 기초 지자체에 대해서도 5월말까지 주민을 피난시킬 것을 요구했다. 대상은 약 3,000세대, 1만 명이었다.

암 산재 인정은 불과 11명

앞에서 언급한 20대 도쿄전력 남성 직원은 다른 직원들과 함께 후쿠시마 제1원전에서 제2원전으로 대피한 후 귀가 지시를 받고 한번은 가족이 있는 집으로 돌아갔다. 그 후 3월 하순이 되어서 후쿠시마 제1원전으로 복귀하라는 연락을 도쿄전력으로부터 받았다. 어머니는 "가지 말라"고 했지만 "태어나서 지금까지 20년 이상 내가 살던 고향이 입을 피해를 어떻게든 최소화하고 싶다"는 마음으로 후쿠시마 제1원전으로 향했다. 현장에 가서 작업원이 입은 타이벡 방호복이나 방수복을 벗기는 일이나 기기 스위치를 조작하는 일을 했다.

남성 직원 2명이 행방불명되었다. 원전이 있는 후타바군 출신 고쿠보 가즈히코(小久保和彦, 24세) 씨와 아오모리현 무츠 시 출신 데라시마 요시키(寺島祥希, 21세) 씨다. 두 사람은 남성이 지시 받아서 터빈 건물 내에 들어갔을 때와 거의 비슷한 시기에 터빈 건물에 들어간 조에 속해 있었다. 그들이 간 곳은 4호기였다. 그런데 1, 3, 4호기가 폭발하고 방사선량이 높아져서 잠수부들의 수사가 늦어졌다.

3월 30일 두 사람은 4호기 터빈 건물 지하에서 죽은 채로 발견되었다. 사인은 다발성 외상으로 인한 출혈성 쇼크였다. 3, 4호기 방수구는 바다에 가깝고 소파블록도 없다. 그래서 두 사람이 건물 지하에 들어갔을 때 쓰나미로 들어온 해수가 방수구에서 급격히 역류한 것으로 보인다.

데라시마 씨는 3월 11일 지진 직후 집으로 전화를 걸어 어머니(44세)와 통화했다. "여기는 괜찮아. 집은 괜찮았어?" "발전소는 괜찮아. 움직이고 있는 전원도 있어."라고 말하며 그는 오히려 걱정하는 가족을 활기찬 목소리로 격려했다고 한다(2011년 4월 15일 아사히신문). 이 전화를 한 후 데라시마 씨는 건물에 들어가 쓰나미에 휩쓸렸다.

남성 직원은 3.11 이후 날들을 돌이키며 이렇게 말했다.

"그렇게까지 될 줄 생각도 못했어요."

어릴 때부터 원전홍보관으로 가면 원전은 안전하다고 배웠다. 반드시 무언가 방법이 있을 거라고 생각했는데 아무것도 하지 못한 채 폭발이 잇따랐다.

"바다 근처에 집이 있는 사람은 모두 걱정되어서 집으로 돌아갔고 일할 사람이 없어졌어요. 협력회사도 없고 사람이 부족하다는 건 분명했죠. 그러니까 스스로 어떻게든 해야 한다고 생각했어요. 집으로 돌아가고 싶다는 생각도 했지만 우리가 아니면 안 된다는 마음에 머물기로 했습니다."

만일의 경우 선량이 높아지더라도 누군가는 남아서 사고 대응을 해야 한다. 그 누군가가 누구냐는 무거운 질문을 이 원전사고는 우리에게 물었다. 나는 남성 직원에게 물었다.

"현장에서는 멜트다운(노심용융), 멜트쓰루(용융관통)하고 있다거나 곧 폭발하겠다거나 그런 정보는 있었나요?"

"일체 없었어요."

도쿄전력은 위험을 인식하고 있었다. 3월 11일 오후 9시 15분 도쿄전력이 원자로 상황과 사업자 조치 등을 보고하기 위해 작성한 '이상사태 연락양식 제15조 6보'에는 이렇게 기재되어 있다.

2호기 TAF(글쓴이 주: 연료 정상부) *도달 예상은 21시 40분쯤으*

로 평가했습니다. *노심 손상 시작 예상 : 22시 20분경, RPV(글 쓴이 주: 원자로 압력용기) 파손 : 22시 50분경*

TAF 도달 예상이란 원자로 수위가 노심 연료봉 정상 위치까지 떨어지는 것을 의미한다. 도쿄에 있던 스즈키 씨에게도 전달된 내용이다. 그것이 현장에서는 전달되지 않았다는 건가?

"회사는 이익, 이익, 이익입니다. 이런 위험한 것을 만들어 놓고 말입니다. 회사에 원자력과 화력에 관한 기술 전문가는 있어도 지진과 쓰나미 연구를 하는 사람은 없습니다. 결과적으로 경종을 울리는 학자들 의견은 묵살되었어요. 왜 제대로 하지 않았는지는 모르죠. 우리 아버지도 '손해를 보는 것은 결국 현장'이라고 얘기하시더라구요."

남성 직원은 후쿠시마 제1원전에서 작업을 하는 4개월 동안 총 80밀리 시버트 이상을 피폭했다. 사고가 일어나기 전에 통상적으로 입었던 연간 피폭량의 약 26배였다. 게다가 선량계가 쓰나미로 유실되는 바람에 선량계 착용 없이 일했기 때문에 사고 직후 피폭 선량은 측정하지 못했다. 그러니까 80밀리 시버트는 어디까지나 추계이다. 3월 말까지 약 3,000명이 선량계를 착용하지 않은 채 일했다. 게다가 도쿄전력은 작업반 대표자에게만 APD(경보음이 울리는 개인 선량계)를 휴대하게 했고 그 피폭선량을 작업반 전체 피폭 기록으로 간주했다. 그러나 대표자와 10m 이상 떨어져서 작업했다는 증언도 있어 피폭 기록이 불확실한 사람이 상당수 있는 것으로 추정된다. 남성 직원은 "반장은 방사선량이 낮은 곳에 있었어요. 반장

선량을 반 전체 인원의 피폭선량으로 계산하면 그 수치는 낮게 나타날 수밖에 없어요. 이런 방식은 문제가 있어요"라고 말했다. 그는 비탄에 잠긴다.

"나중에 결혼도 하고 싶고 아이도 갖고 싶은데 걱정이에요. 회사에 전근을 요청했지만 '아직 100밀리 시버트(원전 긴급작업에 종사하는 작업원들의 피폭선량 상한치)까지 피폭하지 않았다'라며 거부당했습니다. 회사를 그만둬야 할지 고민 중입니다……."

후쿠시마 제1원전 사고 이후 작업을 통해 피폭한 탓에 암에 걸린 사람 중 산재가 인정된 사람은 2023년 10월까지 총 11명이다. 갑상선암 2명, 백혈병 5명, 폐암 1명, 인두암 2명, 혈액암 일종인 진성적혈구증가증 1명이다. 폐암에 걸린 1명은 50대 남성으로 1980년부터 2015년 9월까지 여러 곳의 원전에서 방사선 관리 업무에 종사했다. 후쿠시마 제1원전 사고 이후에는 제염 작업 현장에서 방사선량을 사전 측정하는 업무 등에 종사했다. 35년에 걸친 근무 동안 총 195밀리 시버트(그 중 사고 후 피폭량은 약 74밀리 시버트) 가량을 피폭했다. 2016년 2월 폐암이 발견되어 그 후 사망했다. 유족이 산재를 신청했고 2018년 8월 31일 인정되었다(2018년 9월 5일 아사히신문).

산재가 인정된 사례는 많지 않다. 그 이유는 원전에서 작업한 후 암이 발병한 사람의 얘기를 여러 명 들었기 때문이다. 내가 직접 유족들에게 들은 얘기만 해도 사고 직후 긴급 작업으로 후쿠시마 제1원전으로 들어간 2명이 사망했다. 한 명은 암이 전신에 이전했고 또 한 명은 뇌출혈로 사망했다. 전자는 1인 사업자 형태로 현장에 들어갔기 때문에 산재 인정이 어렵다고 판단되었다. 후자는 유족이 인과관계 인정이 어려울 것이라고 주저하다 산재 신청을 하지 않았다.

「방사선 업무 종사자의 건강영향에 관한 역학연구」에 따르면 2011년 3~12월 사이 긴급작업에 투입된 1만 9,812명 중 2022년 말까지 757명이 사망했다. 긴급작업에 들어간 사람들 중에서 연구 목적으로 활용할 것에 동의한 자를 대상으로 암 발병 확률을 조사한 결과, 남성(동의자 7,526명)은 총고형암(장기와 조직 등에 종양이 생기는 암)이 140명, 백혈병 및 림프종이 10명 미만이었고 여성(동의자 10명)은 10명 미만에 총고형암이 발견되었다. 특히 남성의 경우 전립선, 갑상선, 대장상피내암에서 통계적으로 유의하게 높았다(후생노동성 「방사선 업무 종사자의 건강영향에 관한 역학연구」 2022년도 총괄·분담 연구 보고서에서).

사고 직후에도 원자력을 고집

사고 발생 13일째인 2011년 3월 23일 오후 1시 30분, 어떤 남성이 스즈키 씨 직무실을 방문했다. 스즈키 씨가 부른 것이다. 그는 '전기사업연합회(전사연)' 소속 원자력부장이었다. 이 단체는 일본 주요 10개 전력회사로 구성된 민간단체이며 전력회사 방침을 결정하는 집결체이다.

원자력부장을 부른 이유는 스즈키 씨가 그 전에 경제산업성과 의견을 교환했을 때 받은 답변이 마음에 걸렸기 때문이다. 원자로 건물과 수조에 물을 주입하는 작업이 시작되면서 최대 위기는 면했지만 사고 수습 전망은 전혀 보이지 않았다. 사고 대응이 종료할 때까지 몇십 년, 아니 몇백 년이 걸릴지 알 수 없다. 이전부터 스즈키 씨가 원전에 대해 가졌던 염려가 현실이 된 것이다. 스즈키 씨는 경제산업성 관료에게 이후 일본의 나머지 원전을 어떻게 할 것인지 물었다. 그 관료는 이렇게 답했다.

"향후 정기점검[20] 때 멈추게 되면, 그 후 다시 못 돌릴 수 있죠. 에너지 수급에 지장이 생길까 봐 걱정이네요."

그는 후쿠시마 제1원전이 위기 상황에 놓여 있는데도 앞으로도 원전을 계속 쓰겠다고 생각하는 모양이었다. 스즈키 씨는 전사연의 생각은 무엇인지 알고 싶었다. 그는 도쿄대 원자력공학과 출신이자 스즈키 씨의 후배이다. 도쿄전력에서 파견되어 전사연에서 일하고 있었다. 스즈키 씨는 그의 성격에 대해 '성실하고 조직에 너무나 충실한 사람'으로 평가했다.

스즈키 씨는 이 자리에 원자력위원회 위원 2명도 동석을 요청했다. 이때도 아직 여진이 계속되고 있었다. 3월 11일 오후 2시 46분 진도7 지진이 발생한 후, 진도5약 이상의 지진이 총 27회 일어났다. 그것도 후쿠시마뿐만 아니라 시즈오카(静岡), 이바라키(茨城), 나가노(長野)에서 진도6강 지진이 발생했다. 이날 아침에는 후쿠시마 현에서 진도5강이 두 번, 진도5약이 한 번 잇따라 일어나기도 했다. 스즈키 씨는 이렇게 생각했다.

"전력회사는 지금 움직이고 있는 원전을 당장 멈출 방침을 가

---

20 원전은 법에 따라 13개월 이내 1번 운전을 정지해 점검과 검사를 하는 것이 의무화되고 있다. 점검에는 약 40일부터 수개월이 걸린다.

지고 있을까? 정기 검사로 멈춘 것도 쉽게 가동할 수 있다고 생각하지는 않겠지? 아무리 그래도 '향후 어떻게 할지는 정해지지 않았습니다'라고 말하는 게 마지노선이 아닐까?"

그런데 전사연 원자력부장은 대체로 이런 내용으로 답변했다.

"후쿠시마 제1원전 사고 원인 조사는 몇 개월 진행하면 끝날 겁니다. 후쿠시마 제2원전은 가동이 어려울 수 있습니다. 후쿠시마 원전 폐로에 대해서는 장기적인 대응을 논의할 자리가 필요합니다. 오염된 지역에 주민들이 언제 돌아갈 수 있을지는 현재 불투명합니다."

"지금 가동하고 있는 다른 원전을 바로 멈출 수 없습니다. 정기 검사로 멈춰 있는 규슈전력 겐카이 2·3호기는 검사가 끝나는 대로 운전을 재개합니다. 원자력안전·보안원이 긴급 대책을 어떻게 취할지에도 달려 있겠지만 광역 지자체장이 동의하면 가동합니다."

"아오모리현 히가시도리촌(青森県 東通村)에서 계획하고 있는 히가시도리 원전 2호기 신규 건설은 아마 어려울 것으로 봅니다. 건설 중인 1호기는 공사가 동결될 수 있습니다. 아오모리현 지사가 부르면 대응을 강구하겠습니다."

"간사이 전력에서 현재 멈추고 있는 원전은 2, 3주 후 운전을 재개할 예정입니다. 지역에서 반대 목소리가 있는 것도 아닙니다. 이후에도 원자력은 필요하다는 입장입니다."

이후에도 원전은 필요하다……. 스즈키 씨는 원자력부장의 뜻밖의 답변을 수첩에 메모했다. 스즈키 씨는 앞으로는 쉽게 원전을 추진할 수 없을 거라고 생각했다. 그는 2011년 4월 26일 중의원 과학기술·이노베이션 추진 특별위원회에서 이렇게 말했다.

"먼저 반성의 뜻을 밝히고 싶습니다. 원자력에 오랫동안 관계해 온 연구자로서, 그리고 아직 약 1년밖에 지나지 않았지만 원자력 행정의 책임을 맡은 한 사람으로서 이렇게 심각한 사고가 발생한 것에 대해 개인적으로 깊이 반성하고 있습니다. 특히 사고로 인해 고향 땅을 떠날 수밖에 없게 된 주민 여러분께 진심으로 죄송하다는 마음을 전하고 싶습니다. 이미 이번 사고와 관련해 특정 조직이나 개인의 책임을 지적하는 목소리도 있지만, 이번 사고와 관련해서 저는 원자력에 관계해 온 모든 사람이 각자 입장에서 책임을 공유해야 한다고 생각합니다. 저도 뼈아프게 반성하고 있습니다."

2023년 8월 1일 현재 여전히 적어도 3만 명의 주민들이 피난 생활을 계속하고 있다. 피난 생활에 따른 건강 악화로 인한 '지진 재해 관련 사망'으로 인정된 사람은 총 3,794명(2023년 3월 31일 현재)에 이른다. 후쿠시마현이 가장 많은 2,337명이며 그 중 후쿠시마현 미나미소마 시가 520명으로 가장 많다. 그 다음으로 도미오카마치 456명, 나미에마치 443명이다.

원전 사고가 발생한 지 12년이 지난 현재도 목숨을 잃어가는 사람들이 있는 가운데, 정부는 원전 회귀 정책을 적극 추진하고 있다. 왜 정부는 원전 추진으로 돌아가려고 하는 걸까. 이 고집에는 무엇이 작용하고 있을까. 이유를 알기 위해서는 역사를 풀어갈 필요가 있겠다.

제3장

원전은 어떻게 시작했을까

원자력 개발을 둘러싼 전후 논쟁

●

후쿠시마 제1원전 사고 당시 일본에는 54기의 원전이 가동하고 있었다. 미국, 프랑스에 이어 전세계에서 3번째 원전 강국이었다. 다만 그 역사는 60년으로 130년이 넘는 화력, 수력과 비교해 길지 않다. 원전은 원래 군사 목적으로 각국이 연구했다. 1945년 이전 일본에서는 육군과 해군이 각각 원자폭탄 개발에 나섰다. 도쿄에 있는 이화학연구소에서는 육군으로부터 위탁을 받아 니시나 요시오(仁科芳雄)가 '니고연구'를[21] 했다. 교토제국대학에서는 해군 위탁으로 'F 연구'가 진행되었고 유카와 히데키(湯川秀樹)가 참여하고 있었다. 1936년에는 오사카제국대학에도 '니고연구 오사카대학 분과실'이 설치되었다.[22]

일본이 원자력을 실제 활용하는 단계에 이르기도 전에 미국이 히로시마와 나가사키에 원폭을 투하했고 일본은 패전했다. 전쟁

---

21 니시나의 '니' 글짜를 따서 '니 호'라는 뜻

22 '죠닌학자' 마이니치신문

이 끝난 후 연합군 총사령부(GHQ)는 일본에서 진행되는 원자력 연구를 모두 금지시켰다. 이화학연구소, 교토제국대학, 오사카제국대학에서 개발하고 있던 사이클로트론은 폭파하거나 바다로 가라앉혔다. 계기가 찾아온 것은 1953년이었다. 아이젠하워 미국 대통령이 UN에서 원자력의 평화적 이용을 호소한 것이다. 1957년 UN 산하 자체 기관으로 국제원자력기구(IAEA)를 설립했고 IAEA 헌장 제2조에서 전세계 평화와 보건 및 번영에 대한 원자력 공헌 촉진 및 확대를 IAEA 목적 중 하나로 정했다. 이것으로 세계 각국에서 원전 도입이 추진되었다.

일본에서는 1956년 원자력 정책 결정기관인 원자력위원회가 총리부에 설치되었다. 요미우리신문 사주로 알려진 국무대신 쇼리키 마츠타로(正力松太郎)가 위원장으로 취임했고 유카와 히데키가 초대 위원이 되었다. 일본학술회의에서는 "원자력발전에 관해서는 어디까지나 신중한 자세로 자주적 연구가 축적된 다음 그 실현을 달성해야 한다"는 의견이 나왔다. 하지만 쇼리키는 1956년 1월 4일 원자력위원회 첫 회의 직후 "5년 이내에 제1호 원자력발전소를 건설한다"고 발언했고 조기 실현을 위해 원전을 '수입'할 것을 주장했다. 이에 대해서는 유카와 등은 "먼저 기초 연구에 충실해야 한다"고 반발했다.

유카와는 같은 날 중앙공론사 과학잡지 편집위원이던 모리 가즈히사(森一久)에게 "나는 이제 그만두고 싶다", "오늘 원자력위원회 첫 회의에서 쇼리키 씨는 원자력 자주 개발 따위는 할 틈이 없다며 수입하는 것이 훨씬 더 빠르다는 내용의 성명을 발표했다. 그런 애기라면 우리는 거기에 들어가는 의미가 없다. 내일이라도 그만 두 겠다"고 얘기했다고 한다(사노 신이치, '교카이덴' 『문예춘추』).

같은 해 5월 11일 중의원 과학기술진흥대책 특별위원회에 참고 인으로 출석한 유카와 씨는 이렇게 주장했다.

"역시 기초를 내팽개치고 진행해서는 안 된다고 생각합니다."

"개발 기한에 관해서도 저는 다소 여유를 줘야 한다고 생각합 니다. 그러면 더욱 더 일본 원자력 개발에 있어서 자주성이랄까 현 실성과 장래성을 확고히 가질 수 있을 거라 생각합니다."

"국제 정세 움직임에 대해 우리는 조금 더 보고 판단해야 한다 고 생각합니다. 나중의 일까지 너무 빨리 결정하는 것은 좋지 않다 고 생각합니다."

8일 후 초대 과학기술청 장관에 취임한 쇼리키는 원전 도입을 추진했다. 다른 위원들도 신중한 입장을 표명했지만 귀를 기울이 지 않았다. 결국, 유카와는 그해 3월 건강 상태를 이유로 원자력위 원을 사임했다. 원전 도입에 있어 기술자를 양성하기 위해 일본 『원 자력연구소법』이 제정되었고 5월 4일 공포되었다. 이 법에 따라 6 월 15일에는 '특수법인 일본 원자력연구소(원연)'가 설립되었다.

사고를 일으킨 요인

특수법인 일본 원자력연구소(원연)의 초창기를 알기 위해 나는 1959년 이 연구소 연구원이 된 가사이 아츠시(笠井篤, 93세) 씨에게 얘기를 들었다. 도쿄이과대학(東京理科大学)에서 방사선 물리를 배우고 참여한 가사이 씨는 주임연구원과 연구실장 등을 맡으면서 40년 가까이 원자로 안전성, 방사선 방호, 방사선으로 인한 환경, 인체 영향을 연구해 왔다. 그는 교토대학 원자로 실험소 전문 연구원, UN과학위원회(UNSCEAR) 일본 위원, IAEA 안전성 검토위원 등을 역임했다.

설명하는 가사이 아츠시 씨

가사이 씨는 정년퇴직 후 고향인 나가노 현(長野県)으로 돌아가 산릉지대에 로그하우스를 짓고 생활하고 있다. 그는 애용하는 짙은 갈색 뿔테 안경을 쓰고 나를 맞이했다. 실내는 잘 정돈되어 있었다. 2층에도 자료가 차곡히 정리되어 있었고 지하에도 연구소 근무 시대의 자료가 있다고 했다. 가사이 씨는 PC를 앞에 두고 나무 의자에 앉으면서 그 역사를 얘기하기 시작했다.

"일본은 원자력 연구에서 뒤쳐졌고 일류 국가에 속하지 않았어요. '원자력 연구를 통해 일본을 최고 수준 국가로 만들고 싶다'는 취지로 원연이 만들어졌습니다. 우수한 인재를 모으기 위해 급여는 공무원보다 약 30% 더 많았어요. 매력적인 조건이었기 때문에 저도 응시했습니다."

원연은 일본의 뛰어난 영재들을 모아서 이바라키현 도카이무라에 설치되었다. 도카이무라는 원자력 연구의 중심지가 되었고 그 후 '원자력 발상지'라고 불리게 되었다. 그래서 마을을 상징하는 마크는 '도카이'의 '도'짜와 원자력의 γ선과 태평양의 파도를 콜라주한 모양으로 만들어졌다. 참고로 1985년 원연의 직원 수는 2,500명에 이르렀다.[23] 마을에는 집합주택인 숙소가 나란히 건설되었고 원연은 엘리트 집단이자 마을의 대표적 존재가 되었다. 원연까지 이어지는 길은 '원연 거리'라고 불렸고 원연 거리 상가 등 원연에 얽힌 지명이나 단체도 생겼다.

1963년 10월 26일 원연 연구로에서 일본 최초로 원자력 발전에 성공했다. 연구로는 미국 제너럴 일렉트릭(GE)이 만들었다. 정부는 이날을 '원자력의 날'로 정했다. 또한 일본은 상업용 원자로 도입을 목표로 했지만 민간 기업만으로는 어려웠기 때문에 정부가 협력해서 '일본원자력발전주식회사(일본원전)'를 설립했고 1966년 일본에서 처음으로 상업용 원자로인 도카이 원전의 영업운전이 시작되었다. 이것은 영국에서 수입한 원전이었다. 그리고 1971년에는 도쿄전

---

23 출처: 일본원자력연구소사

력이 후쿠시마 제1원전 영업운전을 시작했지만 이것은 미국 것이었다. 가사이 씨는 말한다.

"유카와 히데키 씨 등은 '먼저 일본 국내에서 기초 연구를 해야 한다'고 주장했는데 정부와 전력회사 압력으로 수입해서 원전을 도입하는 것으로 결정되었습니다. 너무 서둘렀던 것 같아요."

후쿠시마 제1원전 1호기는 도시바가 완제품 스위치만 켜면 된다는 '턴키(Turn Key) 계약'을 채택했다. 열쇠(Key)를 돌리기(Turn)만 하면 된다는 계약 방식이다. 그런데 GE가 설계한 대로 건설되었기 때문에 일본에는 맞지 않는 부분들이 있었다. 그것이 나중에 원전 사고로 발전한 요인이 되었는데 대표적인 게 비상용 디젤 발전기를 지하에 설치한 것이다. 후쿠시마 제1원전은 35m 높이 대지를 해발 10m까지 깎아서 만들었다. 그리고 디젤 발전기를 지하에 두었기 때문에 쓰나미 피해를 입은 것이다. 지하에 설치한 것은 미국식 설계이기 때문으로 알려져 있다. 아사히신문은 "토네이도와 허리케인에 대비해 비상용 발전기를 지하에 두는 '미국식 설계'를 그대로 채용했기 때문에 사고 피해가 커졌다(2011년 6월 11일 석간)"라고 지적했다. 후쿠시마민보도 도쿄전력 관계자를 인용해 "미국은 원전이 주로 강가에 있기 때문에 쓰나미 걱정은 없다. 대신 허리케인 대책이 필요하기 때문에 기기 등을 지키기 위해 지하에 두는 것이 안전하다. 하지만 그 방식은 일본에서는 맞지 않았다"라고 보도했다(2012년 6월 4일).

미국 자연재해를 대비해서 고안된 설계를 그대로 가져온 것이 패착이었던 것이다. 그러한 위험성에 대해서 도쿄전력은 인식하고 있었다. 1991년 10월 30일 1호기에서 냉각용 해수를 취수하는 배관이 부식해 수 센티미터의 구멍이 난 바람에 해수가 대량으로 건물 지하 바닥에 누설되어 발전기가 침수했다(2014년 8월 1일 도쿄신문). 그런데 도쿄전력은 대책을 취하지 않았다. 요시다 소장은 정부 사고조사위원회 청취에서 "그 일로 물이 얼마나 무서운지 잘 알았지만 한번 만들어진 오래된 발전소 구조를 다시 바꾼다는 것은 도저히……"라고 답변했다. 알고 있었으면서 지하에 둔 채로 방관했다는 것이다.

중대 사고는 일어나지 않는다?

안전에 돈을 들이지 않는 문화는 도쿄전력 뿐만 아니라 일본 전국에 만연해 있었다. 가사이 씨는 말한다.

"애초에 '중대 사고 따위는 절대 일어나지 않는다'는 생각이 강했죠. 먼저 경비 삭감 대상이 되는 것은 안전 대책 비용이었습니다."

원연 수뇌진 일부는 관청에서 내려온 낙하산들이다. 게다가 재직하는 연구자들은 주로 원자로 공학 전공자이며 안전성을 연구하는 사람은 소수였다. 가사이 씨는 그중 한 사람으로서 사고로 인한 영향을 연구하고 있었지만 마음대로 되지 않았다.

"1970년대에 이미 원전 사고가 일어날 때 사람에 미치는 건강영향과 피폭 시뮬레이션을 하고 싶다고 예산을 요구했어요. 그런데 과학기술청 관료는 '사고는 일어나지 않을 건데 왜 사고를 주제로 연구를 하냐'며 예산을 마련해 주지 않았어요. 정부도 전력회사도 '안전 신화'를 밀어붙이고 '원전에서 중대 사고는 일어나지 않는다'라는 입장을 일관했습니다. 미국 스리마일 사고(1979년)가 일어나서 겨우 '사고 시 항공기로 대기 방출 방사성 물질 농도를 측정하는 광역 모니터링 시스템 개발'에 예산이 책정됐어요. 하지만 사고는 일어나지 않을 것이라는 자세는 그대로였죠."

핵관련 시설에서 일어난 사고로 2명 사망

미국 스리마일 사고에 이어 1986년 체르노빌 사고가 발생했지만 '일본에서는 핵 사고가 일어나지 않는다'며 원전 도입을 계속 추진했다. 그런 가운데 1999년 당시 일본 원자력 역사상 최악의 사고가 발생했다. 바로 도카이무라 JCO 임계사고다. 핵연료 제조 중간 공정을 담당하는 JCO 도카이 사업소에서는 고속실험로 '조요(常陽, 이바라키현 오오아라이정)'에서 연료로 사용하는 고농축 우라늄을 취급하고 있었다. 우라늄 용액은 매뉴얼대로라면 임계가 일어나기 어려운 기다란 용기에 넣어야 하는데 편법으로 두꺼운 침전조에 넣었기 때문에 그 작업 과정에 사고가 일어났다. 우라늄 용액이 국가가 정한 상한선의 약 7배였고 침전조 안에서 임계[24]가 일어나 버린 것이다. 마치 작은 원자로가 하나 만들어진 것과 같은 상태에 이르렀고 중성자선이 방출되었다. 작업을 하던 직원 오오우치 히사시

---

24 핵분열 연쇄 반응이 계속되는 현상

(大內 久, 당시 35세) 씨는 '파란 불'을 봤다고 증언했다. 임계에 달했을 때 방출되는 '체렌코프의 빛'이다. 이 작은 원자로에는 중성자선 확산을 막는 역할을 하는 격납용기가 없었다. 방사능은 사업소뿐만 아니라 주변 주택가까지 확산되었다. 게다가 침전조 주변을 냉각수 배관이 둘러싸고 있어서 임계는 계속되었다(냉각 목적을 위한 물이 오히려 중성자 반사재 역할을 한 것이다).

원연은 JCO 사업소에서 수 킬로미터밖에 안 되는 가까운 거리에 있었다. 당시 사고 발생을 알게 된 가사이 씨는 분노했다.

"이건 인재야. 체르노빌도 스리마일도 모두 인재였잖아. 이렇게 사고가 나는 거지."

곧바로 원연 직원들이 움직이기 시작했다. 원연은 특수법인이기 때문에 사고 대응 의무가 없었지만 모두가 각각의 전문 지식을 활용하려고 데이터 계산 등을 시작했다. 정부와 광역지자체는 주변 주민들에게 바로 피난 지시를 내리지 않았다. 그런 가운데 기초지자체가 자발적으로 350m 권내 주민들에게 피난을 요청했다. 사고 발생부터 피난 시작까지 이미 5시간이 지난 후였다. 가사이 씨는 당시를 돌이켜 "피폭한 직원들은 생명에 지장이 생길 수 있다고 생각했어요. 현장 근처에는 일반 주택도 많았죠. 그러니 주민들을 빨리 피난시켰어야 했는데 결국 피폭을 하게 만들어 버렸습니다"며 가슴 아파했다.

당시 가사이 씨는 주민 피폭 선량을 어떻게 평가할지 검토했다. 원연에는 정부 현지대책 본부가 만들어졌고 그날 밤 도쿄에서 원자력안전위원들이 와서 진두지휘하기 시작했다. 배관에서 물을 빼는 작업을 했고 겨우 임계가 수습되었다.

방사선을 다량 뒤집어쓴 오오우치 씨는 국립 미토병원으로 실려 간 후 치바(千葉)현에 있는 방사선의학종합연구소 병원으로 이송되었고 그 후 다시 도쿄대학 의학부 부속병원으로 옮겨졌다. 오오우치 씨는 고선량 피폭으로 인한 염색체 파괴로 새로운 세포가 생성되지 않았다. 백혈구가 만들어지지 않는 상태가 된 것이다. 추정 피폭선량은 16~20시버트였다. 전신 피폭 치사량인 7시버트의 약 2~3배를 피폭한 것이다. 그 후 오오우치 씨는 호흡부전과 신부전 등이 동시에 일어나 사고부터 83일이 지난 1999년 12월 사망했다.

오오우치 씨가 입원한 병원의 장례식장 회사에서 근무했던 다마이 아키히코(玉井昭彦) 씨는 당시 일을 잊을 수 없다. 부검실이 다른 건물에 있었기 때문에 다마이 씨는 오오우치 씨의 사체를 들것에 실어 침대차를 이용해 병동으로부터 운반했다. 스테인레스 부검대로 사체를 옮길 때는 두 명이 함께 들어 올려야 할 만큼의 무게였지만 해부로 장기를 뺀 후에는 혼자 들 수 있을 만큼 가벼워졌다. 영안실에서 다마이 씨는 피가 스며든 붕대에 감긴 시신에 수의를 입히고 오오우치 씨의 두 손을 합장시켰다. 오오우치 씨의 피부가 뚝뚝 부스럭거리며 떨어졌다. 오오우치 씨의 초등학생 아들이 시신에서 떨어지지 않았다.

"추운 날이었습니다. 그 아이는 그 후 어떤 인생을 살고 있을까요?"

오오우치 씨의 사망으로부터 4개월 후 함께 작업하던 시노하라 마사토(篠原理人, 당시 40세) 씨도 사고 발생부터 211일째인 2000년

4월 사망했다. 시노하라 씨의 피폭량은 6~9시버트로 추정되었고 다발성 장기부전이었다. 다마이 씨는 시노하라 씨의 장례도 담당했다.

다마이 씨는 지금도 오오우치 씨의 기일이 되면 본인 SNS에 '방사선 피폭의 공포. 삼가 고인의 명복을 빕니다'는 문구와 함께 시를 읊으며 그날의 기억을 알리고 있다.

콧마루가 없어지고 피부 짓무른 몸에 아이의 손가락이 몇 번이고 간다
연골이라고 하는 살덩이는 모두 녹아서 생식기조차 남지 않았다

기능하지 않았던 오프사이트 센터

이 사고는 피폭으로 사망자를 낸 국내 최초 임계사고가 되었다. 주변 주민 약 666명도 피폭했다. JCO 법인과 회사 간부 등 6명은 2003년 3월 3일 미토 지방법원에서 '몇 년에 걸친 허술한 안전 관리 체제가 존재했다'며 업무상 과실치사와 원자로 등 규제법 위반으로 유죄 판결을 받았다. 수습 작업을 진두지휘했던 원자력안전위원회 위원장 대리 스미다 겐지(住田健二) 씨는 인터뷰와 저서 『원자력과 어떻게 공존할까原子力とどうつきあうか』에서 다음과 같이 언급했다.

"그날은 일본 원자력 관계자들에게 결코 잊을 수 없는 최악의 날이 되었다. 중요한 것은 두 번 다시 그런 사고가 나지 않도록 해야 하고 그날을 계속해서 '최악의 날'로 남기는 것이다."

일본 정부는 교훈을 살리기 위한 각종 작업에 착수했다.

JCO 임계사고 당시 최전선 본부에 TV가 없었고 주민들의 영향을 알 수 없었다. 휴대전화는 접속이 불안정해 빈번하게 중단되었고 팩스를 보내는 것도 어려움이 있었다. 스미다 씨는 전용 회선을 확보할 필요성을 통감했다. 그런 교훈 중 하나로 국가가 긴급사태 응급대책 거점센터인 '오프사이트 센터'를 설치하는 것을 법률로 규정했다. 국가 교부금으로 전국 지자체 총 23곳(후쿠시마 제1원전 사고 이전에는 22곳)에 설치했다.

원전 사고가 발생하면 정부는 오프사이트 센터에 원자력재해 현지대책본부를 설치한다. 센터는 피난 범위를 결정하고 지시하는 기지가 된다. 그런데 실제로 후쿠시마 제1원전 사고 당시 이 오프사이트 센터는 기능하지 않았다. 오오쿠마마치에 설치된 오프사이트 센터는 후쿠시마 제1원전과 제2원전을 관할하고 있었다. 2층 철근 건물로 후쿠시마 제1원전에서 남서쪽 5㎞ 거리에 있었다. 지진 발생 당일 비상용 전원이 고장났고 다음 날에 복구했지만 통신 회선은 계속 불통이었다. 도쿄에 있는 원자력안전·보안원과 연결되는 TV 회의 시스템도 기능하지 않았다.

3월 15일부터는 센터 주변 방사선량이 급격히 높아졌다. 2호기에서 방사성물질이 대량 방출되었을 때이다. 센터에 있던 100명 정도의 직원은 모두 철수했다. 센터가 원전에서 너무 가까웠던 것이다. 센터 건물은 방사선 방호도 되지 않았다. 방사선 피폭을 피하는 필터 등을 정비할 것을 총무성이 2009년 2월 권고했지만 원자력안전·보안원이 구체적인 대책을 실시하지 않았다.

가사이 씨는 한탄한다.

"오프사이트 센터는 주민들에게 '안심'을 강조하는 겉치레에 불과한 존재였어요. 사고 때 방어도 안 되었고 애시당초 사고 따위는 일어나지 않는다는 전제로 만들어진 것이었어요."

JCO사고의 두 번째 교훈은 주민 피난에 SPEEDI[25]를 활용하는 것이었다.

JCO 사고 발생 당시 SPEEDI는 시험 운영 단계였지만 사고 시에는 도움이 되는 시스템이라는 인식이 생겼다. 스미다 씨는 취재에 이렇게 답변하고 있다.

"SPEEDI는 여러 장소 데이터 예측 값을 냈습니다. 그 예측 값과 여러 곳에서 확인된 측정값을 보고 수치가 좀처럼 줄어들지 않는 것을 원자력안전위원회에서 확인했고 나는 임계가 일어났다고 판단했습니다. 그때 SPEEDI 계산 결과가 바람 방향에 따라 달라지는 것도 봤습니다."(2011년 5월 27일호 주간 아사히)

그런데 데이터는 주민 피난에 활용되지 않았고 현장에 전달되지도 않았다. 당시 촌장이던 무라카미 다츠야(村上達也) 씨에게 내가 "SPEEDI 데이터를 받았나요?"라고 물었더니 "정보 따윈 오지 않았다"고 분노했다. 그래서 도카이무라는 독자적 판단으로 350m 권내 주민들에게 피난을 유도한 것이었다. 12년 후 일어난 후쿠시마 제1원전 사고에서도 주민들에게 동심원에 따라 피난 지시가 내

---

25 긴급 시 신속 방사능 영향 예측 네트워크 시스템.

려졌다. 가사이 씨는 원연에서 SPEEDI를 포함한 긴급 모니터링 시스템 개발에 관여한 사람이기도 하다.

"후쿠시마 사고에서 정부가 데이터를 공개하지 않았던 것은 잘못이었습니다. 그 탓에 방사선량이 높은 지역으로 주민이 피난하게 되었습니다. 그 때문에 불필요한 피폭을 하게 된 사람들이 생긴 것은 사실입니다."

JCO사고의 세 번째 교훈은 중대 사고가 일어날 때 원격으로 움직일 수 있는 로봇을 개발하는 것이었다. JCO임계 사고 때는 누가 피폭을 각오하고 물 빼기 작업을 맡을지 논란이 되었기 때문이다.

당시 스미다 씨와 JCO 사이에서 다음과 같은 대회가 오갔다.

스미다 씨	사업자인 JCO에 모든 책임이 있고 경영자가 작업을 하는 사람을 정해서 작업 명령을 내리지 않는 이상 어떻게 할 방법이 없습니다.
JCO 측	우리가 해야 한다고요?
스미다 씨	사업자의 책임입니다. 처리가 늦어지면 나중에 당신들은 책임자로서 큰 비난을 받을 텐데 그래도 괜찮습니까? 정부 지휘권 발동을 기다릴 것인지 아니면 시설 책임자로서 JCO가 스스로 조치할지 둘 중 하나입니다.
JCO 측	(모회사인 스미토모 금속광산 스도 코이치(須藤晃一) 전무) 우리가 하겠습니다.

(스미다 씨 저서와 당시 보도에서)

이때 경험으로 로봇의 필요성을 실감한 전문가와 과학기술청은 로봇 개발 예산을 따내기 위해 대장성(大蔵省, 현재 재무성)으로 갔다. 로봇에 쓰일 반도체가 방사능에 약하다는 과제를 해결하기 위해서였다. 교섭 끝에 "1년에 10억이라면 가능하다"는 답변을 받았다. 사고 발생 다음 해인 2000년 1월 통산성은 원자력 재해 지원시스템 개발에 보조금 총 30억 엔을 교부할 것을 결정했다. 이에 따라 히타치제작소, 미쓰비시중공업, 도시바 등 4개 회사가 2001년 총 6개의 로봇을 완성했다. 시간당 10시버트 방사선량을 견디는 성능으로 방사선량과 온도 측정, 문과 밸브 개폐, 배관 절단, 제염, 원자로 내 물 채취 등의 작업 기능을 구비했다. 로봇 공학 전문가들이 "세계 수준에 충분히 비견할 정도"라고 평가했다.

2002년 12월 도쿄전력과 간사이전력 원자력 담당 간부와 원전 관련 정부 외곽 단체 간부 등 5명으로 구성된 실용화 평가 검토회의는 "고방사선 아래 재해 현장 상황 조사·감시 등 작업에 사용이 가능하다"고 하면서도 "원전에서 일어나는 재해에 활용될 경우는 거의 없을 것"이라고 결론지었다. 그 이유는 로봇은 사람보다 보행속도가 느리고 이동 가능 거리가 짧은 반면, 재해 현장에서는 사람이 작업할 수 있는 범위가 충분히 확보되기 때문에 인적 대응으로 충분하다는 것이었다. 2006년 3월 로봇은 폐기 처분 되었고 1대가 센다이 시 과학관에 전시되었다. 만약 개발이 추진되었다면 후쿠시마 사고 현장에 투입되었을 것이다. 예를 들어 2011년 3월 11일 밤

1호기 원자로 건물이 290밀리 시버트(=0.29시버트, 시간당 환산)로 출입 금지가 된 이후에도 작업이 가능했을지도 모른다. 미국에서는 산업계·학계·관료가 총동원되어 로봇을 개발해 왔다. 독일에서는 전력회사가 공동 출자하는 민간 기업이 원자력 재해 전용 로봇을 여러 종류 보유하고 있다.

이후 원자력위원회 위원장 대리를 맡게 된 스즈키 다츠지로 씨는 JCO사고 당시 도쿄대학 대학원 객원 조교수로 전력중앙연구소 연구원을 겸임하고 있었다. 그는 근본적인 문제는 원자력 마피아의 '폐쇄성'에 있다고 보고 있다.

JCO에서는 작업을 간소화하는 뒷매뉴얼[26]로 위법적인 작업이 일상인 상태였고 감시의 눈이 제대로 기능하지 않았다. 사고 4년 전인 1995년 12월 고속증식로 몬주에서 나트륨 누설로 화재가 발생한 사고에서는 '동력로· 핵연료개발사업단(동연)'이 당시 현장 영상을 숨긴 비디오 은폐 사건도 발생했다. 스즈키 씨는 이렇게 지적한다.

"가급적 비용을 낮추는 것이 회사에 대한 공헌이고 안전성을 향상시키는 것은 회사에 대한 공헌이 아니라고 보는 시각이 강합니다. 이 시각을 바꿔야 합니다. 감시 체계를 만들지 않으면 안전성 확보는 어렵습니다."

스즈키 씨는 이 은폐 체질을 내부에서부터 바꿀 수 있을지 모색했다. 미국에서는 스리마일 사고 이후 자주적 규제 기관인 원자

---

26 메뉴얼을 따르지 않고 하는 작업.

력발전운전협회(INPO)가 개설되어 시설을 평가하고 CEO에 통지하고 있다. 이런 식의 일본판 INPO를 만들도록 스즈키 씨는 월간 원자력종합화학정보지 『원자력eye(일간공업신문사)』에서 제언하고 논문을 발표하고 원자력 산업회의와 각 전력회사 관계자에 제안했다. 전기사업연합회는 자발적인 안전성 향상 기관으로 NS넷을 1999년 12월 개설했다. 하지만 "우리 시설에서는 (사고가) 일어나지 않는다", "JCO는 규모가 작은 회사이고 전력회사와는 다르다"는 등 핑계를 내세워 결국 감시 기능이 현실화하지 않았다. 전력회사들은 다른 기관에서 지시를 받는 것을 기피했다.

스즈키 씨에게 "만약 이 감시 기관이 만들어졌다면 후쿠시마 사고를 피할 수 있었을까요?"라고 물어봤다. 그는 이렇게 답했다. "(일어나지 않았을) 가능성이 있습니다. 감시 기능이 있으면 안전에 대한 본질적인 조언을 했을 거니까요."

근본적인 문제에는 이 '원자력 마피아'의 손길이 관계하고 있을지 모른다. 다음 장에서는 원자력 '이권 집단'에 붙어사는 사람들의 실태에 대해 언급하고자 한다.

제4장

원자력 마을 사람들

원자력 마을(핵 마피아)의 촌장

●

원자력 마을이란 무엇일까?

앞에서 언급한 도카이무라 무라카미 당시 촌장은 2011년 8월 2일 마을에서 열린 일본 원자력학회 심포지엄에서 "정계·관료·업계·학계, 그리고 미디어가 '원자력 마을'이라는 공동체를 형성해 원자력계 권위와 권력에 대한 비판을 배척하는 사회적 풍토를 만들어 왔다"라고 말했다(2011년 8월 3일 아사히신문). 전 NHK 해설위원이자 과학 저널리스트 고이데 고로(小出五郎) 씨도 "원자력 마을은 정계·관료·업계·학계·미디어의 5각형으로 구성되었다"라고 지적하고 있다(2012년 3월 2일, 아사히신문 석간).

그래서 나는 정계·관료·업계·학계·미디어에 대해 각각 취재해 보기로 했다. 먼저 원자력 마을의 촌장은 누구일까? 결론부터 말하자면 그것은 역대 총리대신이다. 원전에 세금을 투입하면서 국책으로 추진하고 원전 생태계를 지키는 구조를 만들어왔다. 실제로 원자력안전위원회 위원장 대리를 맡았던 전 일본 원자력학회장 스

미다 겐지 씨는 2011년 5월 4일 MBS 라디오 「다네마키 저널(たね蒔きジャーナル, 씨앗 뿌리기 저널)」에 원자력 마을 중진으로 초대되어 출현했을 때, "촌장은 도쿄전력이죠?"라는 해설위원의 질문에 "촌장은 내각총리대신이라고 생각합니다"라고 대답한 바 있다.

그 후 간사이전력이 역대 촌장들에게 거액의 헌금을 보내고 있던 사실이 밝혀졌다. 2014년 7월 간사이전력에서 정계 공작을 오랫동안 맡았던 나이토 지모리(內藤千百里, 당시 91세) 부사장이 "적어도 1972년부터 18년간 재임 중인 역대 수상 7명에게 추석 인사로 1,000만 엔씩 헌금해 왔다"고 아사히신문에 증언했다. 또 "자민당 유력 인사들에게 매년 2회 추석 인사로 각각 200만~1,000만 엔씩 헌금이 배달되는 관행이 있었다"며, "정계 전체에 나눈 자금은 연간 수억 엔에 달한다"고 밝혔다. 결국 1974년 전력업계가 유착 비판을 받아 기업 헌금 폐지를 선언한 후에도 헌금은 계속되었다는 사실을 엿볼 수 있다.

헌금 목적은 원전 정책 추진과 전력회사 발전이다. 나이토 씨는 "자금 출처는 모두 전기 요금이었다", "전력회사에 있어서 인·허가권을 잡고 있는 권력에 대한 하나의 행동양식이었다"라고 말했다.

나이토 씨가 헌금했다고 증언한 사람은 나카소네 야스히로(中曽根康弘), 다나카 가쿠에이(田中角栄), 미키 다케오(三木武夫), 후쿠다 다케오(福田赳夫), 오오히라 마사요시(大平正芳), 스즈키 젠코우(鈴木善幸), 다케시타 노보루(竹下登) 7명이며 모두 역대 수상들이다. 그 외에도 통산대신과 자민당 유력자, 원자력 정책에 중요한 역할을 해온 정치인들이 포함되었다.

아사히신문이 보도한 증언은 구체적이었다. 나이토 씨는 이렇게 말했다(증언은 녹화되었고 공개되었다. 문구 중에 나오는 아시하라 씨란 간사이전력 아시하라 요시시게 전 사장이다).

간사이전력 내부에서 현금을 그만하자는 얘기는 없었어요. 구체적인 목적으로 건네는 돈은 더러운 돈이 아니라는 인식이 있었어요. 천하 국가를 위한 돈이지요. 첫째는 전력의 안정 공급, 둘째는 국가의 번영이죠.

미키 씨는 사무실에서 나의 무릎을 만지면서 "부족하다"고 얘기한 적이 있었어요. 아시하라 씨가 현금을 건넸더니 싱글벙글 웃으면서 "건강하시니 다행이야"라고 하시더라고요. 후쿠다 씨는 도쿄에 있는 자택에서 드리는 경우가 많았어요. 집에서 큰 새를 몇 마리씩이나 키우더라고요. 천하 국가 얘기를 하고 돌아갈 때 미묘한 타이밍으로 돈 봉투를 두고 나와요. 후쿠다 씨는 현관문까지 배웅하면서 "고마워"라며 인사하시더라고요.

오오히라 씨도 항상 자택에 가서 드렸죠. 현금을 받으면 "아니, 수고했네"라며 바로 받으셨어요. 스즈키 씨 집은 조명이 어두웠어요. 나카소네 씨는 사무실에서 드리면 "감사합니다"라며 바로 받았어요. 다케시타 씨도 주로 사무실에서 드렸고요. 베테랑 비서가 모두 관리하고 있었어요.

(2014년 7월 29일 아사히신문)

나카소네 씨는 일본에 원전을 도입하고 원전을 추진하는 구조를 만든 정치인이다. 그가 원자력을 추진한 이유는 제3장에서 언급한 것처럼 GHQ가 사이클로트론을 물에 잠긴 것이 계기였다. 나카소네 씨는 '과학기술을 살리지 않으면 이 나라는 부활하지 못할 것'이라고 확신했고 법률과 예산을 만들었다(일본원자력학회지 Vol.49, No.2 [2007] P112~116). 1955년에는 『원자력기본법』을 제정하기 위해 분주했다. 다나카 카쿠에이 씨가 수상을 맡았을 때는 나카소네 씨는 통상대신을 맡았고 오일쇼크를 계기로 1974년 전원 3법을 제정했다(당시 대장대신을 맡은 사람은 후쿠다 다케오 씨였다).

3법이란 전원개발촉진세법, 전원개발촉진대책특별회계법, 발전용시설주변지역정비법의 총칭이다. 『전원개발촉진법』은 전기요금에 추가하는 방식으로 국민으로부터 징수해 발전소 입지 지자체와 그 주변 지자체에 교부금과 보조금 형태로 뿌려졌다. "돈다발로 뺨을 때린다"라는 비판을 받은 법률이다. 지역 지자체에 뿌려진 전원입지지역대책교부금과 보조금은 2008년 예산에서 총 약 1,300억 엔에 이른다(2008년 7월 20일 아사히신문).

나이토 씨는 나카소네 씨에 대해 "일 잘하는 비서가 있고 그의 부하가 영수증을 발행해 주었다"고 증언한다('원전이권을 추궁한다' 아사히신문 출판). 아사히신문이 촬영한 영상에서 나이토 씨는 "나카소네 씨는 살아 계실 때 더 하셔야 할 얘기가 많은 인물이다"라고 말했다.

정치인으로 넘어가는 원전의 검은 돈

전력업계는 개인 헌금과 광고료 등 다양한 수단으로 정치인에게 돈을 건네줬다. 2011년 7월에는 전력 9사 임원 중 92.2%가 자민당 정치 자금 단체인 국민정치협회 본부에 개인적으로 헌금해 온 실태가 밝혀졌다. 이것은 회사 전체의 '조직 헌금'이라고 지적되었다(2011년 7월 23일, 교도통신). 그리고 전기사업연합회(전사연)는 기록이 있는 1983년부터 11년간 65억 5,000만 엔을 자민당 기관지 광고비로 자민당에 지불했다(1993년 10월 14일 아사히신문).

"뒤에서 수천만 엔이 오갔던 시대는 가고 지금은 정치자금 파티 입장권 구입이라는 형태로 수금하는 시대"라는 지적도 있다. 한 장이 수만 엔이나 하는 티켓을 백 장 단위로 팔아서 자금을 모으는 파티는 대부분이 헌금 조성을 위해서 열린다. 법률상 정치자금 파티 입장권을 구입한 사람 중 이름 및 명칭을 정치자금 수지보고서에 기재해야 하는 것은 한 정치자금 파티마다 20만 엔을 초과해 구입한 경우뿐이다. 20만 엔 이하 구입자에 대해서는 총무성이 "필요에 따라 보고하셔도 괜찮다"고 안내하고 있어 공개가 의무화되어 있지 않다.

파티 입장권 구입은 전사연이 주도하고 있었다. 전사연 전 간부와 전 임원들 얘기에 따르면 정치인이 전사연에 파티 입장권 구입 의뢰를 하면 전사연은 그 정치인의 전력업계에 대한 공헌도와 정계 영향력에 따라 구입할 매수를 정한다. 전사연 스스로가 구입하지만 동시에 선거구를 고려해 각 전력회사에 구입 액수를 제시한다(2013년 3월 31일 아사히신문).

현역 의원 중 아마리 아키라(甘利明) 씨, 이나다 도모미(稲田朋美) 씨, 아소 다로(麻生太郎) 씨 등이 원전 추진파로 알려져 있다. 그들의 파티 입장권을 전력업계가 구입했던 사실이 각 언론기관 보도에서 잇따라 밝혀지고 있다.

아마리 씨가 경제산업대신에 취임한 2006년 이후 전력 9사는 1회당 약 100만 엔어치 파티 입장권을 분담 구입했다. 금액은 연 평균 수백만 엔이며, 1천만 엔을 넘는 해도 있었다. 도쿄전력은 2011년 후쿠시마 원전사고 후 구입하지 않았지만 나머지 8개 전력회사는 그 후에도 거의 같은 액수로 계속 구입했다(2014년 1월 27일, 아사히신문). 기사는 '권한이 강한 각료들은 전력업체로부터 받은 정치 자금을 공개해야 한다'라고 지적했다.

이나다 씨 파티 입장권도 전력회사가 구입해 온 사실이 2019년 10월 밝혀졌다. 이나다 씨 자금 관리 단체 '도모미 조'의 2017년 정치자금 수지보고서에는 간사이전력과 그 관련 4개 회사에게 총 50만 엔을 지불했다는 기록이 있다. 추가적으로 홋카이도전력, 도호쿠전력, 호쿠리쿠전력, 주부전력, 주고쿠전력, 시코쿠전력, 규슈전력에 합계 42만 엔, 일본원자력발전(주)와 전사연에 각 10만 엔씩 총 112만 엔을 지불한 것으로 기재되어 있다. 모두 '파티 환불'이라고 표시되어 있었다(2019년 10월 10일 디지털 매일). 당시 방위대신이던 이나다 씨는 2017년 7월 도쿄에 있는 호텔 뉴오타니에서 정치자금 파티 '이나다 도모미 씨와 도의대국을 지향하는 모임'을 개최할 예정이었지만 개최 직전 취소했다. 이 환불금이 지출로 기재되는 바람에 각 전력회사가 파티권을 구입했다는 사실이 발각된 것이다 (2019년 10월 10일 마이니치신문). 추가적으로 이나다 씨는 원전 관련 업체로부터 따로 기부를 받은 것도 보도되었다. 그것은 원전을 둘러싼 큰 스캔들과 연계된 사안이었다. 교도통신이 2019년 9월 27일 간사이전력 야기 마코토(八木誠) 회장과 이와네 시게키(岩根茂樹) 사장이 다카하마 원전이 있는 후쿠이현 다카하마정 전(前) 부지자체장(고인)으로부터 거액의 금품을 수령해온 사실이 세무 조사를 통해 밝혀졌다고 보도한 것이다. 후쿠이현 다카하마정 모리야마 에이지(森山栄治) 부지자체장이 3억 6,000만 엔 상당의 검은 돈을 골드바 등 금품 형태로 간사이전력 간부에게 돌려 줬다는 것이었다. 이 시기 간사이전력은 후쿠시마 원전 사고 이후 모든 원전이 가동을 멈춘 탓에 전기 요금 인상이 필요하다고 주장했고 결국 두 번에 걸쳐서 전기요금을 인상했다. 인상한 전기요금은 지역에 흘러간 후 다시 간사이전력이 돌려받은 것이 아니냐는 비판 여론이 높아졌다. 또 골드바와 같은 수법이나 금액이 상당하다는 것들이 큰 문제가 되었다.

　이 원전의 검은돈은 정치인에게도 갔다. 모리야마 전 부지자체장이 이사를 맡고 주요 주주였던 경비회사로부터 이나다 씨가 대표를 맡은 자민당 후쿠이 현 제1선거구 지부에 2013년까지 3년 동안 합계 36만 엔이 기부된 것이다(2019년 10월 5일, 아사히신문). 또한 세코 히로시게(世耕弘成) 참의원 간사장도 모리야마 전 부지자체장이 고문을 맡았던 회사 사장으로부터 4년 간 총 600만원 기부를 받고 있었던 것이 밝혀졌다(2019년 10월 10일, 아사히신문).

이나다 씨는 언론보도에 대해 "위법성은 없다고 인식하고 있다"고 말했다. 이나다 씨는 원전이 역풍을 받은 시기에서도 일관되게 원전 추진을 주장해 왔다. 후쿠시마 사고 이후 첫 번째 중의원 선거(2012년 12월) 당시 후보자 설문조사(아사히·도쿄대 다니구치 연구실 공동조사)에서 정기검사로 정지 중인 원전은 운전 재개가 필요하냐는 질문에 이나다 씨는 후쿠이 1구에서 회신한 4명 중 유일하게 찬성이라고 답변했다. 2014년 5월 후쿠이 현 간사이전력 오오이 원전 3·4호기(후쿠이 현 오오이 정)에 대해 재가동을 금지한다는 판결이 나왔을 때 "국책인 원전에 우리 현이 계속 공헌해온 측면도 앞으로 원전 정책을 결정할 때 고려되어야 할 부분"이라고 언급했다. 이나다 씨는 '최신형 원전 재건축 추진의원 연맹' 회장을 맡고 있다. 연맹은 2022년 11월 최신형 원자로 신증설을 요구하는 결의문을 채택했다.

원전으로 인한 지역 발전은 1세대뿐

원전에 들러붙어서 생존하려는 정치인들 때문에 원전 재가동이 추진된다. 동일본대지진으로 쓰나미와 지진 피해를 입은 미야기현 오나가와 원전도 그중 하나이다. 지역 신문 『가호쿠신보』가 2020년 3월 실시한 여론 조사에서는 재가동에 '반대' 또는 '어느 쪽이냐 하면 반대'라고 답한 사람은 총 61.5%였다. 원전이 들어서는 해당 지자체인 오나가와정(女川町) 의회와 이시노마키시(石巻市) 의회는 모두 재가동을 요구하는 진정서를 보수계열 의원들의 찬성 다수로 채택했다. 같은 해 9월 24일 이시노마키시 의회에서는 기무라 다다요시(木村忠良) 의원이 "원전에 관한 교부금이 시민 복지 향상에 기여해 왔다"라며 찬성 입장을 밝혔다(2020년 9월 25일 요미우리신문).

10월 22일 미야기현 의회도 재가동에 찬성하는 청원을 자민당계 파벌 의원 다수의 찬성으로 채택했다. 오나가와정 의회, 이시노마키시 의회, 미야기현 의회에서는 제개동에 반대하는 청원도 제출되었지만 모두 소수만이 찬성해 채택되지 않았다.

11월 11일 이시노마키 시내에서 무라이 요시히로(村井嘉浩) 지사, 오나가와정 수다 요시아키(須田善明) 정장, 이시노마키시 가메야마히로시(亀山紘) 시장이 3자 회담을 열었고 그 자리에서 오나가와 원전 재가동을 승인하는 것을 합의했다.

스다 정장은 기자회견에서 "찬성과 반대 양쪽 주민들 모두가 강하게 요구하는 것은 사고가 났을 때를 대비한 피난 도로를 정비하는 일이다. 방재 대책에 대해서는 무라이 지사로부터 하드와 소프트 양면에서 계속적이고 착실하게 임한다는 답변을 받았기 때문에 그 전제 조건으로 재가동을 승인한다."라고 말했다.

한편 이에 앞서 2019년 12월 스다 정장의 후원 회장이자 오나가와 상공회의소 회장을 맡고 있는 다카하시 마사노리(高橋正典, 69세) 씨는 "(오나가와 원전의) 고정자산세나 전원 3법 교부금이 있어 오나가와는 그 돈으로 지역을 지원해 왔습니다. 새로운 청사와 앞으로 만들어질 초중고 통합 교사(校舎)와 종합운동장도 그렇습니다. 모두 원전 혜택을 받아서 건설한 것입니다."라고 강조했다(2019년 12월 23일 아사히신문 디지털).

만드는 것은 좋지만, 그 후 지자체는 그 유지비를 마련할 수 없어 부담에 시달리게 된다. 국가에서 받는 보조금도, 전력회사가 입지 지자체에 지불하는 고정자산세도 해가 갈수록 감소하기 때문이다. 전 후쿠시마현 지사 사토 에이사쿠(佐藤栄佐久) 씨는 이렇게 말한다.

"원전 덕분에 지역이 발전하는 것은 불과 한 세대뿐입니다. 40년이 지나면 고정자산세도 없어지고 지자체 재정은 악화일로를 걷습니다. 마지막에는 지자체장 급여조차 마련할 수 없게 되고 남는 것은 사용후핵연료뿐입니다."(아에라, 2013년 2월 4일호)

후쿠시마 제1원전도 마찬가지였다. 후쿠시마 제1원전은 후쿠시마현 오오쿠마마치(大熊町)와 후타바마치(双葉町)에 걸쳐서 건설되었다. 1~4호기는 오오쿠마마치에, 5~6호기는 후타바마치에 속한다. 사토 씨 말을 뒷받침하는 것처럼 후타바마치는 전원 3법을 근거로 들어오던 교부금이 끝나자 재정이 악화했다.

1971년 1호기가 운전을 시작한 후 후타바마치가 받아온 교부금은 총 약 33억 엔에 달한다. 고정자산세가 정점에 달할 때인 1983년에는 약 17억 9,700만 엔이 들어왔지만 감가상각에 따라 감소했다. 1987년도에는 주요 교부금 교부 기간이 끝나 1991년 지자체 의회는 재정 재건을 이유로 원전 증설을 결의했다.

도쿄전력 아라키 히로시(荒木浩) 당시 사장은 7·8호기 증설을 결정하고 "전력수요 증가와 함께 지역의 요망과 유휴지 활용이 증설을 결정한 직접적 요인"이라고 얘기했다(1994년 8월 23일 아사히신문). 그 후 2002년 8월 도쿄전력이 '원전 안전점검 데이터'를 숨기는 '트러블 은폐'가 발각되었다. 이에 지자체 의회는 7·8호기 증설 동결을 요구했는데 2007년 갑자기 증설 용인을 결의했다. '전원입지 등 초기 대책 교부금' 9억 8,000만 엔을 국가에 신청해 다음 해 2월 교부가 결정되었다. 도대체 왜 신청했을까? 2008년 7월 20일 아사히신문에 실린 한 기사가 당시 후타바마치 상황을 이렇게 전했다.

> 70년대 원전 건설로 번화했던 상가는 이제 주말에도 사람이 잘 보이질 않는다. 상공회 회원은 10년간에 약 10%가 줄어들었다. 가게를 운영한 지 30년이 되는 70대 남성은 "원전 증설로 활기가 다시 돌아올지 모르지만 이 지역은 원전과 더불어 살 수밖에 없다"고 말했다.

이 지역은 원전과 더불어 살 수밖에 없다……. 이렇게 걸어온 후타바마치는 2011년 3월 11일 원전 사고로 전 지역이 피난 구역이 되었다. 2022년 8월 말 일부가 다시 거주 가능 지역으로 지정되었지만, 원래 인구(2011년 2월말) 7,100명 중 2023년 9월 현재 90명밖에 살고 있지 않다. 그 중 60명은 전입자이며 원래 지역 주민은 0.4%밖에 돌아오지 않았다. 후타바마치 사람들은 "이제 아무도 우리와 같은 경험을 하지 않았으면 좋겠다"고 나에게 호소한다. 하지만 그런 바람과는 반대로 오나가와정이 가려고 하는 길은 교부금으로 청사와 시설을 신설하는 일이다. 원전 이권은 지역을 먹잇감으로 하면서 여전히 커져가기만 한다…….

원전 산업이 없어지는 것은 사고보다 더 큰 재난?

다음으로 '관료'의 측면에서 보고 싶다. 경제산업성은 원자력 마을의 일각을 대표한다. 전 경제산업성 관료 고가 시게아키(古賀茂明, 68세) 씨는 "거기서 면면히 이어져 온 독특한 체질을 봐 왔다"라며, 그 내막을 나에게 얘기해 줬다. 고가 씨는 도쿄대학 법학부를 졸업한 1980년 통상산업성(현 경제산업성)에 입성했다. 경제·산업 정책 요직을 역임하고 2011~2015년까지 뉴스 채널 '보도 스테이션'에서 금요일 해설위원으로 출연한 것으로 알려진 인물이다. 현재는 정치경제 평론가로 활동한다. 고가 씨는 30대 후반 때 이런 경험을 했다. "통상성에서는 대신관방 비서과, 총무과, 회계과의 3개 과가 '관방 3과'라 불리는 엘리트 코스에요. 과장 보좌급이 사무차관 후보가 되고요. 저는 회계과에 있었어요. 어느 날 상사가 유능한 젊은 직원을 불러 오라고 했다며 나를 데리고 도쿄전력 단골 요정(고급 요리집)에 갔어요. 그 집으로 간 이유는 비밀이 누설되어서는 안 되기 때문이었어요." 거기에는 도쿄전력 기획 담당 임원과 과장급 직원이 있었다. 과장급은 40대로 간부 후보였다. 각자 젊은 엘리트들끼리 안면을 트는 것이 목적이었다. 식비는 물론 돌아갈 때 타라며 전세 택시까지 도쿄전력이 미리 준비했다. 고가 씨는 도쿄전력이 마련한 접대 회의뿐만 아니라 전력회사에 전력을 도매하고 있는 전원개발(주) 접대회의에도 갔다. 당시 전원개발 사장은 과거 3대에 걸쳐 통산성 사무차관이 낙하산으로 임명되고 있었다. 임원 3명 또한 통산성과 대장성에서 온 낙하산이 차지하고 있었다. 관료들에게 전력회사는 좋은 낙하산 자리였다. 후쿠시마 원전 사고 전에는 자원에너지청 장관이 불과 퇴임 4개월 후 도쿄전력 고문으로 취임할 정도였다. 아에라는 2011년까지 적어도 103명의 경제산업성 OB가 전력회사와 에너지 관계 단체 56개 법인에 낙하산으로 부임했다고 보도했다(2011년 7월 11일호). 그 OB들 대부분이 관료 시대 전력과 에너지 관련 부서에서 중책을 맡고 있었다. 낙하산을 받아들인 단체에는 경제산업성에서 보조금과 운영비 교부금 등이 지출된다. 예를 들어 '원자력안전기반기구'에는 수입의 93%를 차지하는 206억 엔 이상, '일본원자력연구개발기구'에는 1,768억 엔이 경제산업성에서 흘러 들어갔다. 고가 씨는 "경제산업성이 원전에 대해 필사적인 이유는 원전을 매개로 관료 '상조회' 시스템을 유지하고 있기 때문"이라고 지적한다. 고가 씨가 관료였을 때, 그의 직무실에 간사이전력으로 낙하산 부임한 선배가 찾아왔다. 고가 씨가 물었다.

"아, 힘드시죠? 경제산업성과 전력회사의 관계가 미묘하잖아요? 교섭도 해야 하고……."

"전혀 문제없어."

"왜요?"

"그런 어려운 일은 안 해도 되거든. 전력회사에 가면 나보다 사무차관이라든가 에너지청 장관과 같은 친한 사람들이 많이 있잖아. 어려운 일은 그들이 해주니까. 어려운 일은 오히려 내가 관여를

---

27 아사히신문 계열 잡지

못하지."

고가 씨는 원전 정책이 그런 차원의 세계에서 움직이고 있다는 것을 알고 놀랐다. 게다가 전력회사가 관료들에게 얼마나 영향력을 가지고 있는지 실감하는 사건이 있었다. 1997년 고가 씨가 파리 OECD 사무국으로 파견되어 있던 때 일이다. 고가 씨는 일본의 발전과 송배전 분리[28]를 준비하고 있었다. 전력회사가 강대한 이권을 가지고 있는 것은 발송전 분리가 되지 않았기 때문이라고 생각했기 때문이다. 고가 씨는 요미우리신문 기자에 발송전 분리 계획에 대해 얘기했고 그 계획이 1월 4일 요미우리신문 경제면 머리기사로 실렸다. 사토 신지(佐藤信二) 통상대신이 기자회견에서 이 건에 대해 질문을 받는데, "송전과 발전의 분리는 지금까지 금기였지만 (중략) 연구되어야 하는 과제입니다"라고 답변해 큰 소동이 일어났다. 바로 경제산업성 후배 직원이 고가 씨에게 전화를 했다. "고가 씨, 지금 큰일이 났어요. 고가 씨 목을 베라는 얘기예요. 지금은 가만히 계셔야 합니다"

다음 해 1998년 파리에 있는 고가 씨를 통산성 사무차관이 퇴직하자마자 찾아왔다. "그땐 큰일 났었어. 경제산업성 자원에너지청 공익사업부장이 달려와서 '고가를 당장 귀국 시켜. OECD 근무를 그만두게 해야 해'라고 했다니까. 진정시키는데 혼났어. 전력업계에서도 정치계에서도 난리가 났었지." 그는 쓴 웃음을 지으면서 당시 상황을 그렇게 설명했다고 한다.

---

28 전력회사의 발전과 송배전 부문을 나누는 것. 일본에서는 2020년 4월 1일부터 전력회사의 송배전 부분을 분사화했다.

고가 씨는 "전력회사가 화를 내면 사람이 움직인다는 것을 그때 알았죠"라고 얘기했다.

'전력회사가 사람을 움직인다.' 나는 같은 말을 일본원자력학회 전 회장으로부터 들은 적이 있다. 고가 씨는 계속했다.

"도쿄전력과 관계가 깊은 대형 건설회사와 제조업체에서도 낙하산 인사가 자주 있어요. 그런 관계가 있기 때문에 전력회사 이권이 없어지면 경제산업성으로서는 아주 큰 이점이 사라지는 거죠. 원전 산업이 없어진다는 것은 경제산업성에게는 후쿠시마 사고 이상의 재앙이라 해도 과언이 아닙니다. 원전 산업은 꼭 지켜야 한다고 생각할 거예요. 후쿠시마 사고도 '마침 운이 너무 안 좋아서 일어났다'는 정도로 생각하고 있을 것이고 '전원만 확보되었더라면 큰 사고로 이어지지 않았을 것이야. 그렇다면 대책을 강구하면 되지.' 정도로 생각합니다. 후쿠시마 사고 직후부터 '이대로라면 원전을 그만하자는 얘기가 나올 수 있어. 어떻게 하면 될까.' 그들에게는 그 생각밖에 없었어요."

이 말은 후쿠시마 사고가 발생한 지 13일 밖에 안 되던 날에 경제산업성이 "원전을 계속해야겠다"는 얘기를 해서 놀랐다고 말한 원자력위원회 위원장 대리 스즈키 씨의 얘기와도 일치한다(제2장 참조).

값싼 원전의 진실

경제산업성이 어떤 취지로 원전을 취급하려는지 확인하기 위해 나는 경제산업성 자원에너지청 전력·가스사업부 원자력정책과에 취재 요청을 했다. '원자력 정책의 방향성에 대해 여쭙고 싶다'라는 의뢰에 과장 보좌가 응했다.

"왜 일본에 원전이 필요한가요?"

나의 직설적인 질문에 과장 보좌는 자료를 보면서 답했다.

"일본은 석유도 가스도 채취할 수 없고 자원이 부족한 나라입니다. 재생에너지, 원자력, 화력 등 모든 에너지원에 장점과 약점이 각각 있습니다. 다양한 에너지를 균일하게 활용해 나가는 것이 중요합니다. 각 전원이 장단점을 가지고 있지만, 안정적이고 값싸다는 점, 기후변화 대응이라는 점, CO_2 삭감이라는 점의 세 가지에서 볼 때, 안전성을 충분히 확보한다면 원자력 이용은 필수적이라고 생각합니다. 우리가 자주 말하는 것이 'S 플러스 3E'입니다. '안전성' 그리고 '환경'과 '경제성'과 '에너지 안보'이죠. 이런 가운데 원자력 이용은 빼놓을 수 없다는 것이 우리의 생각입니다."

S는 Safety(안전성), 3E는 Energy Security(에너지 안보), Economic efficiency(경제적 효율), Environment(환경적합성)이다.

'값싸다'는 점이 걸려 나는 물었다.

"경제산업성이 스스로 '비용 면에서는 원전이 제일 값싼 것이 아니라 태양광이 더 싸다'는 계산 결과를 발표하셨잖아요? 그렇다면 제일 값싸지는 않지만 비교적 싸다는 말씀이신가요?"

경제산업성이 2021년 7월 제시한 계산에서는 제일 값싼 전원은 원전에서 사업용 태양광으로 바뀌었다. 2030년 시점에서 재생가능 에너지는 사업용 태양광의 경우 1킬로와트/시당 '8엔~11엔 후반'

으로 하락했다. 한편 원자력은 안전대책 비용 등이 추가되어 1킬로와트/시당 '11엔 후반 이상'으로 상승한 것이다. 그 설명이 방금 한 답에는 없었다. 과장 보좌는 자료를 보면서 '나중에 답변하겠다'고 말했지만 답변은 아직까지 오지 않았다.

후쿠시마 제1원전 사고 때 드러난 관료와 전력회사의 깊은 관계성은 다시 원상회복되었다. 경제산업성과 문부과학성은 사고 직후 2년 동안 24억 8,000만 엔을 들여 원전 홍보 사업을 추진했다. 그 중 70%에 가까운 16억 3,000만 엔을 두 성의 OB와 간부들이 임원으로 재직하는 법인이 수주한 사실이 밝혀졌다(2013년 6월 17일 아사히신문). 낙하산도 부활했다. 신문은 후쿠시마 사고 후 전력회사와 관련 단체에 낙하산으로 부임한 국가 공무원 OB가 적어도 71명에 이른다고 보도했다(2015년 10월 4일 도쿄신문).

고가 씨는 말한다.

"원전 사고 이후 재생에너지 추진 정책을 담당했던 관료들도 다시 원전 추진 쪽으로 돌아갔어요."

원래대로 돌아가는 것이 왜 이렇게나 빠를까? 관료는 위만 보고 있다. 동시에 본인 재취업 자리도 본다. 총리가 방침 변경을 말하면 신속히 따르는 것이 '우수하다'고 평가되는 것일지도 모른다. '공무원은 모두의 봉사자'라는 긍지가 그들에게는 있는 것일까?

원전 반대가 대형 종합 건설업계를 살찌게 한다?

전력회사와 협력기업의 실태를 살펴보고 싶다. 먼저 협력기업이란 업무 일부를 위탁받은 외부 회사 집단을 말한다. 일하는 사람들에게 물었더니 원청 건설업체 아래 1차 하청, 2차 하청, 3차 하청이 있다. 1인 업체를 만들어서 일하는 사람도 있다. 다중 하청 구조이며 여러 겹으로 구성되어 있다. 대형 종합 건설회사와의 강고한 체제를 '총괄원가 방식'이 뒷받침한다. 필요한 경비를 전기요금으로 추가할 수 있는 방식이다.

후쿠시마 제1원전 사고 다음 해인 2012년 일본 정부는 1조 엔을 출자해 도쿄전력을 실질적으로 국유화했다. 경영개혁 일환으로 도쿄전력 내부에 설치된 조달위원회가 실시한 조사에서는 2013년 도쿄전력이 진행한 원전 관련 공사 등에서 실제로 드는 비용의 2~5배 가격으로 발주하는 사례가 다수 발견되었다. 실제로는 하루 1.2만 엔의 인건비로 가능한 작업에 대해 수주 측이 견적한 액수 4.9만 엔 그대로 계약하는 사례가 발견되었다. 조달 비용이 커지는 이유는 수주 기업에 도쿄전력 OB를 앉혔기 때문이라고 조달위원회는 분석하고 있다(2014년 1월 9일 아사히신문).

2020년 각 전력회사는 원전 재가동을 위해 테러 대책시설 건설에 착수했다. 후쿠시마 제1원전 사고를 계기로 (신)규제기준을 만들었고 테러 대책시설 설치를 의무화했기 때문이다. 건설을 중심으로 한 안전 대책비용 합계는 전력 11사에서 총 5.8조 엔 정도(2023년 8월 시점)까지 올랐고 아직 안전대책 비용을 밝히지 않는 원전 몇 기를 고려하면 전체 액수는 더 늘어날 전망이다(2023년 8월 8일 아사히신문).

내가 2019년 센다이원전(가고시마현)에 갔을 때 안전대책 공사가 막판이었다. 트럭과 대형 차량이 분주하게 오가고 있었다. 규슈전력 사원은 나에게 쓴 미소를 지으며 말했다.

"안전 대책 공사로 대형 건설업계는 떼돈을 벌고 있어요. 반대파가 반대하면 할수록 대형 건설사들이 돈을 벌죠. 정말 반대파와 대형 건설사들이 뒤에서 손을 잡은 것 아닌가 할 정도에요."

원전 반대파가 목소리를 내면 낼수록 '원전을 안전하게 가동하기 위해'라는 명목으로 추가 공사가 진행된다는 것이다. 농담이라 해도 반대하고 있는 사람들이 들으면 격분하겠다는 생각이 들었다.

규제 기관을 포섭하는 전력회사

일본 정부는 늘어난 안전 대책비용을 재생에너지 사업자로부터 전기를 사는 사람을 포함한 모든 소비자에게서 징수할 것을 검토하고 있다. 정부가 전력회사에게 유리한 제도를 만들어주는 것이다. 그렇다면 장본인인 전력회사는 어떻게 해서 정부 정책에 개입할까? 전력회사는 규제 측에 압력을 넣어 안전을 뒷전으로 하고 비용 절감에 힘써 왔다. 한 예로 1995년에 일어난 한신·아와지 대지진 때로 거슬러 올라가 보자. 정부는 지진 발생 후 지진에 관한 정보 수집과 평가를 일괄적으로 진행하는 '지진조사연구 추진본부(이하 지진본부)'를 총리부(현 문과성) 산하 특별기관으로 설치했다.

10년부터 100년까지 장기간에 걸친 지진 발생 가능성을 예측하는 '장기평가부회'가 만들어졌다. 지진학 전문가인 시마자키 구니히코(島崎邦彦, 77세) 도쿄대학 명예교수가 1996년부터 2012년까지 16

년에 걸쳐 부회장을 맡았다. 부회는 산리쿠 앞바다에서 보소(房総) 앞바다까지 실시한 장기 평가를 2002년 발표했다. 장기 평가는 도호쿠 지방에서 M(매그니튜드)8급 거대 지진이 높은 확률로 발생한다고 예측했다. '높은 쓰나미를 동반한 메이지 산리쿠 수준의 지진이 미야기(宮城) 앞바다와 후쿠시마 앞바다에서 일어날 가능성이 높다. 이후 30년 사이에 일어날 확률은 약 20%'라며 일본해구(日本海溝)를 따라 쓰나미를 동반한 지진이 발생할 가능성을 지적한 것이다. 아사히신문은 이 발표에 따라 2002년 8월 1일 「쓰나미 지진 발생률 20%」, 「이후 30년 산리쿠-보소 앞바다」라는 제목으로 보도했다. 원전을 감독하는 관청인 원자력안전·보안원은 도쿄전력에 새로운 쓰나미 예측에 대응하지 않아도 되는지 문의했다.

"오늘 산리쿠 앞바다 쓰나미 지진 확률 20%라는 보도 내용에 대해 실제 원전이 버틸 수 있는지 설명을 듣고 싶다."

4일 후 도쿄전력 담당자가 자료를 들고 원자력안전·보안원을 찾았다. 보안원 담당자 4명은 '후쿠시마에서 이바라키 앞바다까지도 지진에 따른 쓰나미 높이를 계산해야 한다'고 도쿄전력에 요구했다. 그런데 도쿄전력은 관련 논문을 설명하면서 40분 정도 반박했고 결과적으로 계산하겠다고 약속하지는 않았다. 보안원 또한 도쿄전력의 핑계를 듣기만 했고 스스로 조사하거나 전문가에게 의견을 구해 확인하지는 않았다(아에라 2020년 10월 12일호). 결국 원자력안전·보안원이 제 역할을 하지 않았고 지진 본부의 예측을 원전 쓰나미 대책에 활용하지 않은 것이다. 그 외에도 지진에 대한 원전 안전성을 검토하는 기준인 '발전용 원자로 시설에 관한 내진설계 심사 지침'은 정부가 1978년 작성한 후 한 번도 재검토되지 않았다. 주변에 활성단층이 발견되지 않을 경우 최대 M6.5의 직하형 지진이 일어날 수 있다고 상정했을 뿐이다. 몇 번씩 충분하지 않다고 지적되었지만 지침은 갱신되지 않았다. 1995년 한신·아와지 대지진 이후 재검토가 필요하다는 목소리도 있었지만 1998년 에너지청이 원자력안전위원회 각 위원에게 "하마오카원전과 시카원전에 대한 허가가 나온 후 내년 5월부터 기준부회에서 심사를 시작하기로 하고 그 전까지는 내진지침 개정에 관한 발언은 삼갔으면 좋겠다"고 요청했다(원전사고 국회사고조사위원회 보고서). 전 원자력안전위원회 대리 스미다 씨는 당시 원전 신규 건설이 잇따라 진행되어 있어서 "산업계에서 계획이 일단락될 때까지 변경하지 말라는 압력이 있었다", "(보강 비용이 늘어나고 폐로로 이어질 수도 있어) 재검토를 뒤로 미루는 정치적 판단이 작용했다"라고 말하고 있다(2011년 3월 25일 아사히 신문).

내진 지침은 2006년 들어 드디어 재검토되었다. 구 지침에서는 쓰나미에 대한 명기가 없었지만 신 지침에는 발생할 가능성이 있는 쓰나미에 대한 대비로 "시설 안전 기능이 중대한 영향을 받을 가능성이 없는 것"이라는 문구가 명기되었다. 도쿄전력은 신 지침에 따라 원전 점검을 시작했다. 도쿄전력은 지진 본부가 진행한 장기 평가를 근거로 후쿠시마 제1원전에 높이 15.7m 쓰나미가 도래할 것을 계산했고 대책을 세울 것을 2008년 3월까지 결정했다. 그런데 도쿄전력 무토 사카에(武藤栄) 원자력·입지본부 부본부장은 같은 해 7월 이 방침을 뒤엎었다. 15.7m 쓰나미에 대비할 공사를 바로 실시하지 않는 것에 대해 원자력안전·보안원의 이해를 받도록 부하에게 지시를 내린 것이다.

무토 씨와 전 회장을 비롯한 도쿄전력 간부 3명을 2016년 2월 강제 기소했을 때 검찰 심의회 의결 요지에는 "헤이세이 20년(2008년) 10월에는 원자력안전·보안원으로부터 대부분 양해를 구할 수 있었다"라고 기재되고 있다. 쓰나미 대책 공사를 하지 않은 것에 대해 원자력안전·보안원으로부터 승인을 받기 위한 도쿄전력의 사전 정지작업이 불과 3개월 정도로 끝났다는 것이다. 참고로 이때 원자력안전·보안원의 상부 조직인 경제산업성 대신은 전력 패밀리로 유명한 아마리 아키라(甘利明) 씨였다(아에라, 2016년 3월 7일호). 그러니까 이때도 원자력안전·보안원은 제대로 기능하지 않았다는 것이다. 도쿄전력은 규제 측을 포섭하고 대지진 대책을 하지 않았던 것이다.

동일본대지진 발생 직전에도 전력회사의 개입이 있었다. 거대 쓰나미가 일어날 가능성이 있다는 발표가 늦어졌고 결국 동일본대지진에 대비할 수 없었다. 나는 이 예측을 작성한 시마자키 씨에게 얘기를 들었다.

2011년 1월 시마자키 씨 등 지진 본부는 2002년에 발표한 장기평가 제2판을 작성했고 조만간 발표할 예정이었다. 조칸(貞観)지진(869년 발생) 때처럼 흔들림이 크고 쓰나미가 넓은 범위까지 침입하는 '조칸형' 지진 발생 가능성을 포함한 내용으로, "미야기현 중남부에서 후쿠시마현 중부 연안에서는 과거 3,000년 사이에 거대 쓰나미로 인한 퇴적물이 총 4번 쌓인 기록이 있다. 거대 쓰나미를 동반한 지진이 향후 발생할 가능성이 있다"는 취지였다.

2011년 3월 9일 지진 본부 지진조사위원회가 열릴 예정이었다. 그 자리에서 장기평가가 승인되어 공개되었다면 쓰나미 발생 가능성에 대해 많은 주민들이 알았을 것이다. 그런데 시마자키 씨는 2011년 2월 17일 오전 3시 57분 한 통의 메일을 받았다. 지진 본부 사무국인 문부과학성 연구개발국 지진·방재연구과 혼다 마사키(本田昌樹) 계장이 시마자키 씨에게 보낸 메일에는 이렇게 적혀 있었다.

"순조롭게 진행되면 3월 9일 조사위원회에서 승인해 공개할 예정이지만, 사무국으로서는 공개 전에 관계되는 각 현과 전력회사 등에 설명하고 싶으니 공개를 4월로 미뤘으면 합니다."

시마자키 씨는 전력회사에 설명하는 것은 이상하다고 생각했고 메일을 받은 지 나흘 후인 2월 21일 혼다 계장 등과 면담했다. 시마자키 씨는 "공공 기업체에 연락한다면 철도라든가 전화통신이라든가 다른 기업체에도 연락해야지, 왜 전력회사에만 연락하는 거예요? 바로 공개하지 않고 그 사이에 무슨 일이 일어나면 어떻게 할 건가요?"라며 공개 연기에 반대했지만 다른 의제를 우선해야 한다고 설득당하고 말았다.

이 건에 대해서는 오쿠야마 도시히로(奥山俊宏) 당시 아사히신문 편집위원이 인터넷 사이트 『법과 경제 저널』에서 「지진 직전, 전력회사 사전 설명 등에서 '거대 쓰나미 가능성' 평가 결정 연기」라는 제목으로 보도했다.

2월 17일 오후 7시 23분, 문과성 지진·방재연구과에서 혼다

계장의 동료인 이시이 토오루(石井透) 기술 참여[29]가 도쿄전력 사원에게 '내밀한 부탁'이라는 제목으로 메일을 보냈고 거기에는 이렇게 적혀 있었다.

　지진 본부에서는 2005년 미야기현 앞바다 지진 발생 및 이 지역에 관한 근년 새로운 식견을 전제로 현재 미야기현 앞바다 지진에 대한 장기 평가 재검토를 진행하면서, 산리쿠 앞바다에서 보소 앞바다의 장기 평가(제2판)을 정리하고 있습니다. … (중략) …

　그래서 이 평가 결과를 공개할 경우 각종 대외 설명이 요구될 가능성이 있는 도쿄전력(후쿠시마 원전)과 도호쿠전력(오나가와 원전) 관계자 여러분께는 사전에 은밀히 그 내용에 대해 설명드릴 기회를 마련하고 싶습니다. 어떠신지요?

이시이 기술 참여는 대형 건설회사인 시미즈 건설에서 문과성으로 파견된 인물이었다. 이에 앞서 1월 25일 문과성 지진·방재 연구과 스즈키 요시노리(鈴木良典) 과장과 기타가와 사다유키(北川貞之) 관리관 등과 시미즈 건설, 도쿄전력, 주부전력 대표자가 '주로 원자력안전 심사 관련 분야에 따른 지진 본부 성과 활용에 관한 비공식 의견 교환'을 위한 회의에 참석했기 때문에 서로 안면이 있었던 모양이다. 문과성 기록에 따르면 그 회의 참석자가 '원자력 시설은

29　참여란 실무 책임 보좌관

특수 사정이 있어 어떤 견해가 나오면 그에 대한 검토가 반드시 요구된다'는 등의 발언을 했다(2019년 11월 14일 배포).

　지진 본부 사무국에는 이시이 씨 외에도 전력중앙연구소와 컨설턴트 회사에서 파견된 직원들이 전력회사와 소통 역할을 하고 있었다. 그 후 시마자키 씨는 도쿄전력이 당시 장기평가 내용을 변경하도록 요청했다는 사실을 후쿠시마 정부사고조사위 중간보고(2011년 12월 공개)를 통해서 처음 알았다. 여기에 따르면 문과성은 장기평가 개정에 관해 도쿄전력과 정보 교환 회의를 2011년 3월 3일 비밀리에 실시했다. 도쿄전력은 문과성에 "조칸 산리쿠 앞바다 지진이 일어날 경우 진원지가 어디가 될지는 알 수 없다는 식으로 내용을 변경했으면 좋겠다. 개정안은 조칸 산리쿠 앞바다에서 지진이 계속 발생하는 것처럼 읽히기 때문에 그 표현도 수정했으면 좋겠다"라고 요구한 것으로 되어 있다.

　시마자키 씨는 놀라서 충격을 받았다.

　"마침내 여기까지 오다니……. 과학을 왜곡하려는 세력이 들어온 거구나."

　'마침내'라고 생각한 것에는 이유가 있다. 시마자키 씨는 2010년쯤부터 '지진 본부가 내는 예상에는 신빙성이 없다'라고 말하는 세력이 있다는 것을 알고 있었다. 토목학회 등 전문가 학회회의에서 전력회사의 주장을 뒷받침해주는 '어용학자'들이다. 시마자키 씨는 분노한다.

　"전력회사는 젊은 학자들을 길들이기 위해 공부모임이나 강연회에 그들을 데리고 가요. 그들을 뒤에서 지원하고 그 분야의 '권위'로 만들어줍니다. 전력회사가 주장하고 싶은 말을 마치 '과학적인 뒷받침'이 있는 것처럼 그들이 주장할 수 있게 해줘요. 이런 구조가 만들어졌죠. 도쿄전력과 어용학자가 한몸이 되어 우리들의 연구결과에는 신빙성이 없다고 홍보하고 다니는 겁니다."

시마자키 씨 자신도 "우리들 모임에 들어오실래요?"라며 권유를 받은 적 있었고 저명한 원자력 학자와 얘기할 수 있는 자리에 초대받은 적도 있었다. 이런 식으로 학자를 끌어들여 전력회사의 주장을 '과학적'이라고 부른다. 한편 인정하고 싶지 않은 얘기는 데이터로 입증된 논문이 나오더라도 세계적으로는 아직 정설이 아니라며 받아들이지 않는다. 원자력 마을에서 자주 쓰는 수법이다.

오쿠야마 편집위원이 쓴 기사에 따르면 3월 8일 문과성 수정 초안에는 "조칸 지진에 대해 고유지진[30]으로 반복해서 발생하고 있는지 그 여부를 판단하는 데 데이터가 충분하지 않다"는 문구가 추가되었다. 마치 신빙성이 없는 것처럼 읽히도록 수정된 것이다. 국회 사고조사위도 "평가 결과를 규제 대상이 되는 전력회사가 개입해서 바꾸려고 한 것은 큰 문제였다", "문과성 대응도 문제가 있었다"라고 지적했다.

시마자키 씨는 후회한다.

"뒤로 미루지 않고 바로 공개되었더라면 3월 10일 아침 신문에 기사가 실렸을 것이고 기사를 본 많은 사람들이 다음날 일어날 쓰

---

30 固有地震. 특정 단층에서 거의 같은 간격과 규모를 가지고 주기적으로 반복되는 지진

나미를 더 잘 피했을 것입니다."

이익을 위해서는 무엇이든 하는 업계의 이런 모습은 이익을 추구하는 회사로서는 '우수'할지도 모른다. 하지만 공익성을 버린 대가는 너무나 크다. 동일본대지진 사망자는 전국에서 15,900명, 행방불명자는 2,523명이다(2023년 3월 1일 현재, 재해 관련 사망은 제외). 전력회사 개입을 허용하지 않고 당초 예정대로 3월 9일 위원회에서 승인해 10일에 '미야기현 중남부에서 후쿠시마현 중부 지역에 걸쳐 거대 쓰나미 가능성'이라는 기사가 보도되었다면 어땠을까? 큰 쓰나미는 없을 것이라고 생각해서 자택 2층에 머물렀다가 사망한 고령자들이 많았다. 피난하다가 필요한 것을 챙기기 위해 집으로 돌아가서 사망한 사람들도 많았다. 나는 이런 사연을 동네 사람들과 소방대원들로부터 수없이 들었다. 체육관에는 수백 개의 시신이 안치되었다. 옷이 벗겨지고 온몸에 무수한 멍이 생기고 얼굴이 고통으로 일그러져 있었다. 만약 일간신문 조간이나 TV에서 큰 해일의 발생 우려를 보도했다면 더 많은 목숨을 살릴 수 있었을 것이다.

전력업계의 포로

전력회사가 정부 정책에 개입하는 현실은 후쿠시마 제1원전 사고로 주목을 받게 되었지만 사고 이후에도 유착 구조는 계속되었다. 2010년 1월부터 2014년 3월까지 내각부 원자력위원회 위원장 대리였던 스즈키 다츠지로(鈴木達治郎) 씨도 그 한가운데에 있던 사람으로, 그 실태를 나에게 얘기해줬다.

"원자력위원회 사무국인 내각부 원자력 정책 담당실에서는 관료가 아니라 전력회사와 제조업체, JAEA(일본원자력연구개발기구)에 속하는 젊고 우수한 인재들이 주요 역할을 담당하고 있었어요. 그들은 내각부에 파견되어 직원으로 일하고 있었죠. 사무국에서는 다른 전문가가 없기 때문에 그들이 주도권을 잡아요. 그래서 원자력위원회 내부 정보는 전력회사로 모두 새어나가죠. 어떤 날은 정부 원전 수출 전략 초고를 만들었는데 사무국 직원이 당연하듯 '전사연이 코멘트를 보내왔습니다'라며 종이를 들고 오더라고요. 전사연이 수정본을 가져온 거예요. 전력회사에게 손해가 되는 내용은 수정해 달라는 것이었어요. 놀랐죠. 저는 '이건 아니잖아. 전사연이 하고 싶은 말이 있다면 문서 공개 후에 정식적으로 하면 되지. 뒤에서 공작하는 것은 문제가 있어'라고 말했습니다."

정부가 방침을 정하는 단계에서 이해 관계자가 비공식적으로 개입해서 수정을 요구하는 것은 시마자키 씨가 지진 본부에서 겪었던 것과 마찬가지다. 다만 그때는 스즈키 씨 외에도 문제가 있다고 목소리를 낸 또 다른 인물이 있었다. 원자력위원회 곤도 슌스케 위원장은 스즈키 씨처럼 외부 의견을 반영하지 말자고 결론을 내렸다. 하지만 그 외에도 전사연은 일상적으로 원자력위원회에 개입해 왔다. 이런 일도 있었다. 스즈키 씨가 다른 원자력위원에게 회의 진행과 제목에 대해 제안하는 메모를 돌렸더니, 어떻게 된 일인지 전사연이 전화를 걸어와 스즈키 씨에게 '제안하신 내용은 좋지 않습니다'라고 말했다. 스즈키 씨는 당시를 돌이키며 이렇게 표현했다.

"메모를 써서 보내도 누가 어디서 그 메모를 전력회사에 전달할지 모르는 무서운 상황이었어요. 그런 일을 태연하게 해대는 거죠. 전력회사는 정부가 '쓸데 없는 일'을 하지 않도록 항상 개입해 왔어요. 정부 산하 위원회가 전력회사측 세력에게 실질적으로 지배된 상황이었던 거죠."

사무국이 전력회사로부터 파견 사원을 받아들이는 관습이나 전력회사 등 원전 추진파들만 모이는 비공개 회의에서 의견 청취를 하는 방식은 늘 있는 일이었다. 당시는 사무국 21명 중 문부과학성과 경제산업성 출신 공무원 외에도 9명이 도쿄전력과 간사이전력, 도시바, 미쓰비시중공업 등에서 파견된 직원이었다. 그들의 급여와 사회보장비 등은 그들이 속하는 회사가 부담했다. 스즈키 씨는 이러한 상황을 "규제의 포획이 아닌 전력회사의 포로였습니다"라고 말했다. 규제의 포획이란 규제기관이 피규제 측에 지배당하는 상황을 말한다. 이런 가운데 어떤 비공식 공부모임이 스즈키 씨에게 재앙을 가져왔다. 스즈키 씨는 2011년 9월 핵연료 사이클 정책 방향성을 정하기 위해 원자력위원회에 설치된 '원자력발전·핵연료 사이클 기술 등 검토 소위원회' 좌장으로 취임했다. '핵연료 사이클'은 원전에서 나오는 사용후핵연료를 재처리해서 일부를 재활용하는 시스템이다. 일본 원자력 정책의 핵심이면서 동시에 '실현 가능성이 없고 이미 파탄났다'고 지적되고 있다. 스즈키 씨는 원래부터 "핵연료 사이클은 핵무기 재료가 되는 플루토늄의 재고를 증가시킨다"라며 염려하는 발언을 계속해 왔다.

소위원회 멤버는 대학교수 외에도 장기간에 걸쳐 탈원전 입장에서 조사연구를 하는 비영리단체 원자력자료정보실 반 히데유키(伴英幸) 공동대표를 포함한 7명으로 구성되어 있었다. 2011년 7월에는 간 나오토 수상이 '원전에 의존하지 않는 사회를 지향해야 한다'고 표명한 것도 있어서 소위원회가 핵연료 사이클에 대한 근본적인 재검토 방침을 내걸지 주목되고 있었다.

소위원회 회의 전에는 비공개 공부모임이 열렸다. 이 공부모임은 원자력위원회 곤도 위원장이 제안한 것이었다. 멤버는 당초 원자력위원(5명), 원자력위원회 사무국, 문부과학성, 경제산업성, JAEA, 전사연[31], 전중연[32]이었는데 상황에 따라 구성원이 추가되었다[33]. 소위원회 멤버 7명 중 공부모임에 출석한 것은 좌장인 스즈키 씨와 원자력 추진파로 알려진 다나카 사토루(田中知) 도쿄대학 대학원 교수뿐이었다. 실제 출석자는 전사연과 전력회사 직원이 약 10명, 일본원연[34] 직원이 여러 명, 경제산업성 직원이 약 10명, 문부과학성 직원이 여러 명, JAEA 직원이 5~6명, 원자력위원회에서는 스즈키 씨를 포함한 사무국 직원 20명이 참석했다. 곤도 위원장이 출석할 때도 있었고 2011년 11월 17일부터 2012년 4월 24일까지 총 23회 진행되었다. 스즈키 씨는 공부모임에 핵연료 사이클의 핵심 시설인 롯카쇼 재처리공장(아오모리현)을 운영하는 일본원연이 참석

---

31 전기사업연합회, 일본 전력회사 10개의 연합체.

32 전력중앙연구소, 전력회사들의 자금으로 운영되는 에너지 관련 연구소.

33 출처-'원자력발전·핵연료사이클 공부모임(가칭)에 대해서'

34 日本原燃, 핵연료 사이클의 상업적 이용을 목적으로 전력회사들이 출자해서 만든 기업

하리라고는 생각하지도 않았다. 스즈키 씨는 "직접 이해당사자가 참석한다고는 상상도 못했어요. 사무국이 부른 모양입니다."라며 당시를 돌이킨다. 일본원연은 재처리 사업을 계속해야 한다는 의견과 진정을 말했다. 스즈키 씨는 당시 "사업자로서 '자사 시설을 멈추지 않았으면 좋겠다'고 발언하는 것은 당연하다. 그런데 왜 사무국이 아닌 사람이 와서 의견을 내는지 모르겠다. 공부모임은 데이터를 근거로 자료를 작성하고 작업을 하기 위한 곳이었을 텐데…"라고 생각했다. 사무국이 보낸 공부모임 안내문에는 '이 모임에서는 방향성을 검토하고 소위원회에 제출한다'라고 쓰여 있었지만 스즈키 씨는 그 안내문을 보지 못했고 모임 참석자들과는 인식 차이가 생겼다. 또 일본원연이 그 자리에서 '재처리를 포기하는 것은 비용 부담이 더 크다'고 주장했는데, 스즈키 씨가 '합리성이 없다'고 반박하는 등 논쟁이 오갔다. 예를 들어 2012년 4월 24일 제23회 공부모임에서는 재처리를 포기할 경우, 일본원연은 '원전이 운전을 못하게 되면 화력발전소를 다시 건설해야 하므로 그 비용이 발생한다'고 주장하면서 막대한 금액을 제시했다. 전량 재처리한다면 총비용은 50조 엔 수준이며 전량 재처리를 하지 않고 직접 처분할 경우 화력을 사용할 필요성이 생기기 때문에 비용은 70조 엔 이상으로 오른다는 자료를 작성해 온 것이다.

　일본원연은 재처리를 포기할 경우 롯카쇼무라에 투자해온 1.78조 엔을 비용에 포함해야 한다고 주장했다. 스즈키 씨는 모두 합리성이 없다며 다시 계산해 올 것을 지시했다. 그때를 돌이켜보면서 스즈키 씨는 후회를 표시한다.

"전력회사와 관료가 한몸이 되어 공격해 왔습니다. 중간에 참석 인원수 등을 제한했으면 좋았겠지만, 사무국이 말을 듣지 않았을 겁니다. 인원수를 제한해도 자료는 공유되었을 것이고 똑같이 진행되었을 겁니다. 내가 너무 쉽게 생각했다고 반성하고 있습니다."

다행히 전력회사 측에서도 일부 협력해주는 사람들이 있어 스즈키 씨는 결론을 제대로 낼 수 있었다.

"전력회사 측은 불쾌했을 겁니다. 그래서 마치 우리들이 부정행위를 한 것처럼 언론사에 정보를 유출한 것 같습니다."

소위원회는 5월 16일까지 총 15회에 걸쳐 회의를 진행했다. 그런데 8일 후인 5월 24일 마이니치신문이 「핵연료 사이클 : 보고원안, 비밀회의에서 평가서 수정, 재처리를 유리하게, 원자력위원회가 추진파 모아」라고 1면 탑으로 보도했다.

기사에는 이렇게 적혀 있었다.

내각부 원자력위원회가 원전에서 나오는 사용후핵연료 재처리정책을 논의해온 원자력위·소위원회 보고안을 작성하기 위해 4월 24일 경제산업성 자원에너지청, 전기사업자 등 추진파 인사만을 모아 '공부모임'이라고 칭하는 비밀회의를 진행하고 있었던 것이 밝혀졌다. 표지에 '취급주의'라고 쓰인 보고안 원안이 배포되었고 재처리 추진에 유리한 내용으로 사업자 측의 의향에 따라 결론 부분에 해당되는 종합평가를 수정해 소위원회에 제출했다. 정부가 근본적으로 재검토를 강조하고 있는데, 뒤편

에서는 정책이 왜곡되고 있는 실태가 드러났다.

보도를 보고 스즈키 씨는 놀랐다.

"확실히 공부모임에서는 전력관계자 측이 핵연료 사이클을 계속하기 위한 발언을 많이 했습니다. 하지만 그쪽 발언 그대로 결론이 나온 것은 아니었습니다."

원자력위원회는 다음날 25일 검토 소위원회 보고서를 특정한 사업자와 입장에 유리하게 수정했다는 것은 사실 무근이라는 문서를 공개했고 정부가 실태를 검증했다. 스즈키 씨는 "검증에서 전력회사에서 파견된 직원이 전사연과 전력회사 측에 '다음 모임 때 중요한 내용들이 결정될 거니까 그때는 이런 시나리오로 갑시다', '이제 롯카쇼는 살아남게 되었네'라며 사무국과 전사연이 메일을 교환한 것이 밝혀졌다"고 말했다. 추진파들이 핵연료 사이클 생존 시나리오를 뒤에서 작성한 것이다.

정부는 8월 이에 대한 보고서를 정리했다. 공부모임에 참여한 전력관계자는 단순히 데이터 제공과 계산 작업에 머물지 않고 자료 작성 기회를 이용해 소위원회 좌장인 스즈키 씨에게 본인들 입장을 밝히기도 했다. 공부모임 실태는 소위원회 심의에 영향을 주려는 의도를 갖고 있었고 전력회사 측이 공부모임을 이용하려고 만든 자리였다고 기재되었다. 그리고 다음과 같이 결론을 내렸다.

스즈키 좌상은 '공부모임' 자료를 소위원회에서 사용할 자료로 어떻게 반영시킬지 판단 권한을 가지고 있었고 전력회사 측

주장에 편승하지 않고 공정하게 운영하기 위해 노력한 것으로 인정된다.

하지만 스즈키 좌장이 거의 혼자서 전력관계자들의 압력을 받는 상황에서 소위원회에 제출할 자료를 만드는데 어떤 영향도 받지 않았다고는 생각할 수 없다. 검증팀으로서는 '공부모임'에서 작성하고 소위원회에 제출한 자료(소위원회 사무국이 작성한 자료로 여겨진다)는 어느 정도 영향을 받았다고 추인할 수밖에 없다.

호소노 고시(細野豪志) 원전사고 담당상은 보고서를 받아 '중립성, 투명성, 공정성 관점에서 부적절했다'며 곤도 위원장과 스즈키 씨에게 구두로 엄중 주의를 내렸다. 그리고 원자력위원회 사무국에 전력회사 사원이 파견되어 있는 체제를 재검토하기로 했다. 원자력위원회 인원도 5명에서 3명으로 축소했다.

스즈키 씨는 입술을 깨물며 이렇게 토로한다.

"애초에 원자력위원회는 정말 공정하게 운영할 수 있는 체제였는지 의문입니다. 전체적으로 원자력위원회는 전사연을 비롯한 원자력 관계자들과 협력해서 원전을 추진하는 기관이라는 인식이 강했고 그렇지 않으면 정책도 실현시킬 수 없다는 인식이 강했습니다. 전문가를 포함시킨다는 명목으로 전사연과 제조업에서 파견된 인물을 사무국에 앉혔죠. 그런 체계로 원자력위원회는 운영되고 있었습니다. 그런 체계와 조직 속에서 정책을 바꾼다는 것은 쉽지 않았어요. 비밀회의 문제 이후 사무국 직원 중에 원전 관계자는 없어졌고 독립적 입장에서 정부에 제언할 수 있는 체제로 바뀌었습니다. 하지만 조직은 오히려 약해졌습니다. 정부 정책을 감시하는 기관이 필요하다는 후쿠시마 사고의 반성을 살리지 못했습니다."

이 비밀회의 문제의 핵심은 무엇이었을까? 실제로 공부모임에 참석하지 않았던 소위원회 위원들은 여기에 대해 어떻게 생각하고 있을까? 탈원전을 주장하는 위원으로 공부모임에 초대받지 않았던 반 히데유키 위원에게 나는 물었다. "공부모임 때문에 논의가 왜곡되지는 않았습니다. 하지만 이 문제가 보도됨으로써 원전에 회의적인 주장을 해온 스즈키 씨 입장이 난처해졌습니다. 게다가 감시 역할을 하는 원자력위원회 입장이 약해지는 계기가 되었죠. 왜 그런 식으로 보도되었는지 의문입니다. 나는 그 기사를 쓴 기자로부터 경제산업성에 속하는 인물이 정보누설을 했다고 들었습니다. 누가 어떤 목적으로 기자에게 얘기를 했는지 궁금합니다. '스즈키 따돌리기'나 '원자력위원회 약화'가 목적이 아니었나 싶습니다." 즉, 비밀회의를 역으로 이용해 기자가 맥락을 잘못 읽고 기사를 쓰도록 뒤에서 작업한 세력이 있었다는 것일까?

학회 내부고발 규정에 가해진 압력

원자력 마을의 '산·학·관'이 한 자리에 모인 것이 '일본 원자력학회'이다. 1959년 "원자력 개발 발전에 기여"하기 위한 원전 추진 단체로 발족했다. 학술계, 정부, 사업자, 제조업체, 연구 기관 멤버들이 모인다. 회원은 약 6,000명이다. 학회장은 대학교수, 원연, 전력회사 임원들이 맡는다. 정부 심의회 등에 인재를 보내고 원전 추진을 뒷받침해왔다. 학회 홈페이지에는 최신 임원 리스트가 공개되어 있다. 2023년 6월 시점에서 18명의 이사 중 회장은 대학교수이며, 나머지 멤버들은 도쿄전력 2명, 미쓰비시중공업 관계 회사, 히타치 GE뉴클리어에너지, 도시바에너지시스템즈에서 1명씩 들어가 있다. 예산 규모는 약 2억 엔. 2022년도 학회 사업 보고에 따르면 그해 경상수익은 약 1억 9,900억 엔에 달한다. 그중 회비 수입이 1억 730만 9,000엔으로 안정적이다. 또한 사업 이익이 약 7,600만 엔으로 수탁 연구와 영문 논문잡지 발행 등을 하고 있다. 학회는 정부와 전력회사로부터 받은 위탁 사업을 여러 개 운영하고 있다. 예를 들면 2007년도에는 문부과학성과 경제산업성이 연계해서 실시하는 '원자력 인재육성 프로그램' 중 대학 원자력 관계 학과에서 채용을 목적으로 하는 표준적 과목과 교재를 조사·개발하는 사업을 수탁했다. 원자력 마을의 중심이라 할 수 있는 일본 원자력학회란 구체적으로 어떤 조직일까? 전 원자력안전위원회 위원장 대리이자 오사카 대학 명예교수 스미다 씨는 2000년 학회 회장으로 선출되면서 그 실태를 직접 알게 되었다고 한다. 1995년 12월 발생한 고속증식 원형로 '몬주' 나트륨 누설 사고와 1998년 사용후핵연료 이송용기 데이터 조작 문제 발생에 따라 학회에서는 윤리 규정을 마련하기로 정했다. 스미다 씨는 "원자력 마을은 잇따른 사고와 트러블로 '폐쇄적'이라는 비판을 받았기 때문에 원자력 학회에 내부고발 규정을 마련하는 등 사회와의 괴리를 메우려고 노력했다"고 말한다 (선데이마이니치, 2011년 5월 1일호). 회원의 내부고발을 촉진하는 윤리 규정인 '행동 지침'을 마련해 '회원은 조직 비밀유지 의무에 관계되는 정보라 하더라도 공중 안전을 지키기 위해 필요한 정보를 조속히 공개한다. 이 경우 조직은 비밀유지 의무 위반을 문책해서는 안 된다'고 정했다(2001년 9월 25일, 제436회 이사회에서 승인).

스미다 씨는 당시를 다음과 같이 회상한다(아에라, 2011년 4월 18일 호). "원자력 업계에서 상당한 압력을 받았습니다. 일본 원자력학회에는 학자 외에도 전력회사와 제조업계 기술 담당자 등도 임원으로 참여하고 있습니다. 그 관계 속에 끼인 임원들은 아마 힘들었을 겁니다. 같은 회사 동료들로부터 압력을 받으니까요."

전직 학회 간부에 따르면 압력이란 구체적으로 '돈'이었다. 제조업계와 전력회사 등이 학회 찬조회원으로 막대한 회비를 지불하고 있었다. 한 구좌당 5만 엔, 총 20구좌나 30구좌(100~150만 엔)씩을 받아왔다. 그러던 것을 한 자릿수로 줄이겠다고 한 것이다. 그는 '어떻게든 다시 생각해 달라고 부탁드렸다'고 한다.

한편 전 원자력위원회 위원장 대리 스즈키 다츠지로 씨는 원자력학회 회원으로 학회 잡지 편집위원회를 맡은 적이 있었다. 내부고발 규정 '조직의 비밀유지 의무에 관한 정보이더라도…'라는 부분에 대해 이렇게 말했다.

"사회보다 '조직 논리가 우선되어야 한다'는 의견이 많았는데 이에 대한 상당한 반발이 있었다고 들었습니다. 학회 회원 중 70~80%가 전력회사와 연구기관 등 조직에 속한 사람들입니다. 대학 직원이 20% 정도고요. 조직의 논리로 발언하는 사람이 많았죠."

이런 가운데 압력을 뛰어넘는 내부고발 규정을 만들어도 도쿄전력 쓰나미 대책 부족에 대해 고발하는 사람은 없었고 결국 사고를 막을 수 없었다. 스즈키 씨는 말한다. "조직문화가 강하면 사고 방식까지도 굳어버리는 경향이 있어요. 그것이 후쿠시마 사고로 이어진 겁니다."

나는 특히 후쿠시마 제1원전에서 일하던 기술자로부터 "이전부터 쓰나미 대책이 약하다고 생각해서 지적해 왔다"라는 말을 많이 들었다. 조직 윤리로 안전성이 우선되지 않았던 결과 많은 희생자가 발생하고 만 것이다.

학회는 연구 자금을 위해 원전 추진

원자력을 연구하는 학자 대부분이 원전을 옹호하는 발언을 반복하고 있다. 어떤 대학교수는 "제자들을 원전업체에 취업시키고 신세를 많이 졌다. 우리 연구실은 전력회사에서 연구비를 받고 있다."라고 얘기했다. 스즈키 씨도 "왜 학자가 원전에 집착하겠어요? 전력회사가 그들 연구에 돈을 대주기 때문입니다. 연구 자금은 권력에 길들어야 받기 쉽죠. 대학에서 그냥 연구만 하고 있으면 자금을 받을 수가 없습니다. 말을 듣지 않으면 연구비는 잘리는 거죠."라고 말했다.

정부 방침에 맞는 발언을 계속하면 정부 심의회 위원이 될 길도 열린다. 스즈키 씨는 특히 "도쿄대학 자체가 정부를 위한 대학이라는 성격이 있습니다. 도쿄대학 교수들은 정부 심의회 멤버가 될 경우가 많고 그것을 목표로 삼는 사람도 많습니다"라고 말했다.

한 도쿄대학 명예교수는 "정부 심의위원을 몇 번 했느냐에 따라 교수가 될 길도 열린다"고 말했다.

어떤 남성 원자력 연구자는 "원자력 분야는 좁아요. 재취업을 할 곳도 한정되기 때문에 동료들끼리 잘 뭉쳐요."라고 했다. 그는 "나도 한번 추천 받았지만 거절했어요. 받아들이면 말을 할 수 없게 되니까요."라고 토로했다. 원자력 연구자들에게는 원자력 업계를 지키고 부흥시키는 것이 자기 가족은 물론 연구실 제자들의 생계수단까지 지키는 길이다.

아사히신문이 길을 개척한 원자력 홍보 광고

이 장 마지막으로 미디어가 원자력 마을과 어떻게 관계하고 왔는지를 살펴보고 싶다. 전사연 홍보부장이던 스즈키 다츠루(鈴木建) 씨가 저서 『전력산업의 새로운 도전』(1983년, 일본공업신문사)에 전사연의 미디어 광고 전략에 대해 쓰고 있다. 스즈키 씨는 전직 기자로 일간 공업신문사, 시사통신사, 다이아몬드사 등을 거쳐 전사연 홍보부장과 이사를 역임했다. 1981년부터는 도쿄전력 고문으로 취임했다. 저서에서 스즈키 씨는 1974년 도쿄전력 가시와자키가리와(柏崎刈羽) 원전 홍보에 대해 다음과 같이 언급했다.

나는 당시 아사히신문 논설 주간 에바타 키요시(江幡淸) 씨와 친한 관계였기 때문에 … (중략) … 그에게 '원자력 PR홍보를 낼 때 사회부와 과학부 등에서 문제 삼지 않느냐'라고 상의했다.

내가 이전 근무하던 홋카이도신문에서는 선배들이 '편집과 경영은 분리되어야 한다'는 말을 귀가 닳도록 들었기 때문에 신문사 논설 주간이 광고에 대해 그런 상의를 받았다는 기술에 오히려 놀랐다. 그런데 스즈키 씨 저서에 따르면 에바타 씨는 "우리 회사는 원자력 발전은 앞으로 국민 생활에 필요하다는 입장입니다. 안전성 추궁은 별도로 필요합니다. 하지만 원전 홍보를 하는 의견광고 같은 형식은 가능할 것 같으니 알아보고 말씀드리겠습니다"라고 답했다고 한다. 얼마 안 되어 스즈키 씨는 에바타 씨로부터 승낙 연락을 받았고 1974년 여름부터 월 1회 10단 원자력 광고를 시작했다. 광고는 일본원자력문화진흥재단 이름으로 나왔다. 아사히신문에 원자력 홍보가 실리게 되자 바로 요미우리신문이 뛰어들었다. 이에 대해 스즈키 씨는 이렇게 썼다.

원자력은 우리 회사 사장인 고(故) 쇼리키 마츠타로 씨가 도입한 것입니다. 경쟁 회사인 아사히가 먼저 원전 홍보 광고를 하면 저희들은 면목이 서지 않습니다"라고 했다. … (중략) … 이것을 계기로 요미우리는 (원자력 광고에) 열심히 임하게 되었다(같은 책에서).

아사히신문이 신문 업계에 주는 영향력은 아주 컸다. 지방 신문도 아사히가 하는 정도라면 본인들도 할 수 있다고 답변하게 되었다. 매년 '원자력의 날'에는 정부 원자력 홍보가 전국 지방 신문에 게재되었다. 이것도 아사히 홍보 광고를 통해 개척한 것이다.

각 신문사는 원전 광고에 어느 정도 예산을 상정했을까? 홋카이도신문은 2011년 9월 2일 지면에 이렇게 보도했다.

> 전력 10개사 유가 증권보고서에 따르면 언론 홍보비를 포함해 원전 홍보 시설 운영비 등 경비를 포함한 '보급개발 관계비'는 전년도만 해도 총 약 866억 엔에 이른다. 전사연 광고 선전비는 과거 5년 평균으로 연간 약 20억 엔이라고 한다.

동료 기자들이 자주 하는 말 중에 "우리 회사에서는 광고 때문에 원전 관련 기사는 쓸 수 없어서 잡지에서 쓴다"는 말이 있다. 그런 관행은 후쿠시마 원전 사고 이후에도 달라지지 않았다. 원전 검증 기획을 쓰고 있던 취재반 기자는 회사 관리자로부터 "경제계가 언제까지 그 기획을 하냐고 묻더라"며 쓴 소리를 듣기도 했다.

원전에 대한 아사히신문의 입장은 'YES, but...'

나는 어릴 때부터 아사히신문을 읽었지만 오랫동안 마음에 걸리는 부분이 있었다. 원전에 대해 아사히신문은 어떤 자세로 임해 왔을까? 안전성이 중요하다고 쓰고 있지만 원전에 반대한다는 말은 없다. 지면에는 연재로 핵연료의 문제점에 대한 기사가 실리는 반면, 「에너지 얘기」라는 제목으로 원전 홍보가 실리기도 한다. 아사히신문은 원전에 대해 긍정적 입장이냐는 의문이 예전부터 있었다.

2011년 3월 10일 나는 예전부터 아는 아사히신문 전 과학부장

시바타 데츠지(柴田鉄治) 씨와 전 편집국장 소토오카 히데토시(外岡 秀俊) 씨 등과 함께 점심을 먹었다. 그때 두 사람에게 나는 질문을 던져 봤다.

"아사히는 원전에 대해 어떤 입장인가요?"

시바타 씨는 조금 당혹스러운 표정으로 웃었다. 눈빛이 다정한 그의 눈꼬리가 처진다. '또 그 질문이구나'라는 표정이다.

"YES, but…이야."

소토오카 씨는 이렇게 대답했고 시바타 씨는 고개를 끄덕였다.

"YES, but…이라니 그게 뭐예요? 일본어로 얘기해 주세요."

"시시비비(是々非々)라는 뜻이야."

"그건 뭐예요?"

나는 납득할 수 없었다.

YES, but? '네'가 먼저이기 때문에 용인이 전제조건이라는 뜻일까? '시시비비'란 '좋은 것은 좋고 나쁜 것은 나쁘다라고 공정하게 판단한다'는 뜻이다. 'YES, but…'이 그 뜻은 아닐 것이다.

원전은 모두 지역에 있다. 도쿄 본사에 있는 사람들은 사고가 나면 피폭할 각오로 있어야 한다는 긴장감을 경험하지 않아서 모르는 걸까? 나는 두 사람에게 이런 무례한 질문까지 할 뻔했다. 실제로 약 20년 전 홋카이도 도마리 원전에서 사고가 났을 때 홋카이도신문 기자였던 나는 삿포로에서 현장 취재를 갔다. 차 안에서 사건 담당 동료 기자와 카메라 기자는 이따금 말이 없어졌다. 사고 상황이 공개되지 않은 상황에서 "새로운 정보는 아직 안 나왔죠?", "최악의 상황이 되었을 때는 어떻게 해야 할까요?" 이런 말들이 오갔다. 당시 홋카이도신문은 원전에 대해 위험성을 포함해 심층 보도했다. 그래서 어떤 회사보다 장시간 현장에 있게 될 것은 틀림없었다. 우리도 주민도 원전 작업자들도 항상 언제 피폭할지 모른다는 불안감에 싸여있었다. 이런 경험으로부터 오는 원전에 대한 공포심을 조금이나마 이해하고 있다고 나는 자부하고 있었다.

내가 시바타 씨와 소토오카 씨와 그 대화를 나눈 다음날 동일본 대지진과 원전 사고가 일어났다. 나는 어떻게든 현장에 가보려고 인근 지역까지 가서 길을 탐색했다. 접근할 수 있는 방법을 찾아서 상사에게 제안했다. 상사는 다시 전화를 걸어와 이렇게 말했다.

"그 제안은 허가가 날 것 같다. 그런데 아기는 포기한다는 거지?"

숨이 막혔다. 예상하지 않은 질문이었다.

"네."

원전 취재란 이렇게까지 각오가 필요한 것이라고 실감했다.

그런데 그 후 아무리 기다려도 상사가 이 건에 대해 후속 지시를 내리지 않았다. 내가 상사에게 물었더니 "중간까지는 승인이 날 것 같았는데 윗선에서 퇴짜를 맞았다"는 것이다.

원전 사고 후 2011년 10월 아사히신문은 미디어가 원자력을 어떻게 다루고 '안전 신화' 형성에 어떻게 기여했는지 그 역사를 되돌아보는 연재 기사 「원전과 미디어」를 게재하기 시작했다. 그 안에 'YES, but'이란 문구가 나온다.

1977년(쇼와 52년) 2월 아사히신문 조사연구실은 도쿄, 오사

카, 서부, 나고야 각 본사에서 총 5명의 기자를 모아 '원자력공동연구반'을 발족시켰다. 목적은 (1) 원자력발전에 정통한 기자 양성 (2) 사내용 지침서 작성이다. 캡은 과학부 오오쿠마 유키코(大熊 由紀子)였다. … (중략) … 4월 8일에는 기시다 준노스케(岸田 純之助, 91세) 당시 57세 논설위원으로부터 얘기를 들었다. 기시다는 1946년 입사해 '과학 아사히' 편집부에서 20년 가까이 취재활동을 한 다음, 1968년부터 논설위원으로 원자력 관련 사설을 써 왔다.

"YES, but…이야."

연구를 시작할 때 기시다는 말했다.
"원자력 발전은 용인한다. 하지만 엄격한 조건이 있어. 군사적으로 전용하지 않는 것, 안전성과 경제성을 확립하는 것……"

(2012년 1월 4일 석간 '용인의 내막(20)'에서)

아사히는 원전을 용인했다. 이 기사에서 캡으로 기재되고 있는 오오쿠마 유키코 씨는 당시 다른 회사에서 근무하던 나도 아는 저명한 기자였다. 1976년 연재 '핵연료(총 48회)'에서 그는 원자력 기술은 안전하다고 설명하면서 개발 상황 등을 소개하고 "'절대 안전'한 것만 용인한다면 … (중략) … 댐, 자동차, 열차, 약을 비롯해 모든 기술을 거부하고 원시생활에 돌아가야 한다.", "원시생활에는 굶주림과 동사와 역병이라는 또 다른 위험이 따른다."라고 썼다.

내가 그동안 전력회사 OB라든가 원전 반대운동을 하는 사람들에게 얘기를 들으러 다닐 때 아사히신문에 대한 반감을 표명하는 사람들이 많았던 이유는 이런 배경이 있어서일 것이다. 어떤 도쿄전력 OB는 재직 당시 "사내에서 원전 반대를 얘기하면 도쿄전력 상사가 오오쿠마 유키고 연재를 가져와 '아사히도 원전은 괜찮다고 얘기하고 있어'라며 공격받았다"라고 말했다. 오오쿠마 씨는 후쿠시마 사고 이후 원전에 대해 어떤 생각을 가지고 있을까? 연재 「원전과 미디어」에서 조마루 요우이치(上丸洋一) 아사히신문 편집위원이 오오쿠마 씨를 취재한 기록이 있다. 그는 "에너지가 부족할 때 제일 먼저 피해를 입는 것은 사회의 밑바닥 사람들입니다"라고 답했다. 두 사람의 대화는 이렇다.

Q. 그 생각에 변함이 없습니까?

A. 없습니다. 에너지가 있으니까 인공호흡기도 돌아가죠. 에너지가 부족하면 반드시 약자들이 피해를 입습니다.

Q. 복지를 위해서 원전이 필요하다고 하더라도, 결국 후쿠시마 원전으로 직접 이익을 보는 사람들은 도쿄 주변 사람들이었습니다. 원전 사고 때문에 많은 사람들이 고향을 떠나야만 했고 결국 피난 간 곳에서 돌아가신 후쿠시마 주민들이 많습니다.

A. 76년에 '핵연료'라는 연재기사를 썼을 당시 예상했던 것은 거대 지진 발생뿐이었습니다. 쓰나미에 대해 생각하지 않았던 것에 대해서는 부끄럽게 생각합니다.

Q. 아사히신문은 원전에 대해 'YES, but...'을 신문사의 사론으로

규정해 왔습니다.

A. 안전성 확보 등 but 이하로 이어지는 조건들은 당연한 것입니다.

Q. 신문 기자로서 본인이 원자력 추진 쪽에 너무나 가까웠다는 인식은 있습니까?

A. 원전 패절(지금의 말로는 탈원전)의 주장에 따르지 않았다는 것은 사실입니다. 그것은 반원전 쪽으로 기울어진 당시 전체 미디어들에 대한 도전이었습니다. 그렇다고 그것을 '추진 쪽으로 많이 기울었다'고 보는 것은 근거도 없고 정확하지 않은 딱지라고 생각합니다.

Q. 저널리즘의 역할은 원전과 원자력 행정을 엄격하게 감시하는 것이 아닐까요?

A. 맞습니다. 그러니까 전력회사, 제조업체, 행정기관의 직수입 관행[35]을 거듭 비판해 왔습니다. 약을 잘못 써서 받는 해(藥害)가 있다고 해서 약을 없애라고 말하지는 않습니다. 원전을 없애라고 하는 사람들을 제가 비판한 것은 그런 이유 때문입니다.

(2012년 1월 18일 아사히신문 석간)

나는 후쿠시마 사고 피해자들의 현재 상황과 기존 연재 내용을 염두에 두고 오오쿠마 씨의 지금 생각을 듣고 싶어서 2023년 9월 취재를 요청했지만 그는 거절했다.

후쿠시마 제1원전 사고로 아사히신문 사설은 달라졌다. 아사히

---

35 원전에 관한 모든 걸 해외에서 그대로 가져오는 것을 말한다

신문은 2011년 7월 13일 1면 기사에 「지금이야말로 대전환을」, 「제언, 원전 제로 사회」라는 제목으로 "원자력 발전에 의존하지 않는 사회를 빨리 실현해야 한다"고 썼고 그 이후 원전 제로(탈원전) 주장을 일관하고 있다. 연재 「원전과 미디어」는 그 자세한 경위를 담았고 내가 취재한 전 과학부장 시바타 씨도 등장한다.

> 논설주간 오오노키 요시노리(大軒由敬, 62세)는 과학부 소속이었을 때 선배였던 OB 논설위원에게 사설의 변화에 대해 의견을 물었다. 2011년 5월의 일이다.
>
> 시바타 데츠지(柴田鉄治, 77세)와 다케베 슌이치(武部俊一, 74세) 두 사람 모두 과학부장과 논설위원 경험자다.
>
> "당연하다. 대대적으로 선회하라"고 시바타 씨는 말했다.
>
> (2012년 12월 21일 아사히신문 석간)

시바타 씨는 2013년 1월 저서 『원자력보도』(도쿄전기대학 출판국)를 출판했다. 그는 "반세기에 걸친 일본 원자력 보도의 역사는 '실패의 연속이었다'고 해도 과언이 아니다"라고 자성하고 그 실패를 5가지로 정리했다.

> 제1의 실패 : 어떤 과학기술에도 장점과 단점이 있는데, 사고 시 심각성과 폐기물 처리의 어려움 등 원자력이 갖는 특이성을 경시하고 장밋빛 꿈만을 꾸었던 1950~1960년대.

제2의 실패 : 반대파가 등장해 서로 대립하던 시대에 '절대 안
　　　　　　전'만을 주장하는 핵 추진 측의 비합리성을 지
　　　　　　적하지 않고 반대파를 비과학적이라고 공격하던
　　　　　　1970년대.
제3의 실패 : 미국 스리마일 섬 사고와 구소련 체르노빌 사
　　　　　　고 등을 계기로 여론은 원전 반대로 돌아섰음
　　　　　　에도 여론과 정책의 괴리를 직시하지 않았던
　　　　　　1980~1990년대.
제4의 실패 : 정부 부처 개편에 따라 원자력 추진과 규제 권
　　　　　　한 양쪽을 수중에 넣은 경제산업성의 횡포를 비
　　　　　　판하지 않았음.
제5의 실패 : 후쿠시마 사고가 일어난 후 사실에 다가서려 하
　　　　　　지 않고 '발표에 의존'함.

시바타 씨의 지적은 마땅하다. 미디어가 제대로 체크 기능을
다했다면 안전대책에 이 정도로 허술하지는 않았을 것이다. 사고
가 일어난 후 대응에서도 피해를 더 줄일 수 있었을 것이다.

지금까지 밝혀온 원자력 마을의 유착과 암약은 빙산의 일각일
것이다.

원자력안전위원회 전 위원장 대리는 나에게 "언론에 비쳐준 회
의는 재롱잔치 같은 것이고 진짜 회의는 사전에 마무리한 상태였
다"고 말했다. 기자들이 알아차릴 수 없을 만큼 사실은 늘 교묘하
게 은폐되어온 것일까? 아니면 그들은 알고 있으면서도 쓰지 않았

던 것일까? 후쿠시마 원전 사고 이후 시바타 씨는 피난민와 원자력 관계자를 계속 취재하는 나를 응원해주었다. 그가 사는 지역인 가나가와현 가와사키시에 있는 NPO법인에서 내가 원전 사고 피해자에 대해 강연할 기회를 만들어주기도 했다. 그가 대표위원을 맡고 있는 JCJ(일본 저널리스트 회의)에서 열린 나의 강연에 와주기도 했고 계속해서 나를 격려해 주었다.

그는 2020년 신부전으로 85세 나이에 사망했다. 아사히신문 원전 보도의 역사에 대해 생전에 더 얘기를 들었어야 했다는 후회가 든다.

'도쿄전력의 양해를 받지 않은 사진'이라며 기자가 기자를 방해

후쿠시마 원전 사고가 발생했을 때 미디어도 현장에 접근할 수 없게 되었다. 도쿄전력이 발표하는 보도로는 아무것도 알 수 없었다. 나처럼 직접 눈으로 봐야 한다고 생각해 현장 접근을 하는 저널리스트 동료들이 있었다. 어떤 주간지 데스크 기자는 작업자로 분장해 현장에 들어가 이름을 가리고 르포 기사를 썼다. 어떤 프리저널리스트는 실제로 작업자로 일하면서 현장 상황을 전했다.

저널리스트 이마니시 노리유키(今西憲之, 57세) 씨는 방해를 받았다. 2011년 여름 이마니시 씨는 4호기 사용후핵연료 수조 상황을 촬영했다. 4호기 수조가 수소 폭발한 영향으로 크게 파손되어 당장이라도 넘어질 것 같은 모습을 사진으로 찍은 것이다. 스즈키 씨는 '그 정도의 폭발이었다면 수조 물은 다 없어졌을 것'이라고 생각했다(이마니시 노리유키 씨가 찍은 아래 사진 참조).

Photo by Imanishi Noriyuki

4호기 수조가 수소 폭발한 영향으로 크게 파손되었다.

지금까지 보도기관에 공개된 것은 모두 육지에서 찍은 사진이었지만 이마니시 씨는 바다 쪽에서 촬영했다. 건물 콘크리트 벽이 바위 덩어리처럼 흩어지고 철근이 튀어 나왔다. 도쿄전력이 공개하지 않은 '불편한 진실'이다. 이마니시 씨는 이 사진을 신문사 계열 잡지사에 발표하려고 했다. 그런데 어디서인가 정보를 듣고 온 그룹 신문사 과학기자가 "도쿄전력 양해 없이 촬영한 사진"이라고 이마니시 씨에게 압력을 가해 왔다.

나는 취재를 하는 과정에서 그 전말을 알게 되었다. 이마니시 씨가 어떤 원자력 학자에게 사진을 보여줬는데, 그 학자가 그룹 신문사 과학기자에게 사진을 보여주면서 "4호기에서 일어난 실태를 신문사에서도 보도하는 것이 좋겠다"고 전한 것이다. 그 기자는 도쿄전력에 확인했고 그 결과 그룹 잡지사에 압력을 가한 것으로 보인다. 그 기자는 도쿄전력을 화나게 만들면 본인의 취재가 불리해질 수 있다고 생각했는지 모르겠다. 그 외에도 어떤 기자가 제염 사업의 문제에 대해 기사를 쓰려고 했는데, 같은 사내 과학기자가 그기자 상사에게 "정부가 (그 기자의) 취재 방법에 문제가 있다고 지적하고 있다"고 트집을 잡더라는 얘기도 들은 적이 있다.

한편 어떤 원자력계 권력자는 과학기자로부터 국제음악제 프레스 패스를 얻어서 공짜로 콘서트를 즐겼다고 말했다. 나는 경찰 담당 기자를 오래했지만 경찰 부정행위에 가담하는 선배 기자들을 많이 봐왔다. 취재할 대상과 가까워지면 정보를 얻기 쉬워지고 회사에서 입지가 좋아진다고 생각하는 기자들이 있다. 가까워질수록 그들과 동질감이 생겨 진실 보도를 막는 힘이 작용하는 것일까?

스즈키 씨는 "정부 심의회 위원이 되어버린 요미우리신문 논설위원도 있었는데, 그건 문제가 있다고 생각했다"라고 말했다. 알아봤더니 그 논설위원은 회의에서 "원자력을 앞으로도 유지하기 위한 방책에 대해 논의할 것을 기대한다"라고 발언했고 현재는 원자력 관련 단체 이사로 재취업했다.

원자력 마을은 나카소네 씨 등이 추진한 법 정비와 예산으로 막대한 국책 예산을 배정 받았다. 원자력 마을 특색에 대해 스즈키 씨는 이렇게 말한다.

"국책으로 추진한 원자력으로 이익을 창출하는 사람들이 있습니다. 원자력이 다른 산업과 다른 점은 군사와 연결되어 있기 때문에 기밀성이 잘 유지되고 더 폐쇄적이라는 점입니다. 이 폐쇄성은 지금도 해소하지 못 했습니다."

군사와 연결된다는 것은 무슨 뜻일까. 다음 장에서는 이 점에 대해 알아보고 싶다.

제5장

원전과 핵무기

탈원전과 핵 억지력

●

민주당 정권에서 일본이 본격적으로 탈원전으로 방향을 전환하려던 2011년 여름, 원전과 군사 관계가 수면 위에 올랐다. 당시 여론을 돌이켜보자. 동일본 대지진 발생부터 3개월 후인 2011년 6월 11일, 시민단체가 '탈원전 100만인 액션'을 제안해 국내 약 140곳에서 약 7만 9천 명(주최자 발표)이 참여하는 집회가 열렸다. 영화감독 미야자키 하야오(宮崎駿)도 고가네이 시에 있는 스튜디오 지브리 옥상에 "스튜디오 지브리는 원전이 아닌 전기로 영화를 만들고 싶다"라고 쓴 현수막을 펼치고서 집회를 열었다. 미야자키는 "우리는 여기에서 유치원도 운영하고 있어 방사선량에 대해서 누구보다 더 신경을 쓰고 있습니다", "할 수 있는 노력은 최대한 할 생각입니다"라며, 유치원 연못 바닥 흙을 긁어내어 청소했다고 말했다(스튜디오 지브리「열풍」 2011년 8월호). 당시 해외에서도 프랑스와 대만 등에서 탈원전 집회가 열렸다.

요미우리신문이 실시한 여론조사(7월 1~3일)에서는 "향후 국내 원전을 어떻게 하면 좋을까요?"라는 질문에 "줄여야 한다(46%)", "모두 없애야 한다(19%)"라는 결과가 나왔다. 아사히신문 여론조사 (7월 9~10일)에서도 "원자력 발전을 줄이고 향후 중단하는 것에 대해 찬성합니까?"라는 질문에 77%가 찬성했고 반대는 12%에 그쳤다. 같은 해 7월 13일 수상관저에서 열린 기자회견에서 간 나오토 수상은 "원전에 의존하지 않는 사회를 목표로 삼아야 한다고 생각합니다. 계획적·단계적으로 원전 의존도를 줄이고 향후 원전이 없어도 가능한 사회를 실현해 나가겠습니다."라고 말했다. 탈원전으로 가는 흐름이 생겨나고 있었다. 그런데 그 1개월 후 8월 10일 요미우리신문은 사설에서 이에 대해 이견을 제기했다.

사설 「핵연료 사이클에 대한 수상의 무책임한 정책 재검토」

주변 국가에 눈을 돌리면 원자력은 한 층 더 존재감이 높아지고 있다.

중국은 지난달부터 고속증식로 운전을 시작했다. 한국은 일본과 마찬가지로 재처리를 시작하겠다는 방침을 밝히고 있다. 북한은 핵무기 개발을 고집하고 있다.

일본은 평화 이용을 전제로 핵무기 재료가 되는 플루토늄 활용을 국제적으로 승인받았고 높은 수준의 원자력 기술을 보유해 왔다. 이것은 잠재적인 핵 억지력으로 기능해 왔다. 수상의 무책임한 언행에는 이런 사실에 대한 배려를 찾아볼 수 없다.

'핵 억지력'이란, 일본을 공격하면 핵 공격으로 반격을 받을 것이라고 상대방에게 겁을 주는 힘을 말한다. 이것을 포기하는 것은 무책임하다는 것이다. 그 6일 후에는 이시바 시게루 씨도 비슷한 발언을 했다. 방위청 장관과 방위대신을 역임했고 당시는 자민당 정조회장(政調會長)이었다. 이시바 씨는 8월 16일 TV아사히 '보도 스테이션'에서 기획한 '원전, 나는 이렇게 생각한다' 코너에서 다음과 같이 말했다.

"저는 일본이 핵무기를 가져야 한다고 생각하지는 않습니다. 일본이 만들려면 언제든지 만들 수 있죠. 1년 내에 만들 수 있습니다. 요컨대 하나의 억지력입니다. 이 것을 정말로 포기해도 되냐는 점에 대해서는 더 깊은 논의가 필요합니다. 저는 포기해야 한다고 생각하지 않습니다. 왜냐면 일본 주변에는 러시아가 있고 중국이 있고 북한이 있습니다. 미국이라는 동맹국이 있지만 핵보유국이 일본 주변을 둘러싸고 있습니다. 그리고 탄도 미사일 기술을 모든 나라가 갖고 있다는 사실을 결코 잊어서는 안 됩니다."

1년 내에 핵무기를 만들 수 있다는 것에 대해서는 사사이 씨를 비롯해 다른 전문가들도 "IAEA 사찰을 거부하는 것을 전제로 한 얘기가 되겠지만, 그렇다면 대충 맞는 얘기"라고 인정했다. 그리고 3주 후 요미우리신문은 다시 「전망 없는 '탈원전'과 결별을」(2011년 9월 7일)이라는 제목으로 사설을 썼다. 이시바 씨 또한 잡지 『SAPIO』에서 "원전 기술 덕에 수개월부터 1년이라는 비교적 짧은 기간에 핵무기를 가질 수 있다. 더불어 우리는 세계적으로 뛰어난 로켓 기술을 보유하고 있다. 이 두 가지가 있으면 꽤 짧은 기간에 효과적인 핵무기 보유가 가능하다"고 주장했다(2011년 10월 5일).

'핵 억지력'론에는 비판이 일었다.

나가사키시 다우에 도미히사(田上富久) 시장은 2011년 10월 31일 정례 기자회견에서 "기본적으로 그런 사고방식은 문제가 있다", "핵 억지력이라는 생각 자체가 잘못이다. 핵보유국이 늘어나고 있는 상황에서 핵무기 보유가 안전에 기여하지 않는다는 것이 역사적으로 명백하다."라고 지적했다.

노벨문학상 작가 오오에 겐자부로(大江健三郎)도 같은 해 10월 19일 아사히신문에 「원전이 '잠재적 억지력'이라는 것은 전례 없는 민주주의 무시 논리」라는 제목으로 기고했다.

> 이번 원전 대사고를 통해서, 원전을 건설했던 시기부터 오늘날 도쿄전력과 정부가 정보를 은폐하는 방법까지, 얼마나 민주주의 정신이 결핍했는지 우리는 뼈저리게 알게 되었습니다. 그런데 핵억지론 만큼 철저한 민주주의 무시는 예를 찾아볼 수 없을 겁니다.
> 너무나 솔직하게, 원전을 없앤다는 것은 핵의 잠재적 억지력을 포기하는 것이 된다고 늘 그랬던 것처럼 눈을 내리뜨고 우울한 얼굴로 욱지르는 정치인들은 이 치명적인 양날의 검을 손에 쥐는 것에 대해 언제 국민의 합의를 얻었을까요?

일본에서 핵무기를 만들어야 한다는 주장은 옛날부터 있었다. 1967년부터 2년 6개월 동안 사토 에이사쿠(佐藤栄作) 정권 내각 조

사실에서 일본 핵무장이 검토되었다. 외무성이 1969년 작성한 내부 자료 '일본외교 정책 대강'에는 다음과 같이 기재되어 있다.

당분간 핵무기는 보유하지 않는다는 정책을 취하지만, 핵무기 제조에 따른 경제적·기술적 잠재력은 늘 보유 및 유지함과 동시에 이에 대한 철주(掣肘, 주위에서 받는 간섭―글쓴이 주)를 받지 않도록 노력한다.

당시 논의 과정을 아는 외교부 관계자는 "핵무기 보유라는 선택지도 이론상 가능하다는 얘기였다. 핵을 일절 보유하지 않는다고 말할 필요는 없다."라고 발언했다(2005년 8월 2일, 아사히신문).

제4장에서 언급한 것처럼 나카소네 씨는 GHQ가 사이클로트론(원자핵 연구 장치)을 물에 잠기게 한 것을 계기로 원전 도입을 추진했다. 그는 방위청 장관이던 1970년, 사적으로 전문가 그룹을 초청해 핵무기 개발에 대해 연구했다. "당시 2천억 엔으로 5년 안에 만들 수 있다"고 밝히고 있다(저서 『자성록』 신초사).

1957년부터 약 3년 6개월에 걸쳐 내각총리대신으로 재임한 기시 노부스케(岸信介)는 "평화적 이용일지라도 기술이 진보함에 따라 무기화 가능성은 자동적으로 높아진다. 일본은 핵무기를 보유하지 않지만, 보유 가능성을 강화함으로써 군축과 핵실험 금지 문제 등에 대해 국제사회에서 발언권을 높일 수 있다"고 쓰고 있다 (『기시 노부스케 회고록』 고사이도 출판사).

이런 사고방식은 지금도 남아 있다. 핵무기 보유 가능성이 있는

지 여부에 따른 '국제적 발언권이 달라진다'는 주장을 하는 정치인과 정치 기자들을 나는 자주 봤다.

보유하는 플루토늄은 원폭 약 6,000발 분량

원전을 가동할 때마다 플루토늄이 발생한다. 일본이 보유한 플루토늄은 이미 약 45.1톤에 이른다. 원폭 약 6,000발에 해당한다. 일본 국내에 9.3톤, 영국에서 보관 중인 것이 21.8톤, 프랑스에서 보관 중인 것이 약 14.1톤이다(2022년 말 현재).

잠재적 핵 억지력을 이유로 일본은 정말로 원전을 보유해야 할까? 나는 핵무기 공포에 대해 피폭자로부터 직접 얘기를 듣고 싶어서 사노 히로토시(佐野博敏, 당시 92세) 씨를 만났다. 그는 도쿄도립대학 전 총장으로 2020년 9월 25일 도쿄 미타카시에 있는 자택에서 인터뷰에 응하기로 했다. 그날 나는 사랑방으로 안내 받아 사노 씨와 비스듬히 마주 앉았다. 그는 말솜씨가 좋고 또렷한 말투로 말하기 시작했다.

전쟁 말기 사노 씨는 히로시마공업전문학교에 다니는 17살 학생이었다. 야마구치현(山口県)과 히로시마현(広島県) 경계에 있는 히로시마현 오오타케정(大竹町) 군수공장, 미쓰비시 화성공업(현재 미쓰비시케미칼) 오오타케 공장에 근로 동원되어 기숙사에서 생활하고 있었다. 1945년 8월 6일 오전 오오타케 공장에서 군사 훈련이 예정되어 있었다. 8시가 넘어 기숙사 현관문을 나가려고 할 때 주변이 순간 번쩍하고 강하게 빛났다. 사노 씨가 있던 곳은 피폭 중심

사노 히로토시 씨

지에서 약 30km 떨어진 곳이었다. 파랗게 맑은 히로시마 상공에 구름이 생겼고 버섯 모양이 되어 가는 것을 보았다. 그 사이 '꽝'하고 요란한 소리가 하늘을 울렸다. 무슨 일이 일어났는지 몰랐지만 휴교령이 내려져 학생들은 좋아했다. 열차는 오지 않았고 사람들은 "어째서 조용하네"라고 얘기하기 시작했다. 그 사이 부상자들이 잇따라 히로시마 시내에서 걸어 돌아왔다. 화약고가 폭발했다는 얘기도 들렸다. 저녁이 되니까 사노 씨가 있었던 오오타케정에서 히로시마 하늘이 새빨갛게 타고 있는 것이 보였다. 히로시마에는 그의 어머니가 있었다. 사노 씨는 곧장 달려가고 싶었지만 철도도 파괴된 상태였다.

미쓰비시가 히로시마로 가는 증기선을 마련해 주어서 사노 씨는 새벽에 세토 내해(瀬戸内海)를 통해 히로시마 시로 향했다. 시내를 흐르는 모토야스강(元安川) 하구의 선착장에 도착했을 때 주변은 조금씩 밝아지기 시작했다. 그순간 등지느러미가 탄 물고기를 봤다. 마치 '헤엄치는 구운 생선' 같았다.

집은 피폭 중심지에서 1km도 채 안 된다. 강가에는 사체가 넘쳐났다. 손끝에서 피부가 벗겨진 사람들, 온몸이 탄 사람들이 비틀비틀 걷고 있었다. 웅크리고 쭈그리고 앉아 있는 사람, 쓰러진 채 움직이지 않는 사람도 있다. 그는 어머니를 찾아서 온 시내를 돌아다녔다. 여기저기 사람들이 누워 있었고 얼굴에 심한 화상을 입은 사람들도 많았다. 사노 씨는 부상자에게 '엄마'라고 말을 걸어보고 반응을 보기도 했다. 사체와 부상자들 속에서 어머니를 찾았다. 송장을 태우는 곳에 가기도 했다. 불에 타서 머리가 없는 사체를 불 속으로 던지는 것도 봤다.

어머니를 찾아다니면서 그는 '아마 어머니는 돌아가셨을 것'이라고 마음을 굳혔다. 원폭을 투하한 지 6일 정도 지났을 때 어머니가 초등학교에 피난해 있다는 연락을 받았다. 그제서야 학교 강당에 누워 있는 어머니와 겨우 재회할 수 있었다. 온몸에 유리가 박혀서 심하게 다친 상태였고 출혈이 많았다. 그곳에는 수많은 사람들이 숨을 헐떡이며 누워 있었다.

사노 씨가 어머니를 찾아 히로시마 시내를 헤매는 동안 어머니는 "히로토시, 히로토시"하며 사노 씨 이름을 셀 수 없이 불렀다고 한다. 감동적인 재회가 되어야 했지만 막상 만났더니 사노 씨는 어머니에게 "살아 계셨어요?"라고 물었고 어머니는 "히로토시, 넌 여기 왜 왔어?"라고 물었다. 사노 씨는 그 순간까지 어머니는 돌아가셨을 것이라고 생각했다. 어머니도 누워 있으면서 아들 안부를 걱정했다. 그런데 이렇게 만나다니 운명이라는 생각이 들었다. 그 모습을 옆에서 지켜보던 한 남성은 '기적 같은 광경이었다'고 얘기했다고 한다. 사노 씨는 당시의 감정을 지금도 제대로 표현할 수 없다. "걸어 다니다가 타버린 사체를 수없이 보면서 아마 어머니도 돌아가셨을 것이라고 체념했다. 그런데 학교에서 살아 계신 모습을 확인하고서는 겨우 마음이 놓여 일상으로 돌아갔다."

어머니는 심하게 다쳐서 누운 채로 움직일 수 없었고 머리카락도 빠졌다. 백혈구 수치는 정상치가 약 7,000이지만 당시 어머니는 2,000이하까지 떨어졌다. 다행히도 조금씩 다시 올라 1년이 지날 무렵에는 정상치를 회복했다. 어머니는 머리카락이 빠진 것을 숨기기 위해 검은 보자기를 머리에 뒤집어쓰셨다. 당시 많은 히로시마 여성들이 보자기를 머리에 쓰고 있었다. 수개월 후 멀쩡했던 사람들에게 자반이 생기고 사망하는 일이 늘어났다. 그런 사례는 2차 방사능 피해라고 불렸다. 사노 씨와 어머니는 오오타케정에 있는 친척 집으로 피난했다. 어머니는 병원에 다녔는데 진료를 한 의사에게도 자반이 생겼다. 그 의사는 히로시마 공습을 대비해 건물 소개 작업을 하던 중 피폭했고 결국 백혈병으로 사망했다. 사노 씨 어머니는 회복해서 80세 넘게 살았다. 사노 씨는 '어머니는 원폭 투하 당시 다쳤고 바로 학교로 피난 갔다. 그 후에도 며칠 동안이나 누워 있었기 때문에 원폭 투하 이후에도 계속되었던 방사능 피폭을 당하지 않았고 그 덕분에 살았다.'라고 생각했다. 한편 사노 씨는 두 차례 대장암을 앓았다. 하지만 원폭과의 인과관계는 규명되지 않은 상태다. 전쟁이 끝난 후 혼란 속에서도 전문학교 수업이 재개되었고 사노 씨는 도쿄대학 이학부로 진학했다. 기무라 겐지로 교수의 무기화학 강좌에 들어가 대학원으로 진학했다. 사노 씨가 대학원에 다닐 때 '제5 후쿠류마루 사건'[36](第五福竜丸事件)이 일어났다. 기무라 교수는 어선에 탄 승무원들이 뒤집어쓴 방사성 낙진 소위 '죽음의 재'와 6개월 후 사망한 승무원 구보야마 아이키치(久保山愛吉) 씨의 장기와 승무원 소지품 및 의류 등을 의뢰받아 분석했다. 가무라 교수는 전쟁 중 육군의 요청으로 원폭을 연구했던 사람이며 관련 지식이 있었기 때문이다. 기무라 교수가 '죽음의 재'를 분석한 결과 우라늄237이 검출되었다. 이에 따라 미군 수소폭탄 구조를 알아내기도 했다.

2007년 8월 23일 요미우리신문이 게재한 제1회 UN원자력평화이용국제회의 사무국 직원 하라 레이노스케(原礼之助) 씨의 증언에 따르면, 제5 후쿠류마루에 들러붙은 특수한 우라늄을 토대로 군사기밀인 수소폭탄 구조를 알아냈으며, 그 파괴력이 무한 확대한다는 것을 밝힌 이 연구는 핵군축의 흐름을 만들었다. 사노 씨는 기무라 교수 밑에서 방사능 연구를 하게 되었다. 소련이 핵실험을 하고 난 후 방사성 물질을 머금은 비(방사능 비)가 빈번하게 내리기 시

---

36 1954년 3월 1일 미국이 태평양 비키니 환초에서 실시한 수소폭탄 실험으로 해상에서 조업 중이던 참치 어선 제5 후쿠류마루에 탑승하던 선원들 23명이 피폭했다. 그중 1명은 6개월 후 사망했다.

작했을 때 그는 도쿄대학 혼고(本鄕) 캠퍼스 건물 옥상에서 방사능 비를 모아 연구했다. 사노 씨 어머니는 "그런 위험한 것을 다루는 일은 하지 마라"고 말렸다. 하지만 그는 피폭자들을 괴롭히는 방사 능의 정체를 알고 싶어서 대학원 석사 후 기무라 연구실 조수가 되 었다. 기초 연구인 뫼스바우어(Moessbauer) 분광학을 미국 유학 시 절에 배웠다. 이 학문은 방사성 원소의 초미세 과학적 반응을 연구 하는 것이다. 그는 유학에서 돌아온 30대에 일본에서 그 분야 제일 인자가 되었다. 그리고 1972년 도쿄도립대학 교수가 되었고 대학생 을 위한 교과서 『방사화학 개론』(1983년, 공저, 도쿄대학출판회) 등을 저 술했다. 이 책은 지금도 학생들이 교재로 사용하고 있는 저명한 책 이다. 본인이 피폭자인 사실은 오랫동안 밝히지 않았다.

"나 자신이 피폭자라고 얘기하면 주변 사람들은 피폭자를 강 조하지 말라든가 고도성장에 이득이 되지 않는 얘기를 하지 말라 고 했다. 그래서 제자들한테도 얘기하지 않았다."

후쿠시마 제1원전 사고 피해자들도 마찬가지다. 그들이 스스로 를 피난민이라고 얘기하면 주변 사람들은 '언제까지 피난민이라는 것을 강조할 거냐?', '다른 재난 피해도 있는데 뭐…'라며 부담을 준 다. 같은 논리다.

사노 씨는 1993년 도쿄도립대학 총장을 퇴임한 후 오오츠마여 자대학 교수를 거쳐 2000년 학장에 취임했다. 그때 나이는 70세를 넘었다. 취임하자마자 "인생에서 제일 힘들었던 일에 대해 학생들 에게 강연해 달라'는 요청을 받아 처음으로 피폭 경험을 얘기했다. 어머니를 찾으러 히로시마 시내를 헤맨 얘기를 했고 당시 봤던 '헤엄치는 생선'과 피폭한 사람들의 그림을 그려 학생들에게 보여주었다. 강의실은 아주 조용해졌다. 얘기를 다 마친 후 학생들 사이에서 큰 반향이 있었다.

"모두 내 얘기를 너무 열심히 들어줬습니다. 좋은 리포트를 제출한 학생도 있었어요. '처음으로 원폭 실태에 대해서 알게 되어서 놀랐다', '피부가 벗겨지고 고름이 나는 것까지 자세한 얘기는 처음 들었다. 생생한 얘기였다.'라고 소감을 보내주기도 했습니다."

그 후 사노 씨는 고등학교, 대학교, 초등학교에서도 강의를 했는데, 항상 모든 학생들이 열심히 들었다고 한다. 그렇지만 원전에 대해서는 핵무기와는 별도로 생각해 왔다.

"부교재가 있기도 했고 '원자력은 고마운 것'이라고 당연히 여겨왔습니다. 국민은 초등학교 때부터 '원전에는 5중 방호벽이 있으니 안전하다'고 배워요. 나도 '평화적 이용'이라면 좋은 쪽으로 발전시키는 거니까 좋은 것이라고 생각해 왔고요. 과대 포장이라고는 느꼈지만 80% 정도는 그대로 믿고 있었지요."

후쿠시마 제1원전 사고를 계기로 그의 그런 인식은 달라졌다.

"그런데 후쿠시마 원전 사고는 그동안 핵실험으로 오염된 지구를 더 오염시켜 버렸습니다. 정부는 독일처럼 빨리 원전을 포기해야 합니다. 피폭 당사자인 일본이 원전을 포기할 수 없다니……. 수상이 현명한 사람이라면 바로 그만할 수 있습니다. 자연 에너지로 대체가 충분히 가능하니까요."

사노 씨가 고문을 맡고 있는 도쿄 피폭자 모임 '도유카이(東友会)'는 "후쿠시마 제1원전 사고 피해자에게도 피폭자 건강 수첩과 같은 제도가 필요하다"고 호소해 왔다. 건강 수첩이 있으면 의료비 자기부담이 면제된다. 사노 씨 본인이 두 번 대장암을 수술할 때는 건강수첩이 있어서 무료로 치료를 받을 수 있었다. 건강수첩 제도가 적용되면 피해자 부담이 경감된다. 그런데 정부는 거꾸로 의료비 지원 중단을 추진하고 있다.

내가 사노 씨에게 저선량 피폭 리스크에 대해 물었더니 그는 이렇게 답했다.

"어디까지라면 피폭해도 괜찮다는 안전한 값은 없습니다. 피폭은 가능하다면 없을수록 좋은 거죠."

각국의 방사선 방호대책은 국제방사선방호위원회(ICRP) 권고에 따르고 있다.

ICRP는 히로시마와 나가사키 원폭 피폭자의 추적 조사 등을 토대로 전신 피폭이 100밀리 시버트로 암 발생 리스크가 약 0.5% 증가한다고 보고 있다. 100밀리 시버트보다 낮은 선량의 영향에 대해서는 '선량 증가에 정비례해서 발암과 유전성 영향이 나타날 확률이 증가'한다는 입장을 채택하고 있다. 이어서 나는 사노 씨에게 핵 억지력에 대해 어떻게 생각하시는지 물어봤다. 그는 웃으면서 이렇게 답했다.

"북한이 일본을 공격하려면 일본의 원전으로 미사일을 발사하면 됩니다. 이렇게나 많은 원전이 동해 해안가에 나란히 서 있는데 말입니다. 일본은 국방 차원에서 볼 때 동해에 아주 많은 약점을 노출한 상태라 할 수 있습니다. 국방을 얘기한다면 원전부터 포기해야 합니다."

일본에 있는 원전은 에히메 현에 있는 이카타 원전을 제외하고 모두 외해에 면해 있다. 공격 받기 쉬운 위치에 나란히 서 있다는 지적은 너무나도 당연한 말이다.

세계 과학자들이 핵무기 폐기를 논의

사노 씨와 마찬가지로 히로시마에서 피폭한 사람으로 나고야대학 명예교수 사와다 쇼지(澤田昭二, 당시 88세) 씨가 있다. 2020년 10월 그를 만났다. 종전 직전 1945년 여름 사와다 씨는 13살이었다. 그의 집은 상가 거리의 기모노 집이었다. 당시 사와다 씨는 히로시마 제1중학교 2학년이었다. 물리를 좋아했지만 학도 동원으로 군수공장에서 일해야 했다. 8월 5일 저녁 공습으로 사와다 씨는 몸 상태가 안 좋아, 6일 아침은 밥도 못 먹고 집 안 별채 창가에서 모기장을 펴고 누워 있었다. 갑자기 2층집이 무너지면서 사와다 씨가 깔렸다. 사와다 씨는 푹 자고 있어서 원폭의 '반짝'임이나 폭발음도 느끼지 못했다. 모기장이 없었다면 온몸에 유리 파편이 꽂혔을 것이다. 발버둥치며 밖으로 나갔더니 엄청난 흙먼지로 태양광선이 차단되어 집은 갈색의 어둠밖에 보이지 않았다.

점점 어둠이 걷히고 주변이 보이기 시작했다. 상가 거리가 모두 사라졌다. 집 주변은 건물들이 밀집되어 있었고 사와다 씨 집 2층에서는 주변 집 지붕들이 잘 보였는데, 폭발로 건물들은 모두 날아갔고 아무것도 없는 풍경만이 남았다. 집은 피폭 중심지에서 1,400m 거리에 위치해 있었다. 같은 방에 있던 어머니 미츠코(당시

36세) 씨는 넘어진 기둥과 대들보에 깔려 움직일 수 없었다. 곧장 어머니를 밖으로 끄집어내려고 했지만 전혀 움직이지 않았다. 사와다 씨는 어머니를 살리려고 약 2시간 가량 사력을 다했다. 아버지는 출장 중이었고, 남동생은 국민학교에 가 있었다. 지나가는 어른들에게 도움을 요청했지만 그들도 심각한 상처를 입고 있었다. 도와줄 사람이 아예 없지는 않았지만 기둥이 전혀 움직이지 않아서 모두 포기하고 가버렸다. 미츠코 씨는 아들에게 "살아남아서 열심히 공부해 사회에 도움이 되는 사람이 되라"고 타일렀다. 불길이 코앞으로 다가왔기 때문에 "빨리 도망가라"고 하는 미츠코 씨에게 사와다 씨는 "엄마 미안해요"라고 울먹이며 그 자리를 떠났다. 주변에 있던 길은 모두 없어졌고 잔해 속을 헤치며 거침없이 달렸다. 강을 헤엄쳐 건너고 모래사장을 지나 계속 도망갔다. 사와다 씨는 "어머니는 불에 타서 돌아가셨어요. 살아 계셨다면 여러 가지 일을 하셨을 텐데 말입니다. 어머니는 당시 여성으로는 드물게 고등학교를 졸업하고 전문학교에도 진학한 사람이었어요. 마을 부회장이나 부녀회 회장도 맡으셨더라고요. 항상 침착하고 멋진 분이셨어요"라며 어머니를 추억했다. 전쟁이 끝난 후 그는 아버지와 남동생과 함께 셋이 생활했다. 히로시마 대학에 입학해 물리학을 전공하기 시작한 1954년, 미군이 비키니 수소폭탄 실험을 했다.

앞에서 언급한 것처럼 어선 제5 후쿠류마루가 피폭해 그 영향을 알게 된 물리학자 알베르트 아인슈타인과 철학자 버트런드 러셀이 다음 해 '핵무기가 인류 존속을 위협하고 있다'고 호소하는 '러셀-아인슈타인 선언'을 발표했다. 그 선언에 동참한 과학자들이 미국 퍼그워시라는 마을에 모여 회의를 열었다. 일본에서 처음으로 노벨상을 수상한 유카와 히데키 박사도 참석했다. 전세계 과학자들이 핵무기 폐기를 논의하는 퍼그워시 회의가 열린 것이다. 사와다 씨는 미군이 만든 수소폭탄이 본인이 경험한 원폭보다 1,000배 폭발력을 가지고 있다는 사실에 경악했다. "앞으로 전공하려고 하는 물리학이 인류를 멸망시킬 수도 있다"고 생각해 핵무기 금지 운동에 참여하게 되었다. 핵무기와 전쟁에 반대하기 위해 대학원 후기 과정을 밟고 있던 1965년부터는 퍼그워시 회의 일본 그룹 사무국에서 활동했다. 하지만 세상은 핵무기 금지는커녕 미국과 소련을 중심으로 핵무기 확산 경쟁을 벌였다. 이 상황을 우려한 유카와 씨는 또 한 명의 노벨 물리학상 수상자인 도모나가 신이치로(朝永振一郎) 씨와 함께 1975년 "유카와·도모나가 선언"을 발표했다.

군비 관리의 기저에는 핵 억지력으로 안전보장이 성립된다는 잘못된 사고가 깔려 있었다. 만약 진정한 핵 군축 달성을 원한다면 우리는 무엇보다 먼저 핵 억지라는 생각을 버리고 우리들의 발상을 근본적으로 전환하는 것이 필요하다.

유카와 씨는 전쟁 중 해군 위탁으로 교토제국대학이 추진한 원폭 프로젝트 'F개발'에 참여하고 있었다(제3장 참조). 유카와 씨는 사와다 씨에게 그 사실에 대해 얘기하지는 않았지만 사와다 씨는 "(유카와 씨가) 핵무기를 없애는 활동을 열심히 하신 이유는 본인이 개발에 관여한 사실에 대해 후회했기 때문일 것"이라고 회고한다.

나는 사와다 씨에게 핵 억지력에 대해 어떻게 생각하는지 물어봤다. 그는 망설이지 않고 답변했다.

"인류는 전쟁으로는 아무것도 해결할 수 없다는 것을 배웠어요. 국제 분쟁은 대화로만 해결이 가능합니다. 군사력으로 뭔가를 한다는 것은 시대착오적이죠. 이시바 씨의 핵 억지력 발언은 정말 시대착오적입니다. 일본도 한국도 북한도 모두 대화로 해결하겠다는 구조를 만들면 전쟁 없는 사회를 실현할 수 있죠. 그러면 일본은 군사력에 쓰는 돈을 사람을 살리는 일에 사용할 수 있게 됩니다."

사와다 씨는 피폭자로서, 그리고 퍼그워시 회의를 지원하는 과학자로서 유카와 씨와 함께 오랫동안 일했다. "아무리 적게 피폭하더라도 세포 속 DNA 손상이 일어나 암 세포로 진화할 가능성이 있습니다. 어디까지라면 괜찮다는 것은 없습니다. 제 남동생은 피폭한 후 각종 병에 걸렸고 65세에 암으로 사망했습니다."

사와다 씨는 원수폭금지일본협의회 멤버로 원전 건설에도 반대해 왔다. 후쿠시마 제1원전 사고로 다시 방사능으로 고통 받는 사람들이 발생하는 현실에 가슴 아파하고 있다.

"정부도 도쿄전력도 책임을 지지 않고 피해자에게 그 부담을 넘기고 있어요. 말도 안 된다고 생각합니다. 제대로 된 생활을 할 수 있도록 지원해야 합니다. 원전은 안전하게 처리할 수 없습니다. 원전을 가동하면 방사성 폐기물이 지구상에 계속 늘어나게 됩니다. 간과해서는 안 되는 문제입니다. 원전을 더 이상 사용해서는 안 됩니다. 일본은 산과 강이 많고 자연 에너지를 사용할 수 있는 좋은 환경이 있는데도 여전히 원전을 고집하고 있습니다. 거꾸로 가고 있어요. 자연에너지로 전환하고 원전을 없애 나가면 정말 풍요로워질 겁니다. 그런데 정부가 제대로 추진하지 않고 있습니다."

사와다 씨는 강한 어조로 그렇게 말했다.

기시다 씨의 말에 낙담

기시다 후미오 씨는 2020년 10월 21일 기자회견에서 원전 제로와 핵무기 사용과 보유, 개발과 실험 등을 금지하는 핵무기 금지조약에 대한 질문을 받았다.

Q. 일본 원전 제로 정책에 대해 어떻게 생각하십니까?

A. 재생에너지를 주요 전원으로 삼는 것을 목표로 하고 있습니다. 한편 안전성 확보는 중요하지만 안정적인 전력 공급을 비롯해 다양한 과제를 달성하기 위해서는 균형 있게 논의해야 한다고 생각합니다. 과학기술 진보에 따라 세상은 순식간에 달라집니다. 이런 역사 속에서 일본이 지금까지 왔습니다. 이후에도 과학기술 진보 속에서 어떻게 갈 것인지 균형을 잃지 않고 나가는 것이 바람직한 모습이라고 생각합니다.

Q. 일본 정부가 핵무기금지조약에 참여해야 한다는 목소리가 있습니다. 이에 대해서는 어떻게 생각합니까?

A. 핵무기 없는 세상을 목표로 하기 위해서는 로드맵을 만들어 하

나하나 해결해 나가는 것이 중요합니다. 이 엄중한 환경 속에서 핵우산이 존재합니다. 그 체제 속에 있는 일본이 핵무기금지조약과 핵무기 보유국을 잇는 역할을 해야 합니다. 단순히 일본이 그 속에 들어가는 것이 아니라 미국과 중국과 신뢰관계를 만들면서 전체를 연결시켜 나가야 합니다. 단순히 조약에 들어가면 끝나는 것이 아닙니다. 작금의 국제 정세가 그렇게 단순하지 않다고 굳게 믿습니다.

지금까지 기시다 씨가 대답한 내용을 사와다 씨에게 전했더니 그는 '바보 같다'고 낙담했다. 전 원자력위원회 위원장 대리 스즈키 다츠지로 씨는 도쿄대학 재학 시절 히로시마 피폭자 실태를 접한 것을 계기로 미국과 일본에서 핵확산 금지를 주장해 왔다. 위원장 대리 임기를 마치고 난 후 그는 나가사키 대학 교수가 되었고 현재는 나가사키대학 핵무기금지연구센터에서 센터장과 퍼그워시회의 평의원을 맡고 있다. 나가사키에서는 많은 사람들이 피폭 당사자로부터 직접 원폭 얘기를 들어본 경험이 있다. 그래서 핵무기에 대해 강하게 반대하는 분위기다. 원전을 보유하고 있는 국가는 마음만 먹으면 언제든지 핵무기를 만들 수 있는 능력이 있다는 것을 상대국가에 어필할 수 있다고 주장하는 사람들이 있다. 핵 억지력을 위해 원전이 필요하다는 주장이다. 이런 주장에 대해 스즈키 씨는 이렇게 말했다.

"저는 핵 억지력이라는 것을 믿지 않습니다. 백보 양보해서 그 논리가 맞다 하더라도 저는 원전이 필요 없습니다. 작은 연구소와 재처리시설만 있으면 충분합니다. 거대한 원자력 산업은 필요 없습니다."

이시바 씨, "원전은 안전하지 않지만 모두 없애는 방법은 없다."

나는 '원전은 핵 억지력이 된다'고 발언한 이시바 시게루 중의원 의원을 만나러 갔다. 이시바 씨는 2020년 10월 20일 의원회관 의원 사무실에서 30분 동안 취재에 응했다.

　이시바 씨는 앞에서 저술한 것처럼 "일본은 핵무기를 만들려고 마음만 먹으면 바로 만들 수 있다. 이것은 하나의 억지력이 될 것이다. 그래서 정말 원전을 포기해도 되냐는 점에 대해선 더 치밀한 논의가 필요하다. 나는 포기해야 한다고 생각하지 않는다"고 발언한 인물이다.

> Q. 이시바 씨의 발언에 대해 '원전이 테러 표적이 된다. 많은 원전이 동해에 나란히 서 있는데 위험하지 않냐'는 의견도 있습니다. 이 점에 대해 어떻게 생각하세요?
> A. 저는 원전을 포기하는 것이 좋다고 생각합니다. 또한 핵무기가 없는 세상이면 좋겠다고 생각합니다. 일본도 핵을 가져야 한다고는 생각한 적은 없습니다.

　그러면서 그는 자신의 생각을 설명하기 시작했다.

'마음만 먹으면 언제든지 핵을 가질 수 있다'는 능력을 가지는 것이 전혀 무의미한 것은 아니고 논의해 볼 가치는 있습니다. 핵무기 포기를 주장하면서도 미국 핵우산에 의존하고 있다는 모순을 어떻게 해결해 갈지 생각해야 합니다. 일본이 다른 나라로부터 침략을 받지 않아야 하죠. 보도의 자유를 비롯해 사상과 신념의 자유를 부정당하는 나라가 되어서는 안 되잖아요. 그러기 위해서 억지력이 필요하다고 생각합니다. 핵무기 포기와 미국 핵무기 억지력에 대해 신뢰를 키우는 일은 왜 양립되지 않을까요? 고민에 빠지면 밤에 잠이 오지 않습니다.

이시바 씨는 다소 피곤한 모양이었다. 이 인터뷰는 이시바 씨가 9월 자민당 총재 선거에서 패배해 그 책임을 지고 파벌 회장 사임을 표명하기 이틀 전에 진행되었다.

Q. 전 원자력위원회 위원장 대리 스즈키 씨는 '만약 핵 억지력을 위해 원전이 필요하다 하더라도 작은 연구용 원자로와 재처리 시설만 있으면 족하다. 거대한 원자력 산업은 필요없다'고 말하고 있습니다. 이에 대해 어떻게 생각하시는지요?

A. 맞는 말일 수 있습니다. 맞다고 자신 있게 말할 만큼의 지식이 저에게는 없습니다. 틀렸다고 할 만큼의 지식도요. 원자력을 포기하고 폐로하기 위해서는 엄청난 시간이 필요합니다. 엄청난 작업이지만 그렇다고 포기해서는 안 되고 다음 세대에 짐을 떠넘겨서도 안 된다고 생각합니다. 실컷 혜택을 누린 우리 세대가

해결해야 할 문제입니다.

Q. 거꾸로, 국방을 위해 원전을 멈춰야 한다는 지적도 있습니다. 자위대 장비를 담당하고 있던 사람에게 물었더니 그 사람은 '이렇게 많은 원전이 곳곳에 있으면 모두 지킬 수 없다'고 말했습니다. 지키기 위한 장비가 없다고 하더라구요.

이시바 씨를 만나기 전에 나는 자위대 장비 담당을 했던 사람에게 '원전에 미사일이 떨어지면 지킬 수 있냐'고 물었다. 그는 웃으면서 "지금 마련된 이지스함과 패트리어트 지대공 미사일로는 1~2곳이라면 어떻게든 가능할 수 있겠지만 이렇게나 원전이 많은 상황에서는 도저히…"라고 말했다. 나는 이 대화를 이시바 씨에게 언급했다. 그는 웃으면서 답했다.

A. 나는 방위대신으로서 이 부분에 대해 '어떻게 할 거냐'고 계속 질문을 던져 왔죠. 그런 위험성을 조금이라도 줄여나가야 하는데 '무서운 얘기는 하지 마라'는 분위기가 있지요.

전원 상실을 상정하지 않았으니 후쿠시마 제1원전 사고가 일어난 것이다. 마찬가지로 공격을 받을 것을 상정하지 않았기 때문에 대비책도 없는 것이다. 후케타 도요시(更田豊志) 원자력규제위원회 위원장은 일본 국내 원전이 미사일 공격을 받을 경우 "방사성 물질이 공격으로 인해 확산되는 것은 현재 설비에서는 피할 수 있다고 생각하지 않는다"라고 중의원 경제산업위원회(2022년 3월 9일)에서 답변했다.

> Q. 원전을 군사적으로 지킬 수 있는지를 논의하기 시작하면 안전 신화가 무너질 거라고 생각하셔서 피하신 거예요?
>
> A. 안전하지 않다는 것은 이제 다 알았잖아요. 정확하게는 고민하고 있다는 것이 맞고 아무리 생각해도 답이 나오지 않습니다. 저는 원전을 제로로 하고 싶습니다. 평화로운 세상을 만들고 싶습니다. 그 마음은 지금도 똑같고 변하지 않았습니다.

이시바 씨가 '원전을 제로로 하고 싶다'라는 단어를 쓴 것은 처음이었다. 약속한 취재 시간이 가까워지고 있었지만 나는 다시 확인하고 싶어서 물었다.

> Q. 원전을 제로로 하고 싶다고 생각하시는 이유는 무엇인가요?
>
> A. 재생에너지로 에너지 공급이 가능하다고 생각하기 때문입니다. 다만 당장 가능하지는 않습니다. 전력회사 사람들은 기존 원전 보수·관리를 열심히 하고 있습니다. 원전 제로를 정책으로 전면에 내세우지 않는 이유는 '그 과정을 어떻게 마련할 것인지' 확신이 없기 때문이에요.

> Q. 수상이 결정하면 예산이 붙죠. 민간의 힘만으로는 힘들어요.
>
> A. 그렇겠죠. 국가 예산을 어떻게 배분할지에 대해 정치인들은 정

면으로 고민해야 합니다. 한편 (에너지) 자급을 어떻게 가능하게 할지 생각해야 합니다. 에너지가 궁핍하다는 것이 과거 전쟁을 일으킨 원인 중 하나입니다. 어떻게 마련해 나갈지 지식을 넓혀야 합니다.

Q. 네, 그러니까 원전을 제로로 하고 싶다고 생각하신 이유는요?

A. 제로로 해야 하겠지만 그 과정을 제시하지 않으면 정치인으로서 책임질 수 없습니다. 기술을 어떻게 할지, 비용을 부담하는 건 납세자인지 아니면 전력회사인지 확실하게 해야 합니다. 누가 부담할지 논의해서 결론을 내지 않으면 이상은 그저 이상으로만 끝나고 맙니다.

나는 일부러 한 번 더 같은 질문을 했다.

Q. 그럼, 원전을 제로로 해야 한다고 생각하신 계기는요?

A. 후쿠시마 제1원전 사고로 '결코 안전하지 않다'는 것을 알았기 때문입니다. 하지만 당장 원전을 모두 없앨 수 있냐고 묻는다면 그건 어려울 수 있습니다. 에어컨이 없으면 열사병으로 죽어요. 폭염 속에서 공공사업을 위해 일하고 있는 토목 사업 종사자 분들이 많이 계시잖아요. 에너지를 확보해야 합니다. 그런 문제를 어떻게 해결할 거냐는 거죠.

Q. 전기 공급을 재생에너지로 충당할 수 있게 되더라도, 그 다음

은 핵 억지력을 위해 원전이 필요하다는 얘기가 또 나올 겁니다. 그런 점에 대해서는 어떻게 생각하시나요?

A. '그래서 핵무기를 가져야 한다'는 논리를 딱 잘라서 말할 수는 있습니다. 하지만 더 중요한 것은 책임 있는 정치인으로서 할 수 있는 일인가 하는 점입니다. 원전을 없애는 것과 동시에 논의를 통해서 군사력을 축소해 나가는 것이 좋겠죠. 그런데 정치인으로서 그런 것들이 정말 가능한지 고민하고 있습니다.

약속한 시간이 다 되어 인터뷰를 여기까지 마쳐야만 했다.

'원전 제로'와 핵 억지력. 이상을 내세우는 것은 좋지만, 안정적인 전력 공급과 비용, 고용의 문제, 그리고 평화 군축 등 어려운 과제가 있다는 얘기로 끝나 버렸다. 해결을 위한 구체적인 비전을 듣고 싶었지만 불가능했다.

전쟁 타깃이 된 원전

2022년, 마치 사노 씨의 걱정이 현실이 된 것처럼 원전은 전쟁 타깃이 되었다. 러시아군이 우크라이나를 침공해 제일 먼저 점령한 곳 중 하나가 체르노빌 원전이었다. 유럽 최대 규모 자포리자 원전도 점령되었고 미사일 공격으로 송전망이 피해를 입어 외부전원 공급이 정지되기까지 했다. IAEA 등은 "기간 내에 복구하지 않으면 전세계에 영향을 미친다. 방사능 사고가 발생할 가능성이 있다."라고 염려했다. 그런 가운데 기시다 수상은 일본이 원전 추진 정책으로 회귀할 것을 결정했고 2023년 5월 G7 히로시마 정상회담에서 각국 수뇌들과 함께 "핵무기는 그것이 존재하는 한 방위 목적을 위해 역할을 한다"라며 핵 억지력을 인정하는 '히로시마 비전'을 발표했다.

피폭자들은 낙담했다. 그해 8월 6일 히로시마에서 마츠이 가즈미(松井一實) 시장은 "정치인이 핵 억지론으로부터 탈피하는 것이 무엇보다 중요하다"고 말했다. 8월 9일 나가사키시 스즈키 시로(鈴木史朗) 시장은 "지금이야말로 핵 억지 이론에 대한 의존을 탈피하기 위해 용기를 가지고 결단해야 한다"고 평화선언에서 각각 말했다. 두 사람 모두 피폭 2세이다.

핵무기 금지조약에 서명하는 국가는 매년 늘고 있다. 현재 93개국이 가맹했다(2023년 9월 19일). 피폭자 단체가 기시다 수상에게 조약 서명과 비준을 계속해서 요구하고 있다. 기시다 수상은 "핵무기 금지조약은 핵무기 없는 세상을 목표로 하는데 있어 중요한 조약이다. 하지만 핵무기 보유국이 행동하지 않으면 아무것도 달라지지 않는다. 어려운 현실이다", "조약에 참가하지 않는 핵무기 보유국을 조금이라도 조약에 접근할 수 있도록 하기 위한 현실적인 움직임이 필요하다"라는 등 기존의 답변을 계속 되풀이하고 있다(2023년 8월 6일).

이 나라는 어디로 가려는 걸까.

제6장

만들어지는 새로운 안전 신화

원전 진흥에 이용되는 철완 아톰

●

'원자력 발전은 안전하다'

원전 도입을 위해 만든 신화를 전력회사 측은 다양한 수단으로 확산시켜 왔다. 대표적인 것이 데즈카 오사무(手塚治虫)의 작품 '철완 아톰'이다. 제4장에서 언급한 일본 원자력문화진흥재단은 일부러 오챠노미즈 박사와 닮은 일러스트를 표지로 한 서적 『아톰 박사의 만화 강의(1990년)』, 『아톰 박사의 만화 수업(1994년)』, 『아톰 박사의 만화 교실(2000년)』을 발행해 다음과 같이 해설하고 있다.

"비상용 노심냉각 계통, 원자로 건물, 제어실 건물은 과거 수천 년 동안 그 지역에서 일어난 지진 기록보다 더 큰 지진을 상정해 만들어졌습니다. 즉 수천 년에 한 번 일어날지도 모르는 대지진이 만약 일어나더라도 지장이 없도록 설계되어 있습니다."

이 시리즈를 제작한 만화사는 1978년 3월에는 전력회사 홍보활동용 책자 『철완 아톰, 되살아나는 정글의 노랫소리』를 발간했다. 추위에 얼어 죽는 동물을 구하기 위해 아톰이 동물과 힘을 합쳐서 아프리카 정글에 원전을 만들었고 그 후 일어난 지진과 해일에도 원전은 꿈쩍도 하지 않았다는 내용이다. 도쿄전력 후쿠시마 원전 홍보관에서도 무료로 배포되었다고 한다.

이 만화는 도대체 무엇일까. 편집자인 사이타니 료(才谷遼) 씨는 의문이 들었다. 사이타니 씨는 데즈카 오사무의 오랜 팬으로 데즈카 씨에게 본인이 쓴 만화를 보내거나 3시간에 걸친 인터뷰 특집 기사를 쓰기도 한 인물이다. 미국 스리마일 사고를 계기로 원전 위험성에 대해 알아보기도 했다. 그는 원전 홍보에 아톰이 이용되는 것을 안타깝게 생각해 왔다. 체르노빌 원전 사고가 일어났을 때 데즈카 오사무는 원전 추진파로 비판받기도 했다. 사이타니 씨는 데즈카 씨를 직접 취재하기로 했다.

1988년 6월 1일 사이타니 씨는 만화가 협회상 수상 파티에 가서 데즈카 씨를 찾았다. 데즈카 씨는 평소 애용하는 베레모를 쓰고 있었고 많은 손님들에게 둘러싸여 있었다. 사이타니 씨가 말을 걸었더니 '어~ 너구나'라며 응했다. 사이타니 씨는 물었다.

"선생님은 현재 원전 추진파의 선두를 달리고 있다고 소문났습니다. 정말 그렇습니까?"

데즈카 씨는 '너무 중요한 얘기니까'라며 사람들을 피해 사이타니 씨를 구석으로 데리고 갔다. 두 사람은 약 20분 정도 얘기를 나눴고 데즈카 씨는 "원자력과 관련된 것은 모두 거절하고 있어요"라고 말했다. 사이타니 씨가 『철완 아톰, 되살아나는 정글의 노랫소리』에 대해 물었더니 데즈카 씨는 "나는 기억이 없어. 허가한 기억도 없고요"라며, "나는 원전에 반대해요. 정확하게 그렇게 써주세요.”라고 말했다. 그는 “모든 핵에너지에 반대해요”라고 말하면서 “예를 들어 아카하타 축제[37] 등에 참여하면서 하늘을 날고 있는 아톰이 하늘 밑에서 반핵 운동하는 농민들을 보고 ‘나도 방사능 재를 뿌리고 있는 걸까’라며 슬픈 표정을 짓고 있는 만화를 그렸어요. 그런 캠페인을 하고 있어요.”라고 덧붙였다.

사이타니 씨가 “사진을 찍어도 될까요? ‘원전에 반대합니다’라는 포즈를 취해주시고요”라고 부탁했더니 데즈카 씨는 오른손 검지를 세워 웃는 얼굴로 촬영에 응했다. 사이타니 씨는 이 때의 일화와 데즈카 씨의 사진을 개제한 『그림도감 위험한 얘기』(퓨전 프로덕트)를 출판했다. 그는 “출판 후 데즈카 선생님에 대한 비판은 조금 약해진 것 같았어요”라고 나에게 말했다.

데즈카 씨 메니저였던 데즈카 프로덕션 사장 마츠타니 다카유키(松谷孝征) 씨에 따르면, 각 전력회사로부터 ‘홍보로 아톰을 사용하고 싶다’는 의뢰가 몇 번씩 들어왔다고 한다. 그때마다 데즈카 씨는 거절했다고 한다. 만화사 사장이던 히구치 마코토(樋口信) 씨는 ‘되살아나는 정글의 노랫소리’에 대해 ‘데즈카 프로덕션 허가를 받았을 것’이라고 무단 사용을 부정하지만 마츠타니 씨는 “만약 그렇다면 체크를 위한 원고가 올라왔을 텐데 나는 그것을 한 번도 본 적이 없다”라고 말했다고 한다(2013년 3월 14일 교도통신).

철완 아톰은 후쿠시마 제1원전 사고 직전에도 사용되었다. 2010년 6월 후쿠시마 제1원전 소장으로 취임한 도쿄전력 요시다 마사

---

37 일본공산당이 일반 시민을 대상으로 매년 개최하는 행사

오(吉田昌郎) 씨는 나미에 로터리 클럽(후쿠시마현 나미에마치) 임원도 맡고 있었다. 같은 해 11월 4일 요시다 소장이 그 회의에서 회원들에게 얘기를 하는 간담회가 열렸다. 나미에마치는 후쿠시마 원전 주변 기초 지자체 중에서도 상공업의 중심지였다. 간담회는 나미에마치 다카세에 있는 연회장 '죠스이'에서 수십 명이 참여하는 가운데 열렸다.

"여러분, 철완 아톰을 보셨죠. 원전에서 우란짱이 임계를 맞이해서……."

요시다 소장은 원전에서 쓰는 우라늄 연료를 '우란짱'이라고 표현하고 20분 정도 원전에 대해 설명했다. 나는 당시 출석자 중 한 명에게 그때 얘기를 들었다. 이 사람은 현재 피난 생활을 계속하고 있다.

"요시다 소장은 철완 아톰과 원전을 연결시켜서 얘기했습니다. 잘 기억납니다. 우리 세대는 어릴 때부터 '철완 아톰'을 애니메이션으로 빠짐없이 봐왔죠. 그러니까 '과학의 힘으로 미래는 반드시 밝은 쪽으로 갈 것'이라는 막연한 희망이 있었죠."

애니메이션 등장인물을 인용함으로써 친근감을 느끼게 했다는 것이다. 하지만 이 간담회가 열린 지 4개월 후 나미에마치는 원전 사고로 피난 지시가 내려졌고 결국 무인지대가 되고 말았다. 2017년 3월 말 이후 피난 지시가 부분적으로 해제되었지만 당시 마을 주민 중 돌아온 사람은 7%에 불과하다. 주민들 거의 대부분이 여전히 피난 생활을 계속하고 있다.

그는 이렇게 말을 이어갔다.

"지금은 편리한 것보다 살아 있는 것 자체가 소중하다고 생각해요. 과학의 힘이 아니라 주어진 자연의 힘으로 인간은 충분히 살아갈 수 있다고 생각해요."

광고인지 기사인지 명기되지 않는 칼럼

일본원자력문화진흥재단은 각종 강연회에 강사를 파견하거나 기자 간담회 또는 언론을 이용한 원자력 홍보활동을 펼치고 있다. 2001년 9월 말 미에 현(三重県) 미야마 정(海山町) (현 기호쿠 정紀北町) 에서 원전 유치 찬반을 묻는 주민투표를 실시하는데 앞서 추진파 상공회와 '풍요로운 미야마를 만드는 모임'은 강연회를 열었다. 원자력문화진흥재단이 파견한 전 시사통신 워싱턴 지국장은 "원전은 마을 만들기가 된다. 원전으로 망가진 마을은 없다"고 주장했다. 강사 파견 비용은 재단이 부담한 것으로 밝혀졌다. 강연회 자리에서는 원전 안전성과 필요성을 강조하는 재단 소책자가 배포되었다. 하지만 주민 투표 직전에 일어난 하마오카 원전 배관 파단 사고와 미국에서 일어난 동시다발 테러 영향으로 그해 11월 진행된 투표에서 찬성표는 늘어나지 않았다. 결국 찬반 투표는 찬성 2,512표 반대 5,215표로 반대표가 절반을 웃돌았다.

그 외에도 재단은 원전에 대한 시리즈 광고 '에너지 얘기'를 아사히, 요미우리, 마이니치 등 전국지에 1988년 7월부터 게재하기 시작했다(산케이는 10월부터 시작). 광고는 칼럼 형식으로 1994년 6월 말까지 총 301회에 달했다. 『재단 25년사, 원자력 문화를 향하여』에서 재단은 '에너지와 원자력에 관한 정보를 계속해서 제공할 수 있다', '원자력에 관한 돌발적 사안이 발생할 경우 이 칼럼을 통해 정보 제공을 할 수 있다'고 밝혔다.

칼럼에서는 원전 안전성과 피폭 문제를 다음과 같이 강조했다.

원자력 발전소는 지진을 대비해 건설되었다. 방사성 물질이 주변 환경에 영향을 주지 않도록 건설되었다. ……

원자력발전소에서는 운전원 및 기술자 교육을 정기적으로 실시하고 있다. 만일 사고가 발생할 경우 대응에 대해서도 훈련하고 있다. ……

방사선을 방출하는 방사성물질은 자연계 어디에서나 존재한다. 땅에도 식량에도.

칼럼 밑에는 작게 일본원자력문화진흥재단이라고 적혀 있지만 상품을 알리는 것이 아니기 때문에 광고인지 기사인지는 명기하지 않으면 구별하기 어렵다.

후쿠시마 제1원전 사고부터 3개월 후인 2011년 6월 아사히신문 '목소리'란에 이 칼럼 광고를 과거에 봤다는 이바라키 현(茨城県) 남자 고등학생(당시 17세) 의견이 실렸다.

광고주인 일본원자력문화진흥재단은 '평소에도 우리는 방사선을 뒤집어쓰고 있기 때문에 원전은 무섭지 않다'고 말하고 싶었던 걸까? 원전 안전성을 홍보하는 것처럼 보이는 광고가 이렇

게 우리 주변에 널려 있었다는 사실이 세삼 놀랍다. 우리는 이렇게 '안전 신화'를 믿게 되었다.

재단 사업은 정부로부터 수주를 받는 경우가 많다. 2008년도에는 핵연료 사이클 시설 인근 지자체를 대상으로 한 홍보비로 경제사업성으로부터 1억 2,495만 엔을 받고 사업을 수주했다. 아오모리 현 롯카쇼무라 주변 지자체에서 진행되는 행사에서 부스를 운영하거나 소비자 단체와 식품업계 관계자 등 73명에게 1박 2일 일정으로 핵연료 시설 견학 투어를 실시하기도 했다. 후쿠시마 원전 사고 후 재단은 새단장하겠다며 2014년 7월 조직명을 '원자력진흥'에서 '진흥'을 뺀 '일본원자력문화재단'으로 개명했지만 지금도 원전의 필요성을 호소하는 이벤트를 계속하고 있다. 예를 들어 2022년 1월에는 개그맨 '나스나카니시'를 불러 제1부 '개그 라이브', 제2부 '에너지와 환경에 대해 생각해보자'로 구성된 온라인 세미나를 개최했다. 세미나에서 재생에너지만으로 전기를 만드는 것은 있을 수 없다고 줄곧 주장했다. 또 애니메이션 동화로 '우리들의 생활에 필요한 전기를 싼 값으로 안정적으로 공급하기 위해 원전 재가동이 필수입니다'라고 강조했다.

앞에서 언급한 스즈키 다츠지로 씨는 재단 사무국에 쓴소리를 한 적 있다.

"신뢰를 얻기 위해서는 방식을 바꾸는 것이 좋을 겁니다. 추진 쪽의 말만을 다루고 반대파 의견을 넣지 않는 것은 좋지 않습니다."

하지만 달라지지 않았다. 재단 홈페이지에서 반대쪽 의견을 듣는 세미나는 열리지 않았다. 스즈키 씨는 이렇게 경고한다.

"지금도 여전히 연예인을 이용해서 원자력을 화려하게 홍보하고 있죠. 원자력문화재단은 원전 홍보를 위한 조직이고 신뢰 구축을 위한 대화를 하려 하지 않습니다. 이러니 시민으로부터 신뢰를 얻지 못하는 것은 당연합니다."

세계에서 제일 엄격한 나라라는 신화

후쿠시마 제1원전 사고로부터 세월이 지나 정부는 원자력을 추진하기 위한 새로운 '안전 신화'를 만들어 확산하고 있다. 사고 이후 원자력 시설에 대한 새로운 규제 기준이 만들어졌는데 이것이 '세계에서 제일 엄격한 규제 기준'이라는 신화를 만든 것이다.

아베 정권은 원전 재가동을 추진하기 위해 원전에 대해 더욱 엄격해진 (신)규제기준을 2013년 7월 시행했다. '원자로에서 100m 거리에 전원을 비롯해 급수펌프, 긴급 시 제어실 등을 상시 설치한다', '활성단층 위에 중요시설 설치를 허용하지 않는다' 등 안전 대책을 강화했다. 이미 허가가 난 원자력 시설에 대해서도 최신 기술 기준을 따르도록 의무화하는 백핏(Backfit) 제도를 도입했다. 그전에는 기존 시설에 최신 기술 기준을 소급해서 적용하는 법률 체계가 없었다.

2014년 2월 원자력규제위원회 다나카 슌이치 위원장은 참의원 예산위원회에서 "우리나라 자연 조건의 열악함 등을 감안해 세계에서 제일 엄격한 규제기준을 채택했다고 자부합니다"라고 말했다. 정부는 그 후에도 몇 번씩이나 그 말을 꺼냈다. 같은 해 4월 아베 정권이 각의 결정한 에너지 기본계획 중에서도 '(신)규제기준은 세계에서 제일 엄격한 수준'이라고 명기했다. 그런데 과학자들은 이에 대해 비판과 의문의 목소리를 쏟아내고 있다. 전 원자력학회장이었던 어떤 남성은 "과학의 세계에서는 '세계에서 제일'이라는 것은 있을 수 없습니다. 각국 환경에 따라 어떤 부분을 엄격하게 할지 조건이 모두 다르기 때문입니다. 정말 다나카 위원장이 그렇게 말했나요? 과학자가 그런 말을 할 리가 없어요."라고 웃으며 말했다.

다나카 위원장의 후임을 맡은 후케타 도요시 위원장도 전 회장과 비슷한 발언을 했다.

"규제위는 우리의 기준이 세계에서 제일 엄격하다고 생각하지 않습니다. 제대로 된 엔지니어라면 그런 말을 사용하지 않습니다. 각국이 놓인 상황이 모두 다르기 때문입니다. 원전 이용국 중에서 일본은 특별히 큰 지진을 대비해야 합니다. 열악한 자연 조건에 놓인 국가이기 때문에 요구가 엄격해지는 것은 당연한 일입니다. '세계에서 제일 엄격하다'는 말에는 안전 신화를 다시 만들려는 의도가 보입니다. 아무튼 원자력을 추진하고 싶은 사람은 '그러니까 사고는 일어나지 않는다'라고 얘기하고 싶겠지만, 이것으로 아예 안심해도 된다고 생각하는 것은 너무 위험한 발상입니다. 이런 말을 들을 때마다 여전히 이런 표현을 쓰는구나 하는 생각이 듭니다."(2023년 7월 8일 아사히신문 디지털)

스즈키 씨도 원전 (신)규제기준에 대해 지적한다.

"세계에서 최고 수준이라고 말하고 있지만 뭐가 최고인지 잘 모르겠습니다. 지진에 대해 엄격하다는 것은 당연하지만, 어디를 얼마만큼 엄격하게 하면 사회가 안심하는지 명확하지 않습니다."

일본은 자연재해가 자주 일어나는 나라다. 전세계에서 일어나는 매그니튜드6 이상 지진 중 20%가 일본 주변에서 발생하고 있다. 지진과 쓰나미 대책이 다른 나라보다 엄격해야 하는 것은 당연하다. 지진이 자주 일어나는 국가에서 원전을 추진하는 사례는 드물기 때문에 세계적으로 봐도 경험이 적고 어디까지 엄격하게 하면 위험성을 극복할 수 있는지에 대한 지식도 확립되지 않았다.

사실 다나카 씨는 2014년 7월 16일 기자회견에서 "안전하다고는 저는 말하지 않겠습니다. 아직 자연에 대해 다양한 면에서 모르는 영역이 있습니다. 기술적인 부분도 포함해서 인간의 지혜가 닿지 않는 부분이 있습니다."라고 말했다. 그런데 2016년 3월 22일 기자회견에서는 또 이렇게 말했다. "저는 (신)규제기준이 세계에서 제일 안전하다고 할까. 세계적으로 봐도 어느 정도, 아마 제일 엄격한 수준에 가까워졌다고 판단합니다. 거꾸로 말하자면 지금까지는 너무나 심각한 수준이었다는 의미를 포함해서 말씀드리고 있는 겁니다. 제가 말하고 있는 내용에 대해 정치를 하시는 분들은 정치적인 입장에서 어떻게 말씀하실지에 대해서는 제 입장에서 뭐라 할 수 없습니다. 그냥 저는 그분들의 말씀을 흘러 듣고 있다고 말해야 할 것 같습니다."

정부는 "세계에서 제일 엄격한 수준의 규제기준인 (신)규제기준에 적합하다고 판단되는 원전에 대해서는 그 판단은 존중해 지역의 이해를 얻으면서 재가동을 추진해 나간다는 것이 일관된 방침"이라고 거듭 설명하고 있다. 재가동을 추진하는 이유로 다나카 씨의 말을 계속 이용하고 있다.

기준지진동을 낮게 설정하고 싶어 하는 전력회사

도쿄전력은 후쿠시마 제1원전 2호기 '기준지진동(지진의 최대 흔들림을 상정한 수치)'을 438갈(gal, 흔들림의 크기를 나타내는 가속도의 단위)로 했는데, 2011년 동일본 대지진에서 관측된 최대 가속도는 550갈이었다. 3호기에서는 441갈을 상정했는데 507갈이 관측되었고 5호기에서도 452갈을 상정했는데 548갈을 관측하는 등 모두 최대 상정치를 웃돌았다.

국회 사고조사위원회 보고서는 "당초 내진 설계는 확실히 부족했다. 지진 과학의 진전에 따라 내진 안전성을 재검토하고 보강을 신속하게 해야 했지만 최소한의 개선조차 소홀히 했다."라고 지적했다.

지진 충격뿐이었다면 원전사고는 일어나지 않았다는 주장도 있다. 하지만 지진 발생 후 쓰나미가 닥쳐오기 직전에 운전원이 1호기 배관에서 냉각재 누설을 우려했던 점이나 주 증기배출 안전밸브(SR밸브)가 작동하지 않았을 가능성을 부정할 수 없었다. 그 때문에 국회 사고조사위원회는 "특히 1호기는 지진으로 인한 손상 가능성을 부정할 수 없다"라면서도, 원전 사고의 직접적 원인에 대해

"안전상 중요한 기기가 지진으로 인해 손상되지 않았다고 확정적으로 얘기할 수 없다"는 결론을 내렸다.

제4장에서 언급한 지진본부 장기평가부 회장으로 전력업계의 개입에 대해 증언한 시마자키 씨는 2012년 9월 원자력규제위원회 위원장 대리로 취임해 원전 가동에 대한 (신)규제기준 책정 작업에 참여했다. 시마자키 씨는 이렇게 말한다.

"기본적으로는 이전 기준과 크게 달라진 점은 없습니다. (신)규제기준은 세계 최고 수준이라는 말이 특별하게 다뤄지고 있지만 그 의미는 지진과 화산에 관한 안전기준이 엄격하다는 정도입니다. 원자력규제위원회는 원전이 기준에 적합한지 심사할 뿐입니다. (신)규제기준에 합격한다고 해서 사고가 일어나지 않는다는 것은 아닙니다. (신)규제기준은 기존보다는 조금 엄격해졌지만 허점은 여전히 있습니다."

시마자키 씨가 문제 삼는 것이 기준지진동이다. 전력회사가 원전마다 산출해 그 수치가 합당한지 원자력규제위원회가 판단한다.

"문제는 기준에 적합한지를 판단하기 위해서 진행되는 심사입니다. 지금 원자력규제위원회가 적절한 심사를 못 하고 있는데도 재가동이 진행되고 있습니다."

전력회사는 내진 기준을 낮추기 위해 기준지진동을 조금이라도 낮게 설정하려 안간힘을 쓰고 있다. 시마자키 씨가 제일 염려하는 건 간사이전력 오오이 원전이다. 오오이 원전 주변에는 단층이 여러 개 있다. 2013년 4월 19일 오오이 원전 3, 4호기가 (신)규제기준에 적합한지 심사하는 평가회의가 열렸다. 회의에는 원자력규제위

후쿠시마 원전 1호기. 수소폭발의 영향으로 철골이 휘어져 있다

원회 시마자키 씨와 후케타 씨 외에도 원자력규제청 직원과 간사이전력 직원 등이 출석했다. 당시 경제산업성 원자력안전·보안원은 동일본 대지진을 계기로 일본 열도 각지에서 암반부 힘의 균형이 무너졌다며 원래는 고려하지 않았던 활성단층 연동까지도 상정하도록 전력회사에 지시를 내렸다. 간사이전력은 그 전해에 "오오이 원전 주변 세 개 단층이 연동할 경우 기준지진동이 760갈이 될 것"이라고 보안원에 보고했음에도 평가회의 전날 원자력규제위원회에 제출한 보고서에서는 두 개의 단층만이 연동한다고 상정하고 700갈이면 안전을 유지할 수 있다고 결론지었다.

시마자키 씨는 간사이전력과의 당시 대화 내용을 되돌아본다.

"간사이전력이 두 개의 단층만 상정해서 계산하는 것이 맞다고 우기기 때문에 저는 '세 개입니다'라고 말했어요. 후쿠시마 제1원전 사고가 있었는데도 다시 낮은 수준으로 상정해서 원전을 가동시킨다는 것은 말이 안 된다고 생각했죠. 간사이전력 직원들은 회사에 공헌하기 위해서는 '기준지진동을 1갈이라도 낮춰야 한다'고 생각하는 것 같았어요. 결국 안전은 말뿐이었죠."

간사이전력은 최종적으로 세 개 활성단층이 연동해서 움직일 가능성을 인정해 2014년 5월 기준지진동을 856갈로 올렸다. 시마자키 씨는 "자민당과 전력회사, 정치·경제계로부터 '심사가 너무 엄격하다'고 강하게 비판받았다"고 말했다.

재검토되지 않았던 계산식

2016년 4월 구마모토 지진이 일어났다.

시마자키 씨는 히로시마 대학 명예교수들이 진행하는 현지 활성단층 조사에 자비로 동행했다. 다수 연구자들이 진행해 온 지반 변동 데이터를 검증한 결과, 시마자키 씨는 "(지금까지와는) 다른 계산식으로 지진을 예측할 필요가 있다"고 판단했다. 그는 "오오이 원전[38] 지진 흔들림 상정이 과소평가되고 있다"고 학회 등에서 발표했다. 그는 구마모토 지진 이전부터 장소에 따라서는 원전에 대한 지진 흔들림 상정이 과소평가되고 있다고 학회 등에서 발표해 왔지만 구마모토 지진 데이터를 통해서 그 생각은 확신으로 변했다. 그때까지 사용되던 계산식은 진원단층 면적에서 지진의 규모를 계

---

38 오오이 원전은 당시 재가동 여부로 논란 거리였던 원전이다

산하는 '이리쿠라·미야케(入倉·三宅)방식'이었다. 과소평가가 되는 경우는 단층 기울기가 지표에 대해 수직에 가까운 경우로 90도에 가까울수록 면적이 작아진다는 사실과 관계한다고 한다. 이러한 단층은 서일본에 많고 시마자키 씨는 '(그쪽 지역에 입지하는) 원전은 다른 계산식으로 재검토할 필요가 있다'고 생각했다.

시마자키 씨는 원자력규제위원회 임기를 마친 상태였기 때문에 같은 해 6월 16일 다나카 슌이치 위원장과 후임 이시와타리(石渡) 위원과 면담해 구마모토 지진 조사 결과를 설명하면서 다른 방법으로 다시 계산할 것을 요구했다.

7월 13일 원자력규제위원회는 오오이 원전에 대해 상정한 지진 흔들림에 대해 다시 계산한 결과를 공개했다. 그런데 원자력규제위원회가 공개한 최대 흔들림 수치는 2년 전 시마자키 씨가 원자력규제위원회 대리였을 때 심사에서 승인한 856갈보다 적은 644갈이었으며 '재검토할 필요는 없다'는 결론을 내렸다. 원자력규제위원회가 결과를 발표한 그때 시마자키 씨는 커피숍에서 규제위 사무국인 규제청 직원으로부터 다시 계산한 결과를 받았다. 가게 조명이 어두워서 그 자리에서 데이터를 제대로 검증할 수는 없었다. 시마자키 씨는 "설명하시는 내용은 일단 이해했습니다"라며 집으로 돌아가 데이터를 상세하게 검토해 보고 경악했다.

"데이터를 정확하게 비교해보면, 실제로는 상정되는 최대 흔들림은 작아지기는커녕 1.8배나 더 커집니다."

한편 다나카 위원장은 13일 연 원자력규제위원회 정례 기자회견에서 "(시마자키 씨가) 결과를 보고 굉장히 안심했다고 보고 받았습니다"라고 발언했다. 시마자키 씨는 유튜브에서 다나카 위원장의 이 발언을 듣고 "제가 양해했다고 오해하신 것 같습니다. 저는 납득하지 못했습니다. 제가 지적한 내용이 제대로 검토되지 않은 채 모두 처리되어 버린 것 같습니다."라며 이틀 후인 15일 긴급 기자회견을 열었다.

기자회견에서는 실제 흔들림은 1,550갈이 될 가능성이 있다고 지적해 "틀림없이 꽤 크다고 할 수 있습니다. 규제위에서 진행된 논의와 결론에는 문제가 있습니다."라고 말했다. 그러나 다나카 위원장은 19일 "다른 계산법에 대한 평가는 아직 불확실합니다. 전문가 사이에서 결론이 나는 것을 기다려야 할 것 같습니다"라며, 시마자키 씨가 제안한 계산식으로는 재검토하지 않겠다는 방침을 밝혔다.

원자력규제위원회는 다음 해인 2017년 5월 24일 간사이전력 오오이 3, 4호기에 대해 (신)규제기준 적합 판정을 내렸고 간사이전력은 2018년 4월에 3호기, 6월에 4호기 영업운전을 재개했다. 시마자키 씨의 제안은 끝내 받아들여지지 않았다.

시마자키 씨는 지금도 납득하지 못했다.

"규제위는 계산식을 재검토하지 않은 채 오오이 원전 심사를 통과시켰습니다. 문제가 있다는 점을 인정해서 지금이라도 재검토해야 합니다. 오오이 원전은 지금 간사이전력이 계산한 지진 상정의 1.8배 수치가 필요합니다. (그 크기의 지진이) 일어나지 않기를 기도할 수밖에 없습니다. 서일본에 있는 다른 원전도 시급히 재검토가 필요합니다."

그렇다면 지진 예측은 어디까지 가능할까.

"향후 지진 가능성에 대해 예상 가능한 것도 있지만 아예 불가능한 것도 있는 것이 사실입니다. 그리고 예상이 가능한 것에 대해서도 모르는 척 하는 면이 있습니다. 이것은 자연에 대해 어떤 태도를 취할 것이냐는 문제입니다. 얼마나 면밀한 이론이 있더라도 자연이 다른 결과를 제시하면 '그렇다'고 인정해야 합니다. 결국 자연을 접해본 적이 없는 사람들이 많아진 것 같습니다."

상정하지 않았던 지진이 일어나면 임기응변으로 과거 방법에 대해 재검토하는 것이 필요하다. 새로운 지식을 받아들이면 전력회사 입장에서는 비용이 늘어나기 때문에 재검토를 잘 하지 않는다. 그러니까 정부는 항상 계속 '상정하지 않았음'를 되풀이하는 것이다.

우리 집보다도 지진에 약한 원전

오오이 원전 3·4호기 재가동 여부는 사법부에서도 쟁점이 되었고 안전에 의문을 제기하는 판결이 2건 나왔다. 첫 번째는 2014년 5월 후쿠이 지방법원 히구치 히데아키 재판장이 내린 판결이다. 판결문은 "오오이 원전 안전 기술과 설비는 취약하다고 인정할 수밖에 없다"며, 지진 대책 미비로 인해 운전 금지를 명령하는 판결을 내렸다. 법원은 2005년 이후 기준지진동을 넘는 지진이 동일본 대지진을 비롯해 총 다섯 번 일어난 것을 지적하면서 간사이전력이 규정한 오오이 원전 기준지진동 700갈은 '신뢰할 근거가 없다'고 판결했다.

추가적으로 판결은 다음과 같이 지적했다.

"우리나라 지진학회에서 이러한 규모의 지진이 발생할 것을 한 번도 예측하지 못했다."

"피고는 원전 가동이 전력 공급 안정성과 비용 삭감으로 이어진다고 주장하지만 … (중략) … 상당히 많은 사람들의 생존이 직결된 권리를 전기 요금의 높고 낮음이라는 문제와 나란히 논하거나 그런 논의에 참여하거나, 그 당위성을 판단하는 것 자체가 법적으로 용인되지 않는다."

"거액의 무역 적자가 난다 하더라도 이것을 국부 유출이나 상실이라고 말하면 안 된다. 풍요로운 국토와 그곳에 국민이 생활하고 있는 것 자체가 국부이다. 이것을 다시 되돌릴 수 없게 하는 것은 국부 상실이다."

'풍요로운 국토와 그곳에 국민이 생활하고 있는 것 자체가 국부'라고 하는 히구치 재판장의 말은 언론보도를 통해서 널리 소개되었고 사람들의 공감을 불러일으켰다. 나는 2020년 8월 히구치 씨를 인터뷰했는데 그때는 이미 재판관을 은퇴하고 있었다.

"원자력규제위원회는 안전성을 판단하지 않습니다. 저는 원전이 위험하다고 판단했고 운전 정지를 명령하는 판결을 한 겁니다. 우리 집은 주택업체가 3,400갈을 견딜 수 있다고 홍보하는 집입니다. 그것과 비교해서 오오이 원전 기준지진동은 700갈이니까 훨씬 낮습니다. 그러니까 원전은 우리 집보다 지진에 약하다는 겁니다. 원전은 사고가 나면 피해가 크고 발생 확률도 높습니다. 위험하니까 가동하면 안 된다는 것은 당연한 얘기입니다."

이 재판은 고등재판소에서 패소하고 결론이 확정되었지만 히구치 씨의 판결은 내진성 판단에 큰 의문을 던지는 계기가 되었다. 두 번째 판결은 2020년 12월 4일 오사카 지법에서 나왔다. 오오이 3·4호기 안전성에 문제가 있다고 긴키(近畿)지역 여섯 개 광역지자체와 오오이 원전 입지 지자체인 후쿠이 현에 사는 주민 약 130명이 원자력규제위원회를 상대로 한 재판으로, 규제위가 간사이전력에 내준 설치 허가를 취소할 것을 요구했다. 모리카기 하지메(森鍵一) 재판장은 규제위 판단에 '간과할 수 없는 불합리성이 있다'며 허가가 위법임을 인정했고 설치허가 취소를 명령하는 판결을 내렸다.

모리카기 재판장은 판결 이유에 대해 기준지진동 계산에 사용된 지진 규모 결정 방식을 문제 삼았다. 이 규정에는 후쿠시마 제1원전 사고 이후 '(계산식이 갖는) 편차도 고려할 필요가 있다'는 문장이 추가되었다. 오사카 지법의 판결은 간사이전력이 계산에 이용한 지진 규모는 원래 '평균치(값)'에 불과하며 이에 대해 원자력규제위원회도 그 필요성을 인지하지 않고 허가를 내준 문제점을 인정한 것이다. 판단 과정에 '간과할 수 없는 과오와 누락이 있다'고 강한 어조로 지적했다. 원고 중 한 명인 후쿠이 현 오바마 시(小浜市) 묘츠지(明通寺) 사찰 주지스님 나카지마 데츠엔(中嶋哲演, 78세) 씨는 이렇게 말했다.

"마치 후쿠시마 제1원전 사고가 없었던 것처럼 정부와 전력회사가 재가동을 추진하고 있습니다. 노후 원전까지도 다시 가동하려 하고요. 그렇게 폭주하고 있습니다. 이런 상황이 계속된다면 와카사만(若狹湾)에서도 후쿠시마 제1원전 사고와 같은 사고가 일어날 가능성이 더 높아집니다. 판결은 그런 흐름에 크게 제동을 걸

수 있는 좋은 기회가 되었습니다."

그런데 정부는 항소했고 2023년 10월 현재 오사카 고등법원에서 항소심이 진행되고 있다. 오오이 원전뿐만 아니라 다른 원전에서도 활성단층 문제가 드러나고 있다. 원자력규제위원회 전문가 회의는 2012년부터 2017년에 걸쳐 전국 5개소 원전과 고속증식로 '몬주' 주변에 있는 활성단층에 대해 조사했다. 일본원자력발전㈜ 츠루가 원전(후쿠이현 위치), 호쿠리쿠전력 시카 원전(이시카와현 위치)은 원자로 건물 바로 밑에 활성단층이 있을 가능성이 높다고 판단했다. 그리고 도호쿠전력 히가시도리 원전(아오모리현 위치)에는 부지 밑에 활성단층이 깔려 있다고 지적했다. 그런데 원자력규제위원회는 2023년 3월 '(시카 원전 부지 아래 단층은) 활성단층이 아니다'라고 하는 호쿠리쿠 전력의 주장을 대부분 받아들여 '다시 전문가 회의에서 의견을 들을 필요는 없다'고 결론지었다. 이에 대해 NPO법인 '원자력자료정보실(CNIC)'은 "호쿠리쿠전력이 제시한 극소적인 단층의 활동성을 부정하는 방식은 옳지 않다", "앞으로 일어날 지진으로 부지 내 단층이 움직일 가능성이 있다"고 지적했다. 이런 가운데 원자력규제위원회는 시카 원전 재가동 심사를 다시 추진하고 있다.

부족한 피난계획 정비

(신)규제기준은 '세계에서 제일 엄격한 수준'이라고 하지만 속임수 투성이라는 현실이 드러나고 있다. 이것은 내진 기준에 그치지 않

는다. 피난계획에 대해서는 애초에 심사조차 하지 않았다. 앞에서 언급한 것처럼 피난계획이 제대로 준비되지 않아서 후쿠시마 제1 원전 사고 때는 큰 혼란이 일어났고 많은 사망자가 발생했다. 피난 계획이 정비되지 않았던 지자체에서 어떤 혼란이 일어났는지 자세한 얘기를 가족을 잃은 사람에게 들었다.

미나미소마 시에 사는 쇼지 도시코(庄司淑子) 씨의 남편 다모츠(保, 82세) 씨는 원전 사고 당시 원전에서 25km, 자택에서 3km 거리에 있는 시의 특별요양원 '후쿠주엔'에 입원하고 있었다. 두 사람은 여관과 휴게소를 경영해 왔지만, 다모츠 씨는 2009년 뇌종양 적출 수술 후유증으로 하반신 마비가 되었다. 요양등급4 판정을 받았지만 의식은 또렷했고 요시코 씨는 매일 요양원을 방문해 다모츠 씨가 좋아하는 김밥을 가져다줬고 원전 사고가 난 이튿날인 12일에도 방문했다. 그때 다모츠 씨는 '요시코, 지진 때 놀래서 소리 질렀겠네'라며 지진을 무서워하는 요시코 씨를 위로했다.

요시코 씨는 가게를 운영하면서 14일에도 요양원을 찾았다. 다모츠 씨에게 '괜찮아요?'라고 물었더니 다모츠 씨는 '밥이 안 나와'라고 힘없이 대답했다. 요양원은 식량 부족에 빠졌다. 요시코 씨는 경영하는 휴게소에서 임연수를 구워 가져갔다. 다모츠 씨는 결혼하기 전까지 홋카이도에서 살았고 임연수를 너무 좋아했다. 요양원 사무직원은 요시코 씨에게 "혹시 받아주는 곳이 나타나면 환자를 모두 옮기려고 합니다"라고 했다. 요양원에서는 대부분 직원들이 피난을 떠나 일손도 부족했다.

원전 사고 상황이 악화하면서 정부는 피난 지시를 확대했다. 15

일에는 30km 권내에서 옥내 피난 지시 명령이 내려졌다. 미나미소마시 중심부도 포함되었고 슈퍼와 편의점도 문을 닫았다. 요시코 씨가 운영하는 여관은 경찰관과 자위대원, 언론기자 등으로 가득 찼다. 요시코 씨는 홋카이도에 사는 딸에게 식량을 보내달라고 요청했지만 옥내 피난 지시가 내려졌기 때문에 택배 배달 트럭이 들어올 수 없는 상황이었다. 요시코 씨는 북쪽에 위치하는 소마시로 직접 가서 택배를 받았다.

요시코 씨가 17일 다시 요양원에 갔을 때 다모츠 씨는 요시코 씨 손을 잡고 좀처럼 놓치지 않았다. "벌써 가냐"고 계속 물었다.

"왜 그래? 오늘은 가게 문을 열어야 해"

요시코 씨는 다모츠 씨를 달래고 가게로 향했다.

19일 요시코 씨의 휴대전화가 갑자기 울렸다. 요양원 직원이었다.

"쇼지 요시코 씨죠? 남편 분이 심폐정지가 됐습니다."

"어디로 가면 됩니까?"

"나스시오바라(那須塩原)입니다. 고속도로를 내린 곳 바로 옆에 있는 병원에 있습니다."

요양원 입소자와 직원은 요시코 씨가 모르는 사이에 미나미소마를 떠나서 피난길에 나선 것이었다. 요시코 씨는 곧바로 지인의 차량으로 도치기현 나스시오바라시로 향했다. 갑자기 시설 전체가 피난을 하게 된 이유는 이렇다. 16일 NHK 취재에서 시설 관계자는 입소자들에게 담요와 식량 등 지원물자를 못 받아서 식사도 하루에 두 번밖에 못하고 있는 상황을 호소했다. 그 방송을 본 요코하마 시가 환자를 받아주겠다고 연락해온 것이다. 그래서 급히 버스에 환자를 싣고 출발했다. 같은 법인이 경영하는 미나미소마 시내 특별요양원과 함께 3개 시설 입소자 총 229명이 300km 떨어진 요코하마로 버스를 타고 이동하는 것이었다. 그런데 이동하는 중에 다모츠 씨에게 심근경색이 일어났다고 한다. 다모츠 씨가 탄 버스는 자택 앞을 지나갔을 것이다. 다모츠 씨는 어떤 마음이었을까 요시코 씨는 생각했다. 요시코 씨는 다모츠 씨가 손을 잡고 놓지 않았던 그날이 생각났다. 요시코 씨가 급히 탄 차량이 고속도로 입구에 접어들었을 때 전화기가 울렸다.

"괜찮아요. 다코츠 씨, AED(자동심장충격기)로 회복했습니다."

"아 다행이다." 요시코 씨는 가슴을 쓸어내렸다. 나스시오바라 시에서 고속도로를 내리고 '이제 만날 수 있다'고 한숨을 쉬었을 때 다시 전화가 울렸다.

"돌아가셨습니다."

요시코 씨가 병원에 도착했을 때 다모츠 씨의 몸은 아직 따뜻했다.

의사는 이렇게 전했다.

"마지막에 '애기엄마는 아직 안 오네', '안 오네', '안 오네' 세 번 말하고 돌아가셨습니다."

요시코 씨는 다모츠 씨가 항상 '나는 얼른 좋아질 거야'라고 말한 것을 상기했다.

"내가 모르는 사이에 돌아가셨어. 돌아가실 때 심정이 어땠을까?"

요시코 씨는 인터뷰하는 내 앞에서 울었다.

자택 불단에는[39] 시설 현관문 앞에서 파란 셔츠를 입고 휠체어를 탄 다모츠 씨의 사진이 있었다. 나는 분향을 하고 손을 모아 머리를 숙였다.

피난 과정이 혼란스러웠던 것은 당연하다. 미나미소마 시에는 원전 사고 피난계획이 마련되어 있지 않았기 때문이다. 당시 피난계획 수립을 의무화하는 중점 구역은 원전에서 '반경 8~10km'였다. 3.11 당시 미나미소마 시장이던 사쿠라이 가츠노부(桜井勝延, 67세) 씨는 "제가 그 전에 시의원 시절 피난계획을 만들려고 했지만 정부가 '주민에게 불필요한 불안을 줄 우려가 있다'고 해서 만들 수 없었습니다. 후쿠시마 사고 때 지자체들은 아무 준비도 없이 즉흥적으로 대응할 수밖에 없었습니다."라고 말했다. '안전 신화'가 작용해서 피난계획을 세우지 않았던 것이다.

한편 피난계획이 마련된 지역에서도 대응은 불충분했다. 후쿠시마 제1원전에서 4.5km 정도 거리의 오오쿠마마치 소재 후타바 병원에서는 입원 환자 21명과 가까이에 있는 노인요양시설 환자를 포함한 총 44명이 타 지역으로 이송하는 과정에서 사망했다. 후타바 병원에서는 걸을 수 있는 환자와 간호 스탭들이 대형 버스로 피난했지만 침대생활을 하던 환자 약 130명은 피난가지 못했다. 피난가지 않은 몇몇 의료진들이 남아 모든 환자를 돌봐야 했다. 그 과정에 14일 새벽 한 남성(87세)이 사망했다. 또 카테터 공급이[40] 떨어진

---

39 仏壇, 집안에서 가족이나 조상을 기리는 곳

40 신체 내부로 주입하기 위해 쓰이는 고무 또는 금속제의 가는 관

남성(97세)은 극도의 영양실조와 탈수로 15일 사망했다. 다른 환자들도 탈수 증상과 영양실조에 빠졌다.

국회 사고조사위는 20km 권내 병원과 요양노인보건시설 등에서는 피난 수단과 피난처 확보에 시간이 걸려 3월 말까지 적어도 60명이 사망했다고 지적했다. 그 외에도 피난가지 못하고 아사한 사례도 있다. 후쿠시마 시에 살던 이시다 켄지(石田賢次, 45세) 씨는 원전 사고 이후 후타바마치의 아버지 츠기오(次雄) 씨와 어머니 아이코(アイ子) 씨를 찾고 있었다. 후타바마치는 출입이 금지되었다. 부모는 휴대전화가 없었고 자택으로 전화를 걸어도 받지 않았다. 켄지 씨가 3월 22일 후타바마치 사무소에 전화해 "우리 부모님들이 걱정이 되어서 자위대에 보러가 달라고 부탁드릴 수 있을까요"라고 물었더니 다음 날 "두 분의 시신이 발견되었다"라고 연락을 받았다. 쓰나미 습격을 받은 1층에서 아이코 씨는 사망했다. 츠기오 씨는 2층 이불 속에서 발견되었다. 1층이 물에 잠기면서 도망갈 방법이 없었을 것이다. 시신은 너무 말랐고 배가 쏙 빠진 상태였다. 검시한 의사는 츠기오 씨는 10일 정도 살아 있었지만 아사했다고 판단했다. 켄지 씨는 "왜 살릴 수 없었을까요? 원전 사고만 일어나지 않았다면 아버지만이라도 살릴 수 있었을 겁니다."라고 분노했다(프로메테우스의 함정2, 학연 플러스에서).

피난계획은 아무도 심사하지 않는다

피난계획은 주민들에게 생명줄이다. 정부는 2012년 원자력재해대책 지침을 정하면서 피난계획 수립을 의무화하는 기준을 원전에서 반경 8~10km였는데 약 30km로 확대했다. 물론 이 새 기준에서도 기준에서도 피난계획을 원자력규제위원회 심사 대상으로 하지 않았다. 정부 원자력방재회의가 피난계획 내용을 확인하고 '승인'할 뿐이다. 제3자가 체크하는 구조가 없다. 원자력규제위원회 다나카 위원장은 2017년 8월 31일 기자회견에서 왜 심사 대상에 피난계획을 넣지 않았냐는 질문에 이렇게 답했다.

"구체적인 피난계획을 어떻게 세울 것인지는 역시 지역 상황을 근거로 해야 하기 때문에 지자체가 관여해서 주체적으로 정해야 한다고 생각합니다. 이것을 규제위가 심사해서 좋다거나 나쁘다고는 판단할 수는 없는 사안이라고 생각합니다."

피난계획을 심사 대상에 넣지 않고 '세계에서 제일 엄격한 수준'이라고 말할 수 있을까? 미국에서는 미국원자력규제위원회(NRC)가 피난계획의 실효성을 심사하고 승인한다. 미국 피난계획은 원전이 가동 불능 상황에 이르는 경우까지 상정하고 작성되었다. 그만큼 미국에서는 피난계획을 중요하게 여긴다. 미국 뉴욕 주 롱아일랜드 중부 해안가에 건설된 쇼햄 원전은 1989년 시운전에 들어갔다가 폐기되었다. 쇼햄 원전은 1984년 완공했지만 안전한 피난 장소가 없다는 것을 이유로 주민들이 가동 반대를 외치기 시작했다. 결국 주정부는 원전이 인구밀집 지역에서 너무 가까워서 피난계획을 세울 수 없다고 판단했고 폐기를 결정했다(1989년 6월 24일 아사히신문).

참고로 일본에서도 피난이 어렵다는 것을 쟁점으로 제기한 재판에서 주민들이 승소해 재가동 절차가 멈춘 사례가 있다. 상업용 원전으로 일본 수도권에 유일하게 존재하는 일본원자력발전(주)의 도카이 제2원전이다(이바라키 현 도카이무라). 반경 30km 권내에 94만 명이 거주하고 있다. 원전 30km 권내에 거주하는 인구가 일본에서 제일 많다. 원자력규제위원회는 도카이 제2원전이 (신)규제기준에 적합하다고 2018년 9월 26일 결론을 내렸다. 이에 따라 일본원자력발전(주)는 재가동을 위한 공사에 들어갔고 2022년 12월 완료할 예정이었다. 그런데 지역 주민들은 피난계획이 제대로 작성되지 않았다며 재가동 중지를 요구하는 소송을 법원에 제기했다. 2021년 3월 미토지법은 '실효성 있는 피난계획과 방재체계가 정비되었다고 말하기에는 너무나 부족한 상태이며 주민들의 인격권 침해에 구체적 위험이 있다'며 운전 정지를 명령했다. 판결은 30km 권내 14개 기초지자체 중 피난계획이 수립된 지자체가 5곳에 머문 것과 15만 명 이상이 거주하는 히타치시와 미토시 등에서 피난계획이 수립되지 않은 것을 지적했다. 또한 피난계획 수립을 마친 5개 지자체도 대지진으로 주택이 무너지거나 도로가 끊길 때의 대책과 더불어 복수 피난처 확보와 주민 정보제공 방식이 구체적이지 않았다고 지적했다. 재판은 피고인 일본원자력발전(주)과 원고인 주민 측 모두가 항소해 현재 항소심이 진행 중이다.

왜 원자력규제위원회는 피난계획을 심사대상에 포함시키지 않았는지를 알기 위해 나는 (신)규제기준 책정에 관여한 원자력규제위원회 위원 한 명을 만나 얘기를 들었다. 그는 '규제위에서 그 점에 대해 논의는 했다'고 밝혔다.

"논의는 했지만 피난은 전체적으로 경찰과 지자체 등 다양한 부서와 연계되어 있습니다. 규제위가 통제할 수 있는 것이 아니에요. 내각에서 하는 것이 좋다고 판단했습니다. 좋건 안 좋건 그렇게 되어 있어요. 제대로 되어 있는지는 총리대신 산하 원자력방재회의에서 판단하는 것으로 되어 있는 거죠. 제대로 안 되어 있다면 실질적으로는 허가가 내려지지 않는 것으로요."

이런 가운데 기시다 수상은 2023년 1월 중의원 예산위원회에서 '제대로 된 피난계획이 없는 가운데 원전 재가동을 실제로 추진할 일은 없다'고 말했다. 그렇다면 실제로 실효성 있는 피난계획이 정비되어서 원자력방재회의(의장은 수상이 맡고 있음)에서 승인된 사례는 있을까.

가고시마현에서 오랫동안 취재를 하고 있는 스기하라 히로시 (杉原洋, 75세) 씨에게 물었다. 그는 지역 신문사 미나미니혼신문 기자다. 가고시마현에 있는 센다이 원전은 (신)규제기준 제도 아래 처음으로 재가동한 원전이다. 스기하라 씨는 이렇게 말했다.

"센다이 원전이 있는 사츠마센다이 시(市)가 만든 피난계획에는 원전 사고 시 피난가기 위한 버스 탑승 장소가 쓰나미 긴급 대피 지도에 위험장소로 지정되어 있어요. 쓰나미와 산사태 등 복합재해를 고려하지 않았다는 거죠. 피난하는 사람 입장에서 만들어진 것이 아니란 뜻이죠."

문제가 된 장소는 소우로우(滄浪) 지구와 에노(可愛) 지구 해발 0~5m 지역이다. 국제환경단체 그린피스재팬이 조사한 결과 버스 탑승 장소로 지정된 커뮤니티센터 등 5개 시설이 쓰나미 위험 장소로 지정되어 있었다. 원자력방재회의는 원전 사고 시 피난 버스 탑승 장소가 쓰나미 위험 구역 내에 있는 계획을 승인했다는 것이다.

원자력방재회의에서는 어떤 논의를 하고 있을까. 센다이 원전 피난계획은 2014년 9월 12일 원자력방재회의에서 의제에 올랐다. 원자력재해대책 담당 실장이 원전에서 5km 권내에 대해 "자가용으로 피난할 수 없는 사람이 이 지역에 약 800명 정도 계시지만, 최대 33대 버스를 확보해서 이동하실 수 있도록 계획하고 있습니다."라고 설명했다. 관방장관이 "방금 하신 보고를 끝으로 원자력방재회의를 마치려고 합니다만 괜찮으시겠습니까?"라고 물었고 '이의 없음'으로 승인했다. 질문하는 사람도 의견을 내는 사람도 없었다.

2014년 6월 11일 비즈니스 정보지 '얼터너'에 따르면 사츠마센다이 시 관계자는 이에 대해 "복합재해는 고려해야 하지만, 주민이 집결하기 쉬운 곳에 일시 피난 장소를 설정하는 것이 주민들의 안심감을 높인다고 생각했다"고 설명했다.

2023년 9월 나는 다시 사츠마센다이 시에 확인했다. 담당자는 "쓰나미 위험구역이 재검토되어 지금은 5개 시설은 쓰나미 위험 장소에서 제외되었습니다"라고 말했다.

피난계획 미비는 다른 지역에서도 지적되고 있다.

니가타현 나가오카시(新潟県 長岡市)는 대부분 지역이 가시와자키가리와 원전에서 30km 권내에 들어간다. 시가 2015년 수립한 피난계획에는 '원칙적으로 자가용으로 피난한다. … (중략) … 시는 교통정체를 피하기 위해 가능한 한 합승을 유도한다'라고 기재하고 있다. 가시와자키가리와 시는 대설 지대이며 2022년 12월 눈이 많이 내릴 때 나가오카 시를 가로지르는 국도 8호와 17호에서 약 33km에 걸쳐서 약 1,000대의 자동차가 꼼짝 못하는 사태가 발생했다.

원전사고로 후쿠시마현 가와우치무라(川内村)에서 나가오카에 피난한 와타나베 하츠오(渡辺初雄, 76세) 씨는 "나가오카 시의 피난 계획은 실효성이 없고 말이 안 됩니다. 눈이 많이 내리면 애초에 집에서 밖으로 나갈 수도 없습니다. 눈에 갇힌 사람들을 어떻게 구할지 고려하지 않았습니다"라고 비판했다. 와타나베 씨는 후쿠시마 사고 당시 길이 정체되어 보통 자동차로 30분이면 갈 수 있는 거리가 약 3~4시간 이상 걸렸다고 말했다.

앞에서 등장한 전 원자력위원장 대리 스즈키 씨는 단언한다.

"원자력규제위원회가 (신)규제기준 심사대상에서 피난계획을 포함하지 않은 것은 큰 실수입니다."

집중입지(다수호기) 문제

(신)규제기준은 한 곳에 복수 원전이 들어서 있는 '집중입지(다수호기)' 문제 또한 무시했다. 후쿠시마 제1원전 사고 때 1호기가 수소 폭발을 일으킨 후 복구 작업이 중단되어 2~4호기 대응이 대폭 지연되면서 연쇄 중대사고로 이어졌다. 요시다 소장은 "후쿠시마 제1원전 5·6호기와 함께 약 12km 떨어진 후쿠시마 제2원전 1~4호기까지 조작이 불가능해졌다면 최대 10기 원전이 방사능을 방출하는 대형 사고로 이어졌을 가능성도 있었다"고 정부 사고조사위원회 인

터뷰에 답변했다.

후쿠시마 사고 발생 당시 전문가인 곤도 씨가 간 나오토 수상의 의뢰를 받고 작성한 최악 시나리오는 1호기가 수소 폭발하고 4호기 가까이에 갈 수 없게 되면 4호기 수조에 있는 사용후핵연료에서 방사성물질이 확산한다는 것이었다. 시나리오대로라면 도쿄를 포함한 250km 권내가 피난 대상이 되었을 것이다(제2장 참조). 전일본원자력연구소 연구실장 가사이 아츠시 씨는 원전 집중입지에 대해 이렇게 지적하고 있다.

"일본은 땅이 작습니다. 원전을 건설한 곳은 산을 깎아서 만든 곳이 대부분입니다. 한번 건설하게 되면 전력회사는 '면적을 고려해서 몇 기까지는 만들 수 있다'는 계획을 세워 같은 장소에 추가적으로 건설합니다. 전력회사 입장에서는 배기통과 냉각수 취수 설비, 중앙제어실 등 시설을 다른 호기와 공동으로 쓸 수 있어 집중해서 건설하는 것이 효율적이고 수입도 높아집니다. 그 결과 니가타 현 가시와자키가리와 원전은 이렇게 좁은 곳(약 420만㎢)에 총 7기나 들어섰습니다. 좁은 장소에 집중해서 건설하면 할수록 연쇄사고가 발생할 가능성은 높아집니다."

우크라이나 침공으로 자포리자 원전이 러시아군에 점령되었을 때 위험성이 주목되었다. 100만 킬로와트 원자로가 6기가 있는 유럽 최대 원전에서 사고가 나면 그 영향은 동유럽과 아시아 등 광범위한 지역으로 확대될 것이기 때문이다. 그런데 자포리자 원전을 넘어서는 세계 최대 규모의 원전 지역이 일본에 있다. 그것이 가시와자키가이와 원전이다. 7기 원전이 한곳에 모여 있고 출력은 총

약 820만 킬로와트에 이른다.

한편 2030년 10월 20일 현재 일본에서 가동을 다시 시작한 원전은 12기이다. 후쿠이현 내 다카하마 원전이 4기, 오오이 원전이 2기, 규슈지역 센다이 원전과 겐카이 원전이 각각 2기씩이다. 원전이 같은 장소에 복수로 건설된 것과 동일하게, 한 번 재가동한 원전 지역에서는 주민들의 반발이 약해져 다른 호기도 재가동이 쉬워진다. 후쿠시마 제1원전 사고로 다수 호기의 위험성이 현실이 되었음에도 또다시 같은 일이 되풀이되고 있는 것이다.

미국은 원전 입지지침에서 상호 영향을 줄 수 있는 복수 원전은 상정 방출량을 합산해서 평가하는 것을 원칙으로 하고 있다. 그 때문에 집중입지가 어렵다. 왜 일본은 (신)규제기준을 수립할 때 집중입지를 규제하지 않았을까. (신)규제기준을 만든 원자력규제위원회 위원장이던 다나카 씨는 2014년 12월 17일 기자회견에서 '대규모 파탄이 일어나면 다른 문제이지만 (신)규제기준을 충족한다면 각 호기별로 대응할 수 있다'고 말했다. 한편 후임을 맡은 후케타 위원장은 "(리스크에 대해) 논의를 시작할 필요가 있다. 모두가 집중입지를 문제 삼는데도 계속 논의하지 않는 것은 '과거를 답습하는 것'이다"라고 마이니치신문 취재에서 답했다(2017년 10월 21일). (신)규제기준을 만든 사람 중 한 사람에게 왜 집중입지에 대한 규제를 넣지 않았냐고 물었더니 "집중되지 않는 것이 물론 좋긴 좋죠. 하지만 후쿠시마와 같은 사고가 다시 일어나면 말이 안 되니 우선은 사고가 일어나지 않기 위한 방법을 제대로 세우는 것입니다"라고 답했다. 사고가 일어나지 않게 하는 것이 우선이고 일어났을 때 대응은 뒷전으로 해도 된다는 새로운 '안전 신화'가 만들어진 것처럼 느껴졌다. 집중입지를 규제하지 않았던 것에 대해 스즈키 씨는 "후쿠시마의 교훈을 제대로 배우지 않았기 때문'이라고 강하게 비판했다. 교훈을 살리는 기준을 만들지 않은 채 다시 새로운 신화가 확산해가고 있다.

어디가 언제 깨질지 예측할 수 없다

정부는 노후 원전도 안전하다는 신화를 퍼뜨리고 있다. 기시다 정권은 에너지 정책 방침을 원전 추진으로 되돌렸다. 그 핵심은 원자로등규제법 등을 개정해 수명을 다한 원전에 대해 60년을 넘어서 운전할 수 있게 한 것이다. 심사 등 원전이 가동을 정지한 기간을 제외해 실질적으로 60년이 넘어도 운전할 수 있게 한 것이다. 원자력규제위에서는 이시와타리 아키라(石渡明) 위원이 "이 법률을 변경하는 것은 과학적, 기술적으로 새로운 지식에 근거한 것이 아닙니다. 안전성을 우선한 개편이라고도 볼 수 없습니다. 심사를 엄격하게 하면 할수록 낡은 원자로를 더 돌리게 되는 이 법안에 저는 반대합니다."라고 주장했다. 하지만 원자력규제위원회는 2023년 2월 13일 찬성 4, 반대 1의 다수결로 법안을 승인했다.

개정 법안은 4월 중의원 본회의에서 여당 등 찬성 다수로 가결된 후 5월 참의원 본회의에서 가결됐다. 원자로 전문가이기도 했던 전 원자력학회장이 나에게 "아무리 열심히 해 봤자 (원전 수명은) 60년이 한계입니다"라고 말한 것이 생각난다. 60년이 넘은 원전을 가동하는 사례는 세계에서 처음이다. 정부는 검사를 하고 안전성을 담보하겠다고 하지만 '중성자 조사취하'에 대한 문제 제기가 있다. 압력용기가 장시간 중성자 조사(照射)를 받으면 균열에 대한 저항력이 조금씩 저하하는 현상이다. 도쿄전력 검사 담당이었던 전 사원은 "중성자 조사취하는 시험편(테스트피스)으로는 전체 중 불과 일부밖에 검사하지 않습니다. 그것도 법칙성이 없고 각양각색입니다. 어디서 언제 깨질지 예측할 수 없습니다"라고 지적했다.

나는 의원회관에서 원자력규제청 남성 직원에게 말을 걸어 도쿄전력 전 위원이 말한 이 발언에 대해 질문했다.

"정말 안전하다고 생각하시나요? 중성자 조사취하의 법칙성은 알 수 없으니 위험성은 제로가 아니라는 거잖아요?"

검은 정장을 입은 그 직원은 발걸음을 멈추고 진지한 얼굴로 말했다. 그 자리에는 저와 그 남성밖에 없었다.

"맞습니다. 원전은 아예 없는 것이 제일 안전합니다. 그러니까 저는 탈원전을 지지합니다."

1대 1로 얘기하면 탈원전을 지지한다고 말하는 각료는 꽤 많다. 한편 경제산업성 어떤 관료는 후쿠시마 사고 이후 재생에너지 추진 쪽으로 마음이 기울었지만 최근 다시 원전 추진 쪽으로 마음이 바뀌었다고 한다. 후쿠시마 사고 후 아사히신문이 진행하는 원전 운전 재개 찬반 여부를 묻는 여론조사에서 그동안 찬성 30% 전후, 반대 50~60%를 유지해 왔다. 그런데 2022년 실시한 조사에서는 찬반 차이가 줄어들었고 2023년 2월 18일, 19일 조사에서는 찬성이 51%, 반대가 42%로 나왔다. 찬성이 처음으로 반대를 웃돈 것이다. 탈원전을 요구하는 목소리가 많았음에도 큰 흐름으로 이어지지 않았고 결국 기시다 정권은 원전 회귀를 결정했다. 제2차세계대전 당시, '미국과의 전쟁은 무모하다'고 대부분의 국민이 생각했음에도 오히려 권력이 만든 '분위기'에 국민들이 휩쓸려간 때와 비슷하다. 분위기에 휩쓸리지 않기 위해, 다시 권력에 속지 않기 위해, 우리에게는 무엇이 필요할까?

제7장

원전 없이 사는 법

후쿠시마 제1원전 사고를 계기로
탈원전을 결정한 독일과 이탈리아

●

세계 각국의 원전 정책의 변화 추이는 어떠했을까? 이 점에 대해 경제산업성 자원에너지청이 '세계 원전 이용 역사와 현재'라는 제목으로 2017년에 정리한 문서가 있다. 1973년 제1차 오일쇼크 영향으로 석유에 의존하지 않는 원전이 추진되었지만 1979년 미국 스리마일섬 사고와 1986년 체르노빌 원전 사고가 일어난 후 전세계적으로 원전 산업은 수그러 들었다. 그런데 1990년대에 들어와 에너지 수요 증가와 지구 온난화 문제 등으로 다시 '원전 회귀'가 시작되었다. 그런 가운데 후쿠시마 제1원전 사고가 일어난 것이다. 원전 회귀를 도모하려던 몇 개 나라들이 탈원전을 결정했다. 즉, '추진→사고→정체→추진→사고→정체'를 되풀이 해온 것이다. 앞으로도 다시 같은 궤도를 그리는 것일까? 이 장에서는 각국 현재 상황에 대해서 정리하고자 한다.

2017년 시점에서 향후 계속해서 원전을 이용하겠다는 국가는 미국, 프랑스, 중국, 영국, 스웨덴 등 19개국이다. 앞으로 이용하겠다고 하는 국가는 튀르키예, 벨라루스, 칠레, 이집트 등 14개국이다. 한편 현재 원전을 이용하지 않고 있는 국가는 이탈리아, 오스트리아, 호주 3개국이고 원전을 이용하고 있지만 향후 이용하지 않겠다고 하는 나라는 한국, 독일, 벨기에, 대만, 스위스 5개국이다.[41] 독일과 이탈리아는 2010년 원전으로 회귀하려던 차에 후쿠시마 제1원전 사고가 일어나 탈원전을 결정했다.

독일은 어떤 과정을 거쳐서 탈원전을 결정했을까? 탈원전으로 가는 흐름을 만든 독일 정부 윤리위원회 위원을 맡은 미란다 슐라즈 씨에게 얘기를 들었다. 미란다 씨는 일본으로 유학해 5년 동안 체류했기 때문에 일본어가 유창하다. 현재는 뮌헨공과대학 교수로 근무하고 있다. 그는 일본에서 저서 『독일은 탈원전을 선택했다』(이와나미)를 2011년 9월 출판했고 그 외에도 시민과 피해자, 국회의원 등을 상대로 강의를 했다.

"독일은 탈원전을 달성하기까지 오랜 시간이 걸렸습니다. 1980년대 미국이 서독에 핵무기를 배치할 계획을 세웠는데 그때 반대운동이 일어났고 몇 십만 명이 집회에 참여했습니다. 독일은 동서냉전 한가운데에 있었고 만약 핵무기가 서독에 배치되면 전쟁을 초래할 수 있다는 염려가 컸습니다. 원전 건설을 반대하는 운동도 일어났습니다. 원전 추진은 핵무기 보유의 첫 걸음이 된다는 생각이 강했기 때문입니다. 체르노빌 사고 때는 방사능 구름이 독일까

---

41 윤석열 정부는 핵추진으로 회귀했다

지 왔습니다. 남부에서 강한 비가 내렸는데 바이에른 주를 중심으로 고선량 방사성 물질이 검출되었습니다. 먹을거리와 흙 등 모든 것들이 방사능에 오염되었다는 염려가 컸습니다. (약 1,300km 떨어진) 뮌헨까지 오염되었고 버섯이나 멧돼지를 먹으면 안 된다고 얘기했을 정도입니다."

영향은 오래 지속되었다. 26년이 지난 2012년 시점에서 '바덴뷔르템베르크주(州)에서는 지금도 검은 숲[42] 일부에서 채취되는 버섯류와 야생동물 고기는 먹을 수 없다'고 주간 아사히(2012년 10월 12일 호)가 기사를 썼다. 바덴뷔르템베르크 주는 뮌헨보다 체르노빌에서 더 먼 지역인데 말이다. 미란다 씨는 말한다.

체르노빌 사고로 독일은 1991년부터 에너지 제도를 바꾸게 되었습니다. 재생에너지 고정가격 매입 제도를 도입한 겁니다. 체르노빌 사고 이전에는 원전에 반대하는 당은 녹색당 밖에 없었지만 사고 후에는 사회민주당도 원전에 반대하게 되었습니다.

1998년에는 슈뢰더를 수상으로 한 사회민주당과 녹색당의 연립정권이 만들어졌습니다. 중도 우파인 기독교민주동맹 등 두 개 정당은 '독일은 소련과는 다르다. 우수한 기술이 있다.'라고 주장했지만 슈뢰더 수상은 2000년 주요 대형 전력회사 4사와 함께 원전 운전 기간을 32년으로 한정하는 것으로 합의했습

---

42 그 지역 일대의 숲이 빽빽이 우거져서 슈바르트발트, 즉, '검은 숲'이라 칭함

니다.

2002년 원자력법을 개정해 새로운 원전과 재처리 시설 건설을 금지했고 20년 사이에 원전을 모두 없앨 것을 결정했습니다. 2020년대 전반까지 원전을 그만하겠다는 겁니다.

2000년에는 동시에 또 하나 중요한 행보가 있었습니다. 재생에너지 촉진을 위한 새로운 법이 만들어져 기존 전력회사가 재생에너지로 만든 전기를 매입할 것을 의무화했습니다. 2000년 시점에서 재생에너지 비율은 6%였지만 매년 늘어나고 있습니다. 하지만 시간이 지나면서 기독교민주연합[43]과 기독교사회연합[44]의 원전 추진파가 '지구 온난화 방지를 위해 원자력이 필요하다'고 강경하게 주장하기 시작했습니다. 기독교민주연합은 일본 자민당과 같은 정당입니다. 그리고 체르노빌 사고를 모르는 세대가 정치권에 등장합니다.

내가 일본과 같다고 했더니 미란다 씨는 그렇다고 고개를 끄덕였다. 그리고 2009년 기민-기사 연합과 자유민주당이 연립한 제2차 메르켈 정권이 발족하면서 반전이 일어났다.

"2010년 9월이 되어 메르켈 정권이 원전 수명 연장을 내세워 운전 기간을 평균 12년 연장하는 방침을 결정했습니다. 신문에서도 원자력을 없애는 일은 물론 없다는 논조가 나오기 시작했습니다."

이렇게 탈원전 달성이 2020년에서 2030년으로 연장되었다. 나

---

43 기민

44 기사

도 (탈원전은) 당연히 있을 수 없다는 말을 원전 추진파인 홋카이도 의회 자민당 의원으로부터 들은 적 있다. 그는 "원전이 있는데 안 쓰는 일은 물론 없다. 어차피 있는 것을…"이라고 했다.

"이에 대해 시민들, 특히 여성들이 반대운동의 핵심이 되었습니다. 베를린 국회의사당 앞에서 수만 명 이상이 모여 대규모 항의를 벌였습니다. 저도 참여했는데, 독일 연방 환경성 간부와 얘기했습니다. '원전을 반대하기 위해 이렇게 많은 사람들이 모였는데 법률을 안 만들 겁니까?'라고 물었더니, 그는 '반대는 그리 많지 않다'고 답했습니다."

"6개월 후 후쿠시마 사고가 발생했습니다. 그러자 후쿠시마 사고는 기술이 발달한 일본에서도 일어났으니 독일에서도 사고가 날 가능성은 있다는 식으로 여론이 바뀌었습니다. 후쿠시마 사고 때는 대부분 바람이 태평양 쪽으로 불었고 방사성 물질이 바다 쪽으로 흘렀습니다. 만약 바람이 도쿄 방향으로 더 불었다면 영향은 심각했을 겁니다. 독일은 섬나라가 아니고 원전 주변에는 꼭 사람들이 살고 있기 때문에 그 영향은 더 큽니다."

원전 반대 집회에 참여하는 사람들의 수는 계속 늘어났고 베를린에서 12만 명, 함부르크에서 5만 명, 뮌헨에서 4만 명, 쾰른에서 4만 명이 모였다고 한다.

"메르켈 수상은 후쿠시마 제1원전 사고 후 2011년 4월 4일 자문기관으로 '안전한 에너지 공급을 위한 윤리위원회'를 만들었습니다. 저는 베를린 자유대학에서 환경정책을 가르치고 있었습니다만, 수상 비서가 윤리위원회를 만들 건데 멤버가 되어 주지 않겠냐고 해서 참여하게 되었습니다."

그전에도 윤리위원회라는 이름의 자문위원회가 만들어진 적은 있었지만 생활에 관련된 것이었고 에너지에 대한 윤리위원회는 그동안 없었다고 한다.

"위원장으로 임명된 사람은 클라우스 텝퍼 씨였습니다. 클라우스 씨는 메르켈 씨가 당수를 맡은 기독교민주연합 의원으로 전 환경부 장관입니다. 20년 전부터 원자력은 위험하다고 얘기해온 사람이었습니다. 기독교민주연합에는 원전 추진파와 반대파가 반반씩 있습니다. 그 중에서 그가 위원장이 되었다는 것은 의미가 컸습니다. 메르켈 수상은 '원자력은 이제 끝'이라는 메시지를 보내고 싶었던 것 같습니다."

또 한 명의 위원장은 자연과학·인문과학 연구를 지원하는 독일연구협회(DFG) 대표 마티아스 클라이너 씨였다. 윤리위원회는 총 17명으로 구성되어 있었고 전 뮌헨대학 사회학 교수, 전 연방교육장관, 개신교 교회 바덴 지구 감독, 독일 가톨릭교 중앙위원회 위원장, 독일 화학업체 BASF 회장, 독일 이공학 아카데미 회장, 광산·과학·에너지 산업별 노조 의장 등이 참여했다. 기타 소속 정당별로는 사회민주당이 3명, 기독교사회연합과 자유민주당이 1명씩 참여했다.

"윤리위원회에는 원전 추진파들도 참여했습니다. 반대파와 추진파가 함께 논의한 후 안전한 재생에너지로 전환하는 것이 바람직하다고 여긴 것이 중요했다고 생각합니다. 두 달 동안 몇 번씩 만나서 논의를 진행했습니다."

당시 독일에서 원전은 16기가 가동하고 있었고 원전 의존도는 23%였다. 후쿠시마 제1원전 사고 당시 일본에서는 54기가 가동했고 의존도는 28.6%였다.

"윤리위원회는 원전 사고 영향에 대해 얘기를 나눴습니다. 석탄 화력발전소에서도 사고는 일어날 수 있지만 그 영향은 원전 사고와는 비교가 안 됩니다. 만약 독일에서 사고가 나면 도시를 모두 폐쇄하고 피난해야 합니다."

"윤리위원회 보고서는 방사성 폐기물과 관련해서도 언급했습니다. 원전을 가동하면 폐기물이 계속 늘어나는데 가져갈 곳이 정해지지 않은 것은 문제가 있다는 의견이 강했습니다."

"또 하나 논점이 된 것은 에너지 연구비용 투입 비율입니다. 굉장히 많은 자금이 원자력 연구에 투입되었는데 사실 이 기금이 모두 대체에너지 연구에 제공되었다면 더욱 더 재생에너지 기술이 발달했을 겁니다. 결국 윤리위원회 위원 모두가 '안전한 에너지로 전환할 필요가 있다'는 의견에 동의했습니다."

윤리위원회가 2011년 5월 30일 보고서를 제출한 후 메르켈 수상은 6월 6일 원전을 정지한다는 각의 결정을 내렸고 국회에서 찬성 다수로 승인되었다.

미란다 씨는 원전 추진으로 회귀하려는 일본을 걱정했다.

"각국 원전 추진파들이 이대로는 원자력의 미래가 어둡다며, 미국, 프랑스, 영국에서 압력을 가하고 있습니다. 일본도 다른 나라로부터 압력을 받았을 수 있습니다. 지진이 많은 일본에서 다시 원전을 활용하겠다니 있을 수 없는 일입니다. 그걸 추진하는 사람들은 도대체 무슨 생각일까요?"

일본에서 자주 들리는 질문에 대해 미란다 씨에게 물어봤다.

Q. 원전을 없애면 일자리가 줄어든다는 주장에 대해 어떻게 생각
하십니까?

A. (독일에서는) 원자력 산업에 종사했던 사람들의 수가 수만 명에
이른다고 하지만, 한편 재생에너지 분야에 종사하는 사람들 수
는 몇십만 명이며 원전의 몇십 배가 됩니다. 고용을 생각해서라
도 재생에너지로 전환하는 것이 이득이 더 큽니다."

Q. 독일은 전기 요금이 비싸다는 지적도 있습니다.

A. 독일에서는 전기 요금이 꽤 비싸지만 그것은 재생에너지 탓은
아닙니다. 송전선과 인프라 비용 등 에너지 전체에 세금을 걸고
있기 때문입니다. 안정성에 투자하고 있는 겁니다. 저는 워싱턴
근교에서 살아본 적이 있습니다만 블랙아웃이 자주 일어났습
니다. 독일에서는 15년 사는 동안 한 번도 블랙아웃이 일어난
적이 없습니다.

Q. 경제적으로 비싼 전기 요금을 내는 것이 어려운 계층도 있지 않
을까요?

A. 수입이 일정 수준 이하인 사람에게는 가스 요금이나 전기 요금
을 낼 수 없을 경우 정부가 대신 내주는 제도가 있습니다.

Q. 재생에너지가 자연 파괴라는 반대도 있습니다.

A. 독일에서도 반대가 없다고는 할 수 없지만 주민들이 풍력, 태양 파크(발전시설)에 참여하고 있습니다. 그렇게 하면 매상이 마을로 돌아옵니다. 풍력에 투자하고자 하는 사람들이 마을에 오더라도 결정 과정에 주민들이 참여하는 방식을 취하고 있습니다. 애초부터 마을 사람들과 계획을 세우고 시설 크기와 장소 등을 함께 결정합니다. 결정 과정부터 참여하면 마을 차원에서 합의를 만들어 갈 수 있습니다. 예를 들면 풍력발전 이익의 50%를 그 지역에 사는 주민에게 제공합니다. 그렇게 하면 그냥 소음이 나는 설비였던 풍력발전기가 이번에는 '나의 풍력'이 되는 것입니다. 최근에는 바다에 대규모 풍력을 만드는 해상 풍력이 추진되고 있습니다.

Q. 에너지 절약도 추진하고 있죠?

A. EU에서는 건물 에너지 소비량을 줄이는 것을 의무화하는 지령을 내렸습니다. 독일은 주택을 신축할 때 에너지 소비량을 줄여야 합니다. 난방 시설이 필요 없는 집으로 하는 것이 목표입니다.

Q. 독일은 재생에너지 기술 수출도 하고 있죠?

A. 독일에서는 건물 옥상, 유리창, 벽에 태양광 판넬을 설치하는 등 여러 기술이 더욱 발전할 것입니다. 수소차도 더 보급될 것이고요. 일본도 투자하지 않으면 경쟁에서 살아남지 못할 겁니

다. 독일은 일찍부터 투자했지만 중국과 미국이 뒤따라와서 추월했습니다. 앞으로 더 발전시키기 위해서는 자연에너지에 투자해야 합니다.

Q. '독일은 프랑스에서 전기를 수입하고 있다'고 주장하는 사람들이 있습니다.

A. (자주 들은 질문이어서 그런지 웃으면서) 독일 발전량은 국내 수요보다 많고 전기를 수출하고 있습니다. 독일과 프랑스 두 나라 간에서 보면 독일이 프랑스에서 수입하는 전력량보다 독일이 프랑스에 수출하는 전력량이 더 많습니다. 이 상황은 20년 이상 지속되고 있습니다. 프랑스에서 독일로 가는 물리적 전기 유통이 많기 때문에 오해 받기 쉽지만 그것은 프랑스에서 독일을 거쳐 폴란드라든가 체코로 보내고 있는 전력이 합산되기 때문입니다. 독일이 프랑스에서 전기를 구입하는 것이 더 많다고 하는 것은 잘못된 정보입니다.

Q. 일본은 어떻게 하면 좋을까요?

A. 원전에 의존해야 한다는 전제가 있는 한 다른 길은 보이지 않습니다. 지금 독일과 일본을 비교하면 일본이 태양광 발전 비용이 높지만 일본에서도 자연에너지를 늘리면 비용은 내려갑니다. 자연에너지 비용이 내려간다면 원전은 더 이상 경제적이지 않습니다. 미국에서는 원전이 너무나 비싸서 경제적 이유로 신규 원전 건설을 못하게 된 겁니다. 폐기물 문제도 있고요.

한편 '원전 회귀'에서 '탈원전'으로 다시 방향을 돌린 이탈리아는 원전 정책을 두 번의 국민 투표를 통해 정해왔다. 첫 번째는 체르노빌 사고가 일어난 다음 해인 1987년이다. 원전 참여 지자체에 교부금을 주는 법을 유지할 것인지에 대한 국민투표가 진행되었고 폐지를 결정했다. 원전 정책에 대해서도 폐기가 결정되었다. 두 번째는 2011년 6월이다. 정권이 원전 회귀를 위해 새로 제정한 원전 관련법을 폐기할지를 국민투표로 정하려는 참에 후쿠시마 제1원전 사고가 발생했다. 결국 투표로 폐기가 결정되었다.[45]

이탈리아 피렌체대학 물리학과 교수였던 안젤로 바라카 씨는 재직 중이던 그 당시부터 약 50년에 걸쳐 탈원전을 해야 한다고 주장해 왔다. 1987년 교부금 제도를 폐지했을 때도 물리학자 입장에서 발언해 왔다. 그는 원전을 받아들이는 지자체에 돈을 뿌리는 시스템 자체가 잘못된 것이었다고 주장한다.

"돈을 뿌린다고 하니까 지자체들이 손을 들고 원전에 찬성하게 됩니다. 원전에 반대하는 시민들이 말을 못하게 만들죠. 민의를 반영하지 않은 것입니다. 지자체가 계획을 응원하는 쪽으로 돌아섰기 때문에 반대하고 싶은 시민이 있어도 말을 못 하게 됩니다."

그렇다면 일본은 어떨까? 나카소네 씨가 원전 추진을 위해 만든 전원 3법으로 교부금을 지자체에 뿌리는 구조가 만들어지지 않았다면 54기나 원전이 가동되는 상황은 되지 않았을 것이다.

---

45 이탈리아는 1987년과 2011년 국민투표를 통해 원전 폐기를 결정했지만, 현재 메로니 우파 정권 하에서 SMR 등 차세대 원전 개발 등 원전 재도입을 위한 제도 정비를 추진하고 있다- 옮긴이.

일본에서 탈원전을 하지 못하는 이유

그렇다면 왜 일본은 원전을 멈추지 않을까? 원전 사고 당시 관방장관을 맡았던 에다노 유키오(枝野幸男) 씨에게 물었다. 인터뷰는 2021년 5월 18일 진행했고 그가 제1야당인 입헌민주당 대표를 맡고 있었을 때였다. 의원회관에서 에다노 씨와 나는 마주 앉았다. 평소와 같은 차분한 얼굴이다.

Q. 후쿠시마 사고 당시 에다노 대표께서는 대처 책임자를 맡으셨습니다. 현재 원전 정책에 대해 어떻게 생각하시나요?

A. 후쿠시마 사고는 원전이 어느 단계를 넘으면 '인간이 통제할 수 없는 것'이 되어 버린다는 점을 알려줬습니다. 돌이킬 수 없는 벼랑이 보이는 곳까지 갔지요. 그 공포감을 경험한 이상, 그와 같은 위험성을 계속 안고 있을 수 없다는 것이 제 생각입니다.

Q. 그렇다면 왜 원전을 계속해야 한다고 생각하는 정치인들이 아직도 있는 걸까요?

A. 아마 어떻게 하면 원전 정책을 포기할 수 있을지에 대해 진지하게 고민하지 않아서 그럴 겁니다. 그것뿐이에요. 멈추려고 하면 '사용후핵연료는 어떻게 해야지? 민간기업 자산이니까 법적으로 어떻게든 도와주지 않으면 전력회사가 모두 망할 텐데?' 등 다양한 난제가 정치인 머릿속에 떠오릅니다. 그래서 생각을 멈춥니다. 진지하게 생각한 끝에 어떻게 해서라도 원전을 유지하

겠다는 것도 아니고 멈출 방법을 모르니까 계속할 뿐입니다.

각 전력회사는 사용후핵연료에 대해 '재활용하는 자산'으로 규정해 왔어요. 자산이 아니라 폐기물이 된다면 기존 9개 대형 전력회사가 한꺼번에 적자로 빠질 가능성이 있습니다. 사실 탈원전을 하기 위해서는 원전을 국유화해야 합니다. 폐로는 국가가 주체가 되어 추진하지 않으면 못 합니다. (사용후핵연료는 자산으로 규정할 게 아니라) 민간 전력회사 대차대조표貸借對照表에서 제외해야 합니다.

원전 입지 지역의 고용과 원전 관련 기술자 및 우수 인재들의 확보를 어떻게 지속해 갈 것인가라는 과제도 있습니다. 모두 쉽게 답이 안 나오니 생각이 멈춰 버리는 거죠.

Q. 어떤 해결책이 있을까요?

A. 시간을 들여서 납득시키고 이해시킬 수밖에 없습니다. 10년 단위로 추진해 나가야 할 일이라 생각합니다. 어려운 것은 기술자 양성입니다. 원자력을 발전으로 활용하는 것을 그만둔다 하더라도 사용후핵연료 보관 등 원자력 기술은 계속해서 높여나가야 합니다. 그런데 돈벌이는 못 하게 되는 거라 세금으로 사람을 키워서 고용할 수밖에 없습니다. 기술자에게는 50년부터 100년 단위로 상당히 높은 급여를 안정적으로 지불해야 합니다. 이런 구조로 국가가 고용을 보장하지 않는 한 기술자 육성은 어렵습니다.

그렇다면 왜 민주당은 원전을 포기할 수 없었을까? 2019년 6월 6일 니케이 산업신문 연재글 '핵연료 사이클 정책의 차질'에서 「미국이 지적한 모순점에 반박 못하고 사그라진 원전 제로」라는 제목의 기사가 실렸다. 대략 다음과 같은 내용이다.

"탈원전을 목표로 한다면 핵연료 사이클에서 철수해야 한다." 2012년 9월 12일 워싱턴에서 열린 미일 원자력 회의에서 백악관 간부들은, 마주앉은 오오구시 히로시(大串博志) 내각부 정무관과 나가시마 아키히사(長島昭久) 수상 보좌관에게 그렇게 다그쳤다. … (중략) … 미국은 또 하나 중요한 것을 덧붙였다. "미국과 일본의 원자력 산업은 거의 합병된 상태다. 일본이 탈원전으로 가면 미국 원자력 기술도 쇠퇴할 염려가 있다." … (중략) … 결국, (일본) 민주당 정권은 9월 중순까지 미국 정부와 조정을 거쳤지만, 원전 제로를 주된 내용으로 한 새로운 전략을 참고 문서로 취급하기로 하고 각의 결정을 미뤘다.

이 기사에서는 자원에너지청 전직 장관이 "(미국은 일본에) 원자력 기술 유지·개발을 떠넘기려는 의도가 있다"고 분석하고 있다. 미국에서는 1979년 스리마일 섬 사고와 전력 자유화를 거치면서 원자력산업이 쇠퇴했다. 나는 에다노 씨에게 이 기사에 대해 설명하고 물었다.

Q. 미국이 일본 탈원전 정책에 대해 염려의 뜻을 표명했다는 보도

가 있습니다.

A. 그것은 미국의 일부입니다. 미국 전체의 강한 의향이라는 것은 아닙니다. 미국 정부 안에서는 일본이 원전을 포기한다면 핵 확산 방지는 제대로 해야 한다고 말하는 사람들이 압도적입니다. 누구랑 어떻게 얘기를 했느냐에 따라 해석이 달라집니다. 미국 일부 사람들의 의향을 너무 무겁게 받아들이면 상황 파악을 잘 못할 수 있습니다.

사실 일본 원전 추진파들이 미국에 그런 발언을 유도했다고도 볼 수 있다. 일본 정부와 가까운 원전 추진 전문가가 "이때 미국 반응은 일본의 원전 추진파들이 미국의 힘을 빌리기 위해 쓴 표현"이라고 사루타 사요(猿田佐世) 변호사에게 말했다고 한다(스즈키 다츠지로, 사루타 사요 편 '미국은 일본 원자력 정책을 어떻게 보고 있는가,' 이와나미 북렛에서).

미국의 의향이라고 하는 것은 사실 일본 추진파들의 의향일 수 있다는 것이다.

에다노 씨는 계속해서 답변을 이어갔다.

A. 하지만 원전 정책을 멈춘다면 현재 보유하고 있는 플루토늄을 어떻게 할 거냐는 얘기가 계속 따라다닙니다. 그 해결책을 찾지 못하면 얘기를 진행시킬 수 없습니다. 그것도 당장 쉽게 결론지을 수 없는 꽤 큰 주제입니다. 왜냐면 일본은 플루토늄을 대량으로 보유하고 있으니까요.

발전에 이용하지 않는다고 하자마자 논의는 멈출 수밖에 없습니다. '50년 정도 가지고 있어도 문제는 없겠죠?'라는 얘기로는 되지 않습니다. 다른 국가로 인계하는 것도 국제 교섭 과정에서 난항을 겪을 겁니다.

Q. 이시바 씨와 요미우리신문 사설에서는 핵 억지력을 위해 원전을 유지해야 한다고 말합니다.

A. 그런 사람들에게는 미국 핵우산에서 벗어날 생각이냐고 묻죠. 일본이 핵무장을 선택할 수도 있겠지만 저는 핵무장 선택은 있을 수 없다고 생각합니다. 이제 일본은 그런 대국이 아니잖아요?

Q. 전력회사는 왜 계속하고 싶어 할까요?

A. 전력회사도 속마음은 그만하고 싶을 거예요. 하지만 스스로 그만하고 싶다고 말하는 순간 아까 말씀드린 것처럼 사용후핵연료 등 문제가 남아요. 그것은 너무 어려운 일입니다. 그래서 전력회사들은 정부가 자기들에게 손해를 주지 않을 정책을 제시할 때까지 탈원전에 반대할 겁니다. 거꾸로 말하면 그들은 그런 조건을 제시한 순간 탈원전을 받아들일 겁니다. 정부가 책임을 지고 원전을 멈추게 해 준다면 딱 들어맞을 겁니다.

하지만 쉽지 않을 겁니다. 말하자면 연립방정식이니까요. 전력회사에게는 그들이 납득할만한 비전을 제시해야 합니다. 동시에 사용후핵연료를 어떻게 할 거냐는 것도 답이 나와야 합니다.

쉽게 동의를 얻을 수 있는 얘기는 아닙니다. 동시에 핵 시설이 있는 지자체에게도 납득할 만한 비전을 제시해야 합니다. 모든 일이 그런 이유에서 멈추게 됩니다.

광역지자체인 아오모리현과 기초지자체인 롯카쇼무라와 일본원연㈜이 맺은 3자 협정에서는 고준위 방사성폐기물을 반입하고 나서 30~50년 후 시설 밖으로 모두 반출하는 것으로 되어 있다.

원전을 그만하는 과정은 쉽지 않습니다. 그냥 '그만하겠다'고 선언만 하는 것은 누구나 할 수 있습니다. 하지만 그 진행 과정은 누군가 알아서 해줬으면 좋겠다는 느낌일 겁니다. 그러니까 그 일은 원전 사고의 공포를 경험한 사람이 해야 합니다. 아마 정치인들 중에서도 당시 야당이었던 정당과 정치인들은 그 공포감을 공유하고 있지 않을 겁니다.

원전입지진흥법안을 둘러싼 공방

자민당에서 오랫동안 탈원전을 주장하고 있는 고노 다로 씨는 어떻게 생각하고 있을까? 그는 2000년 9월 13일 아사히신문 인터뷰에서 이렇게 발언하고 있다.

"저는 환경 문제에 관여해 왔고 원전에 대해서는 단계적 폐지가 가능하다는 시나리오를 만들고 있습니다. 그런 논의를 하고 싶지만, 아무래도 '원전이 이미 있다는 것을 기정사실'로 해서 관공서도 정치인도 전력업계도 움직이고 있기 때문에, 미래에 대한 논의가 되지 않습니다."

이런 발언을 한 고노 씨를 자민당 내 원전 추진파들은 멀리했다. 국회에서 원전 입지 지역에 더 많은 보조금을 지불하는 '원전입지진흥법안'이 2000년 제출되었을 때 고노 씨는 "원전 입지를 추진하는 시대는 갔다"라며 자민당 내에서 홀로 법안에 반대했다. 그런데 11월 28일 중의원 상공위원회 심의가 열렸는데 상임위원이던 고노 씨는 출석할 수 없었다. 고노 씨 자리는 자민당 상공위원회 쪽 입김이 센 다른 의원으로 교체되고 말았다. 일시적으로 그 자리에서 잘린 것이었다.

고노 씨는 이렇게 말한다.

"당장 원전을 멈추라고 하지는 않습니다. 천연가스와 자연에너지를 늘리고 천천히 탈원전으로 가면 됩니다."(2001년 1월 11일 아사히신문)

그 10년 후 후쿠시마 원전 사고가 발생했다. 고노 씨는 2011년 7월 5일 미야자키 하야오 감독과 스튜디오 지브리에서 대담하면서 원자력 마을(핵마피아)이나 탈원전에 대해 이렇게 언급했다.

"자민당은 반세기 동안 전력회사와 사이좋게 지내며 정치 헌금 형태 등으로 엄청난 돈을 전력회사로부터 받아왔습니다. 민주당도 선거 때면 (전력회사) 노동조합에서 표를 얻죠. 그래서 원전에 반대할 수 없는 겁니다."

'자민당은 돈, 민주당은 선거'라고 한다. 나는 전에 다니던 회사에서 전력계 노조가 지원하는 민주당 후보 선거운동을 2주 동안 취재한 적 있다. 능숙하고 기민하게 조직적으로 움직이는 조합원들을 보고 놀랐다. 한편 원전 사고 이후 어떤 민주당 직원은 "민주당 지부가 원전반대 전단지를 배포했더니 전력 계열 회사 노조 임원이 '민주당 지부 이름으로 배포하지 마라'며 압력을 가했고 전단지에서 지부 이름을 삭제했다"고 말했다.

고노 씨는 지브리 스튜디오에서 진행한 대담에서 왜 원전에 반대하냐는 질문에 이렇게 답했다.

"핵 쓰레기 때문이죠. 땅에 매설한 이후 300년 동안 모니터링을 해야 한다고 얘기하는데, 역사에서 300년 전이라고 하면 언제적 얘기입니까? 50년 밖에 쓰지 않았는데 300년 동안 모니터링하고 그 후 10만 년 동안 매설하겠다는 건 비용적으로 타산이 안 맞죠. 매설할 장소도 정해지지 않았고요."

고준위 방사성폐기물은 무해해지기까지 약 10만 년 걸린다고 한다. 지진국 일본에는 안전하게 보관할 수 있는 지층은 없다는 견해가 많다. 홋카이도 숫츠(寿都)정과 가모에나이(神恵内)촌에서 처분장 후보지 선정 조사가 진행되고 있는데, 숫츠 정에서는 반대운동이 일어나고 있다. 나가사키현 쓰시마(対馬) 시에서는 의회가 후보지 조사 유치 촉진을 요구하는 청원을 채택했지만, 시장이 2023년 9월 27일 받아들이지 않겠다고 표명했다.

고노 씨와의 대화에서는 또 이런 얘기도 있었다.

"핵 연료 사이클은 아직 불완전합니다. 쓰레기를 처리 못 하고 있는데 추가적으로 20기를 더 늘린다고 하더라고요. 쓰레기를 처리할 수 없다면 그냥 포기하는 것이 좋습니다."

원자력 관련 학자에 대해서 고노 씨는 이렇게 지적했다.

"이름이 알려진 학자들은 모두 연구비를 전력회사로부터 받고 있습니다."

고노 씨는 이어 도쿄전력 후쿠시마 원전사고에 따른 손해배상 기준을 만드는 문부과학성 '원자력손해배상분쟁심사회' 일부 위원이 도쿄전력과 관계가 깊은 '일본에너지법연구소(에너법연)'에서 보수를 받고 있다는 것을 거론했다.

두 달 반 후인 2011년 9월 23일 심사회 위원 9명 중 가쿠슈인대학 교수 노무라 도요히로(野村豊弘, 68세) 씨와 와세다대학 대학원 교수 오오츠카 타다시(大塚直, 52세) 씨가 에너법연에서 매월 20만 엔 정도의 고정 급여를 받고 있었다고 아사히신문이 보도했다. 에너법연은 연간 1억 몇천만 엔에 이르는 운영비의 대부분을 전력중앙연구소(전중연)에서 받는 연구 위탁비에 의존하고 있다. 전중연 사업 규모 339억 엔 중 300억 엔 가량을 전력업계가 갹출해 그중 90억 엔 정도는 도쿄전력이 부담하고 있었다.

"원자력과 전력 산업계는 여러 곳에 시시때때로 돈을 뿌립니다. 그 돈의 출처는 우리가 내는 전기요금이죠."

고노 씨는 대화에서 그 점에 대해 더 언급했다.

"우리는 자연에너지촉진법을 의원 입법으로 2000년 즈음에 만들려고 했습니다. 전력회사와 결탁해서 경제산업성이 무산시켰어요. 그 여파가 지금 나타나고 있습니다."

자연에너지촉진법이란 전력회사에게 자연에너지를 일정한 가격으로 매입하는 의무를 지는 내용인데, 경제산업성 등이 반대해 실현되지 않았다. 참고로 독일은 1990년 의원 입법에서 전력회사에 풍력발전 등 자연에너지 매입을 의무화하고 세계최대 '풍력 대국'이 되었다. 또한 자연에너지재단에 따르면 2022년 12월 시점에서 재생에너지 비율은 덴마크 84%, 독일 45%, 영국 44%, 중국 31%, 프랑스 26%, 인도와 미국 23%이다. 일본은 22%로 재단이 공표한 18개국 중 17위에 그쳤다. 일본도 20년 전에 촉진법을 시행했다면 상황은 달라졌을 것이다.

고노 씨는 2012년 '원전 제로 사회'를 만들기 위해 초당파들이 활동하는 '원전 제로 모임'을 민주당 곤도 쇼이치 씨 등과 함께 결성했다. 원전 의존 제로, 재처리 제로, 에너지 절약 추진, 재생에너지 전환 등을 골자로 하는 정책 제언을 2012년 6월 27일 공개했다. 그는 외무성 장관을 맡았던 2019년 3월 6일 국제재생에너지기관(INRENA) 사무국장이 공식 방문했을 때 "언젠가는 재생에너지 100%를 목표로 하고 싶다"고 말했다.

원전으로 회귀한 기시다 수상

2021년 9월 29일 자민당 총재 선거가 치러져 기시다 후미오 씨, 고노 다로 씨, 노다 세이코(野田聖子) 씨, 다카이치 사나에(高市早苗) 씨가 출마했다. 결과는 기시다 씨가 총리가 되었다. 그때 원전이 쟁점 중 하나가 되었다. 고노 씨는 총재 선거에서도 원전 제로와 핵연료 사이클 중지를 주장했다. 9월 10일 입후보 기자회견에서 질의응답이 시작하자마자 원전 정책에 대한 질문이 쏟아졌다. 요미우리신문 기자의 질문에 고노 씨는 이렇게 답변했다.

"결국 원전은 제로가 될 것이라고 생각하지만 탄소중립을 2050년까지 달성하기 위해서는 먼저 석탄·석유부터 멈춰야 합니다. 언젠가는 천연가스도 탈피해야 하구요. 제대로 된 에너지 절약도 필요합니다. 또 하나는 재생에너지를 최우선으로 도입해야 합니다. 그래도 부족한 부분에 대해서는 일단 안전이 확인된 원전을 재가동하는 게 현실적이라고 생각합니다."

도쿄신문은 후보들에게 원전 신·증설에 대해 어떻게 생각하는지 질문했다.

"원전 신·증설은 현시점에서 현실적이지 않다고 생각합니다."

고노 씨는 이전 기자회견에서도 "아마 전력회사도 원전 신·증설에 대해서는 비용 문제를 고려해서 선택지에 넣지 않을 거라고 생각합니다"라고 얘기했다.

원전 건설비는 후쿠시마 사고 전에는 1기당 수천억 엔이었다. 후쿠시마 사고 이후 안전성 강화 기준이 높아졌기 때문에 1기당 약 2조 엔으로 올랐다. 해외에서도 각국에서 원전 건축 기준이 엄격해져 영국에서는 비용 증가로 원전 건설이 어렵게 되었다. 그 비용을 보충하기 위해 영국은 건설비를 국민에게 부담시켰다. 다음날 11일에도 고노 씨는 핵연료 사이클에 대해 '될수록 빨리 문 닫는 쪽으로 정리해야 한다', '재처리를 포기하는 결정은 하루라도 빠른 것이 좋다'고 기자단 질문에 답했다.

한편 기시다 씨는 일본기자클럽 주최 총재선거 토론회에서 "핵연료 사이클을 포기하게 되면 중단으로 나오는 고준위 핵폐기물을 그대로 둬야 합니다. 재처리를 하면 폐기물 처리 기간은 300년 으로 줄어듭니다. 직접 처리하면 10만년 걸린다고 합니다. 이 점에 대해 깊이 생각해 봐야 합니다"라고 반론했다.

처리기간을 300년으로 단축하기 위해서는 고속로를 사용해야 한다. 하지만 고속로는 실현 가능성이 없다고 얘기되고 있다. 즉 기 시다 씨가 기대는 논거는 이미 그림의 떡인 셈이다. 그 점을 각 신문 지면이 지적했다. 아사히신문은 "그의 발언은 고속로 사이클의 실 현성이 담보되지 않는 현실과 전제에 대해 거론하지 않았고 중요 한 사실을 누락했다. 오해를 줄 여지가 있는 잘못된 해석이었다."라 고 보도했다(2021년 9월 30일 아사히신문 디지털 판). 마이니치신문도 "전 제는 보통 원전이 아닌 특수한 고속로 사이클을 계속 유지해야 한 다는 것이다. 이것은 원래 현실성이 의심스러웠지만 고속증식원형 로인 몬주가 실패로 끝났고 믿었던 프랑스에서도 고속로 실용화가 백지화된 상태다. 말 그대로 이루어질 수 없는 꿈이 되었다"고 지적 했다(2021년 10월 2일).

노다 씨는 토론회에서 "우리 아들은 이 10년 동안 365일 인공호 흡기와 산소 기기로 생명을 이어가고 있습니다. 아들처럼 의료기기 가 생명선인 장애인과 고령자들이 많이 계십니다. 전력의 안정 공 급이 어려워지면 우리들은 소중한 가족을 지킬 수 없습니다."라며 아직까지는 원전을 활용해야 한다는 인식을 제시했다. 하지만 이 것은 과연 사실일까? 동일본 대지진 때 대규모 정전이 일어나 사람 들은 도쿄까지 와서 병원을 찾아다녔다. 홋카이도에서도 대규모 화력발전에 의존했기 때문에 2018년 9월 이부리동부(胆振東部) 지진 발생 때 블랙아웃으로 투석환자들이 의료기관을 찾아 우왕좌왕하는 모습을 봤다. 사실 원전에 의존하면 위급 상황 대응 시 리스크가 너무나 크다.

한편 다카이치 씨는 기사다 씨와 함께 소형원전 건설과 핵융합로 연구 개발을 주장했다. 다카이치 씨는 "우선 추진하고 싶은 것은 소형 모듈로 지하 건설과 핵융합로입니다. 핵융합로는 우라늄과 플루토늄이 필요하지 않고 고준위 방사성폐기물이 나오지 않습니다. 이것을 국산으로 만들면 좋겠다고 생각합니다."라고 제언했다. 하지만 핵융합은 실현 가능성이 어려운 기술이다.

기시다 씨는 총재선거에 승리해 2022년 12월 원전 신·증축과 60년 이상 운전을 가능하게 하는 새로운 방침(안)을 만들어 2023년 2월 각의 결정했다. 5월 12일에는 원전을 추진하는 'GX추진법'을 만들어 원전을 최대한 활용한다고 명기했다. 그 이유에 대해 '에너지 안정적 공급과 탈탄소를 양립하는 것이 중요하며', '원자력을 포함해 모든 선택지를 활용해 나가는 것이 필요하다'고 거듭 주장했다. 그가 후쿠시마 사고 이후 형성된 '탈원전' 흐름을 뒤엎고 정부 방침을 12년 전으로 돌린 진짜 목적은 무엇일까?

아사히신문 기사에 그 힌트가 있다.

"나는 아베 씨조차도 못 해낸 일을 했어." 작년 말 수상은 아베 신조 전 수상의 이름을 거론해 주변 사람들에게 고양된 감정을 감추지 않았다. 기시다 정권은 작년 12월 국가안전보장 전략 등 3개의 안보 관련 문서를 개정해 적 기지 공격 능력(반격능

력)의 보유를 결정했다. 원전 정책에 있어서는 재가동 추진뿐만 아니라 재건설과 운전 기간 연장을 적극 추진할 방침을 결정했다(2023년 5월 4일 아사히신문).

원전 회귀는 아베 씨를 넘어서고 싶은 욕망 때문이었을까? 이 결정을 비판적으로 보는 자민당 의원도 있다. 그는 이렇게 말했다.

"아베 정권에서도 할 수 없었던 게 아니라 하지 않았던 거예요. 아베 총리 임기가 '3.11' 발생 다음해부터 시작되었다는 시기적 측면도 있죠. 기시다 정권 하에서는 재생에너지에 주력하는 세계적 흐름에 뒤처지게 될 거예요."

'원전을 추진한 것은 완전히 잘못한 것이었다'

오랫동안 원전을 추진해온 역대 각료들은 지금 상황을 어떻게 보고 있을까? 나카가와 히데나오(中川秀直) 씨는 내각 관방장관과 과학기술청 장관, 원자력위원회 위원장을 역임했고 자민당 간사장과 정조회장(政調会長) 등을 역임했다.

2023년 6월 2일 아카사카에 위치한 고층 빌딩 22층에 있는 나카가와 소켄(中川総研)을 방문했다.

Q. 원전 사고를 겪고 난 지금 원전에 대한 생각을 여쭙니다.

A. 과거 저의 원전 추진 태도는 아예 틀렸다는 것을 제대로 깨달았습니다. 마음 속 깊이 반성하고 있습니다.

Q. 왜 일본은 원전을 포기할 수 없을까요?

A. 먼저 국민에게 선택지를 제시하지 않아서입니다. 정치 행정과 업계의 무책임성, 그리고 기개와 예지의 부재일 겁니다. 원전을 신설하는데 2조 엔이 필요하기 때문에 전력회사도 경제적으로는 꺼려합니다. 원전 안전 대책 비용은 6~7억 엔이 든다고도 하고요.

사업을 전개하는 회사로서는 자연에너지가 더욱 더 싸고 안전하니까 그쪽으로 추진하고 싶을 겁니다. 옛날 야마토(大和) 전함을 만든 것과 마찬가지로 낡은 조직일수록 '조직적 관성력'에 매달리죠.

원자력사업은 저변이 넓어요. 기존 대형 전력회사부터 전기, 기기, 건설회사 등 적게 계산해도 관계된 사람들이 5만 명 정도는 될 겁니다. 간접적으로 관계된 사람도 포함하면 20만 명 정도가 될 거예요.

신에너지는 250만 명 정도로 약 12배 고용을 새로 만들 수 있죠. 20만 명을 이끌어가는 사람들에게는 변화의 용기가 없어요. 시대착오적인 대함 거포 야마토 전함을 붙잡고 있는 것과 마찬가지예요. 정말 닮았어요. 변화를 두려워하고 결정을 못 내리는 거죠.

책임 회피이고 기득권에 매달리는 겁니다. 정치도 관련 업계도 거버넌스가 작동되지 않았다고 해야 할까요. 그것을 허용하고 있는 것이 국민의 목소리입니다. 언론기관도 그 속에 포함되고요.

Q. 기시다 씨는 왜 원전을 적극 추진할까요?

A. 그건 잘 모릅니다. 왜 갑자기 그러는 건지. 아베 내각과 스가 내각 때는 그 정도까지 적극적이지 않았어요. 기시다 씨로 정권이 바뀌면서 갑자기 변했죠. 기시다 씨는 주변 사람들의 의견을 잘 듣는 사람이에요(웃음). 추진파들에게는 기회였죠. 그의 주변에 그런 사람들이 많이 모였나보죠. 그렇게밖에 생각할 수 없어요.

기시다 수상의 비서관은 경제산업성 사무차관 출신의 시마다 다카시(嶋田隆) 씨다. 이 인물을 채용한 것이 기시다 씨의 원전 추진 자세를 뒷받침했다고 고가 히데아키 씨는 얘기했다. 시마다 씨는 "도쿄전력 개편을 담당하는 등 원자력 정책 추진에 관심이 있는 인물"(2022년 9월 6일 마이니치신문)로 평가된다. 2012년 6월부터 2015년 6월까지 도쿄전력 이사를 맡기도 했다.

Q. 기시다 씨는 어떤 사람이에요?

A. 그렇게 기가 센 스타일은 아니라고 생각했는데요. 아주 순수하고 정직한 사람입니다. 남의 의견을 잘 듣죠. 확실히 그의 주변 스탭을 보면 (원전 추진에) 중심적인 인물들이 모였네요. 누구라고 말할 수는 없지만요[시마다 씨를 얘기하는 것 같은데, 구체적으로 이름은 거론하지 않았다]. 아베 정권 때도 수석 비서관으로 경제산업성 출신 이마이 다카야(今井尚哉) 씨도 있었지만 그 정도까지 가지 않았어요. 아베 씨가 아마 제동을 걸었을 거예요.

아무리 기억력이 안 좋다 해도 후쿠시마 사고가 난 지 아직 12년밖에 되지 않았어요. 원자력 긴급 사태 선언이 지금도 발령 중이고 내일모레 또 대지진이 일어나도 이상하지 않잖아요. 지진이 일어날 때마다 원전은 괜찮을까 걱정해야 하는데 다시 추진한다는 건 아무리 생각해도……

정부가 2011년 3월 11일 발령한 원자력 긴급 사태 선언이 해제될 전망은 여전히 없다.

Q. 제가 원전과 관련해서 강연을 하면 참가자들이 매번 전기요금이 오르면 안 되니 원전은 어쩔 수 없지 않느냐고 질문합니다.

A. 전기 요금이 오르는 것보다 국가가 없어지는 것이 더 무섭고 영향이 크죠. 또한 자연에너지를 도입하는 것이 더 전기 요금을 내리게 하죠. 지금은 킬로와트 당 2~3엔 정도로 전기를 만들 수 있게 될 때까지 왔다니까요.

경제계에서도 지속 가능성과 국제적으로 기업 이미지를 고려해 자기들이 쓰는 에너지는 모두 자연에너지로 충당하겠다는 'RE100'에 가입하는 기업이 늘어나고 있어요. 그러니까 재생에너지가 아니면 국제적으로 투자도 받을 수 없는 상황이 된 거죠. 탈원전을 해야 하는데 원전 산업에 종사하는 20만 명의 눈치를 보고 못 하는 것일지도 몰라요. 하지만 흐름은 확실히 그렇다는 겁니다.

GAFA(구글, 애플, 페이스북[현 메타], 아마존)이 전기를 재생에너지로 100% 충당한다고 선언했다. 국제적인 기업 420개가 RE100 캠페인에 가맹해 있고 일본에서는 소니와 후지츠, 이온 등 84개사가 참여하고 있다(2023년 10월 15일 현재).

애플사는 서플라이어(공급·납품업자)에게 100%를 재생에너지 전력을 사용하도록 유도하고 있다. 이에 전세계 28개국에서 사업을 전개하는 250개 이상의 서플라이어가 모두 재생에너지를 사용하겠다고 표명했다. 일본 기업은 무라타 제작소, 츠지덴 등 34개사에 이른다(2023년 3월 현재).

Q. 원전 산업에 종사하는 20만 명의 목소리는 그렇게 큰가요?

A. 역시 그 정도 규모가 되면 목소리가 크고 작고를 떠나서 바꾸는 것이 어려워진다고 해야 할 것 같습니다. '아마 괜찮겠지'라는 식으로 그들의 목소리가 그대로 통과됩니다.

빨리 바꾸지 않으면 더 심각해질 수 있습니다. 기존 원전 중 24기는 폐로가 결정되었어요. 그런데 폐로는 누가할까요? 자민당과 정부는 사업자가 한다고 하지만 사업자는 폐로를 할 수 있을까요? 발생한 폐기물을 버릴 곳도 없고 사용후핵연료를 보관하는 수조는 용량의 약 80%가 다 찬 상태입니다. 어떻게든 하지 않으면 폐로 자체를 할 수가 없죠.

사업자는 할 수 없습니다. 국가가 폐로 기구라도 만들어서 추진해야 합니다. 그런데 폐로를 하려는 움직임 자체가 없습니다. 원전은 안전을 유지하는 것만으로도 막대한 유지비가 발생합니다. 고속증식원형로 몬주 유지비는 하루에 5,000만 엔입니다. 폐로 기구를 만들어서 기술자를 육성해야죠. 우편사업 민영화도 어려웠지만 해냈잖아요. 원전과 비교하면 우편사업이 조직적으로 더 큽니다. 한다는 의지만 있으면 할 수 있습니다.

Q. 핵무기를 위해 필요하다고 이시바 씨와 요미우리신문 사설 등은 주장합니다만…….

A. 일본이 핵무기를 갖기 위해 원전을 계속해야 한다는 것은 있을 수 없는 주장입니다. 핵무기를 가진다는 것 자체가 있을 수 없으니까요. 세계는 핵무기를 모두 폐기하는 쪽으로 갈 수밖에 없는데 말입니다. 인류 생존이 어려워지니까요.

Q. 민주당 정권이 탈원전을 시도했을 때 미국이 말렸다는 얘기가 있습니다.

A. 그건 그럴 겁니다. 미국에도 그런 세력은 많이 있으니까요. 아이젠하워 정권 때부터 이어져온 군산복합체가 존재합니다.

Q. 추진파 의원들은 왜 계속 원전을 지지할까요?

A. 거대 시스템에 관계된 사람들이 많습니다. 그들은 경제적으로 볼 때 그 시스템이 큰 기회이고 지켜나가는 것이 국익이라 생각하겠죠. 일본은 자원이 없기 때문에 원전 안정성만 확보된다면 전기요금도 저렴해진다는 논리가 만들어집니다.

Q. 일본이 탈원전으로 갈 가능성은 있을까요?

A. (얼굴을 찡그리며) 음… 먼 미래 얘기가 될 수 있습니다. 솔직히
시간이 많이 걸릴 것 같아요. 하지만 모두 자연에너지로 충당하
겠다는 기업이 늘어나고 있잖아요. 그렇지 않으면 투자 활동을
할 수 없으니까요. 많이 달라졌죠. 그런 세력들이 더 커지고 영
향력이 강해지면 시대는 달라질 거라고 생각합니다.

이탈리아도 독일도 원전을 졸업했잖아요. 일본도 경제적인 면
에서 판단해서 움직일 거라고 생각합니다. 해상 풍력 등이 더
확대되면 '이제, 원전은 필요 없잖아'라는 식으로 생각이 바뀔
거예요.

Q. 주변에는 '한 번 더 사고가 나야 정신을 차린다'라는 식으로 말
하는 사람도 있습니다만…….

A. 사고가 더 일어나면 안 되죠. 정말 무서워요. 얼마나 많은 사람
들이 희생되는지 우리는 다 봤잖아요."

고이즈미 전 수상,
"안전하고 저렴하고 깨끗하다는 것은 모두 거짓말"

마지막으로 전 수상 고이즈미 준이치로(小泉純一郎) 씨는 어떻게
생각하고 있을까? 고이즈미 씨는 후쿠시마 원전 사고 후 탈원전으
로 입장을 바꿔 '원전제로·자연에너지 추진연맹' 고문을 맡고 있다.
탈원전으로 입장을 바꾸게 된 데 어떤 계기가 있었는지 그에게 물

어봤다.

"경제산업성, 자원에너지청 등에 있는 원전 추진론자들 사이에서 원전은 '안전하고 비용이 저렴하고 이산화탄소를 배출하지 않는 영원하고 깨끗한 에너지'였습니다. 후쿠시마 제1원전에서 큰 사고가 나서 세 개의 원자로가 멜트다운(노심용융)하고 방사능이 누출되었어요. 최악의 경우 반경 250km 권내 주민들이 모두 피난해야 하는 상황까지 상정되었다고 합니다(제2장 참조). 그렇게까지 되지 않았던 것은 천만다행입니다. 하지만 최악의 상황을 면했어도 고향을 잃고 여전히 돌아갈 곳이 없는 사람들이 있습니다. 일본에서는 사고 당시 원전 54기가 가동하고 있었습니다. 경제산업성은 만약 그 사고가 일어나지 않았다면 100기까지 늘릴 계획이었어요."

2010년 6월 정부가 작성한 에너지 기본계획에는 2020년까지 9기, 2030년까지 적어도 14기 이상 신·증설을 추진하겠다고 적혀 있다. 후쿠시마 제1원전 7·8호기 신설도 계획되어 있었다.

"사고 이후 여러 원전 관련 책과 자료를 읽었습니다. 정부가 만든 사고조사·검증위원회 결론은 '사고는 일어날 수 있다'는 것이었어요. 그 후 여당 전원 일치로 국회사고조사위원회가 설치되었죠. 위원장은 일본학술회의 회장을 맡았던 구로카와 기요시(黑川清, 정책연구대학원대학 명예교수)가 맡았어요. 결론은 '원전이 안전하고 저렴하고 깨끗하다는 것은 모두 거짓말'이었어요(웃음). 그런데 왜 계속할 필요가 있겠습니까? 반성이 부족해요. 후쿠시마 사고로 여전히 많은 사람들이 고향에 돌아가지 못하고 있잖아요. 피해자도 많이 나왔어요. 그것도 방사능 피해이기 때문에 더욱 더 쉽지 않죠. 원전은 그만하는 게 맞아요."

정부가 공개한 것만으로도 피난민은 여전히 3만 명에 이른다 (2023년 8월 1일 현재, 후쿠시마현 내에서는 주택 제공을 중단한 사람을 중심으로 본인의 의사를 확인하지 않은 채, 피난민 수에서 제외하고 있어 실제로 남아 있는 피난민은 수만 명 더 많다고 추산된다). 그리고 후쿠시마 원전에서 약 300km 떨어진 후지산 주변 지역에서도 여전히 야생 버섯에서 기준치를 넘는 방사성 물질 세슘이 검출되고 있다. 국가 원자력재해 대책본부가 출하 제한 지시를 계속해서 내린 상태다.

"도쿄전력은 손해배상도 안전대책도 도쿄전력의 자금만으로는 불가능하므로 정부가 도와주셔야 한다는 입장이에요. 폐로도 몇 년 더 걸릴지 몰라서 정부가 도와달라는 식입니다. 원전이 비용이 싸다는 것은 말도 안 되는 얘기입니다. 결국 방대한 국민의 세금을 쓰지 않으면 모든 수습이 불가능합니다. 후쿠시마 사고 이후 2012년 8월부터 2013년 9월까지 원전은 불과 2기밖에 가동하지 않았어요. 그 후 2013년 9월부터 2년간은 단 한 기도 가동하지 않았어요. 그런데 그 사이 정전은 한 번도 일어나지 않았어요. 원전 없이도 전기 공급은 가능하다는 것을 증명한 셈이죠. 마음만 먹으면 할 수 있는 거예요. 그러니 모든 일은 정치적 영역의 문제라 할 수 있어요. 독일은 일본에서 일어난 사고를 보고 원전 제로를 선언했어요. 그런데 일본은 그 사고를 겪고 나서도 질리지 않았어요. 경제산업성은 다시 원전을 추진하려고 하죠. 도대체 무슨 생각으로 그럴까요? 경제산업성은 뭔가 잘못 '계산'하는 것 같아요."

고이즈미 씨는 농담을 했다.[46]

"원전을 가동하고 전기를 공급한 후에는 핵 쓰레기가 남아요. 이것을 어떻게 처리할지 감당이 안 되죠. 핵 쓰레기 처분장은 없습니다. 언젠가 할 수 있다지만 못해요, 여전히. 세계에서 유일하게 핵 쓰레기 최종처분시설 건설을 시작한 핀란드는 섬에 있는 온칼로(동굴)에서 10만 년 보관하겠다고 하고 있죠. 그래서 저는 2013년에 경단련(일본경제단체연합회) 간부 대여섯 명이랑 함께 사찰에 갔어요. 온칼로에서 마이크로 버스를 타고 나선형 지하 갱도를 약 400m 아래로 내려갔습니다. 두꺼운 철판과 콘크리트로 만든 통 안에 핵 쓰레기를 넣고 암반으로 만들어진 벽에 매설하는 방식이었습니다. 전세계에서 방문하는 사람들을 위해 처분장 10m 위에 견학대가 마련되어 있었습니다. 거기서는 2km 사방을 다 볼 수 있었죠. 처분장은 아직 매설이 완료되

---

46 경제산업성을 줄여서 '경산성'이라고 하는데 발음이 '게이산성'이다. '계산하다'의 일본어 게이산과 같은 발음임 ─옮긴이

256

지 않았어요. 다 완성했는데 왜 그럴까 해서 물어봤는데, '또 하나의 심사가 남아 있다. 벽을 보시라'고 하더라고요. 벽에는 희색과 검정색 얼룩이 수 미터 간격으로 이 정도 폭으로 생기고 있었죠."

고이즈미 씨는 양손으로 약 30cm 정도를 벌려보였다.

"핀란드 측에서는 '저 얼룩을 봐라. 습기다. 저 습기가 수분이 되어 이 처분장을 물로 채우지 않을지, 오랜 세월이 지나면 물이 새어나갈 우려는 없을지, 그런 가능성에 대한 대책을 세우는 심사가 남아 있다'고 하더라고요. 400m나 되는 지하에 암반으로 만들어진 벽인데도 완벽하지 않다는 얘기였지요. 그것을 보고 만약에 일본에서 같은 것을 만든다면 물이 나올 정도가 아니라 온천이 나오겠다는 생각이 들었어요. 일본은 원전을 54기나 가동했고 추가적으로 100기까지 만들려고 했지만, 발생하는 방사성 폐기물을 관리하는 최종처분장은 도저히 만들 수 없다고 느꼈어요."

정치인으로 재직 중에는 (이 문제에 대해) 어떤 식으로 설명을 받아오셨나요?

핵쓰레기에 대한 설명은 받아본 적이 없었어요."

처분장이 없다는 이야기도요?

"당연히 있다고 생각했죠."

무엇보다 충격적인 사실은 고이즈미 씨는 재직 시에 핵 쓰레기에 대해 설명을 전혀 듣지 못했고 처분장은 당연히 있다고 생각했다는 것이다. 고노 씨를 비롯해 폐기물이 갈 곳이 없다고 문제를 호소하는 정치인들도 있는데…….

"결국 처분장은 일본에서는 만들 수 없다는 걸 깨달았어요. 무엇보다 튼튼한 암반이 일본에는 없으니까요. 400m 땅을 파면 일본에서는 어디든 온천이 나오게 생겼어요. 일본은 지진과 쓰나미가 자주 일어나고 화산까지 있어요. 핀란드에는 지진도 화산도 없지요. 더구나 암반으로 만들어진 곳인데도 처분장을 만드는데 난항을 겪고 있어요. 그렇다면 일본에서는 처분장은 만들 수 없다고 봐야죠. 그래서 저는 지금도 '원전은 제로로 해야 한다'고 주장하고 있어요."

기시다 씨가 원전 회귀 방침을 표명한 것에 대해 고이즈미 씨는 "수상 판단으로 원전을 제로로 할 수 있는데 해야 할 일을 하지 않고 있다. 정말 안타깝다"고 마이니치신문 취재에서 답하고 있다 (2022년 9월 28일 '마이니치신문 디지털' 경제 프리미어 토픽스에서).

한편 기시다 씨는 고이즈미 씨의 지적에 대한 질문에, "정부로서 국민 생활 안정, 양질의 고용 확보를 전제로 한 경제 성장, 그리고 탈탄소를 위한 공헌 등을 동시에 이루어 낸다는 관점에서 에너지 절약과 재생에너지와 원전을 포함한 에너지 정책에 있어서 모든 선택지를 확보해 놓는 것이 중요하다"고 답변했다(2023년 5월 10일, 참의원 본회의).

고이즈미 씨는 "나는 기시다 씨와 얘기를 한 적이 없어요. 기회가 생기면 얘기하겠지만……"이라고 말해 왔는데, 드디어 고이즈미 씨와 기사다 씨가 직접 얘기할 기회가 생겼다.

2023년 5월 30일 저녁, 고이즈미 씨가 도쿄 도내에 있는 어느 일본 요리집에 갔는데 때마침 그 자리에 기시다 씨도 있던 것이다. 고이즈미 씨는 1층 카운터에 있었는데, 기시다 수상이 2층에서 내려왔다. 인사를 건넨 기시다 수상에게 고이즈미 씨는 "헌법 개정은 3분의 2 찬성이 있어야 하니까 무리야. 원전 제로는 총리가 결정하면 바로 할 수 있어. 할 수 없는 것을 주장하고 할 수 있는 것을 하지 않는 것은 문제가 있지 않느냐"고 물었다.

기시다 씨는 쓴웃음을 지으면서 '총리가 정하면 된다고요……'라고 중얼거렸다고 한다.

고이즈미 씨는 나에게 그때 오간 얘기를 밝히면서 "여러 산업이 얽혀 있어서 (쉽지는 않죠)……."라고 말했다.

정부는 최대 책무를 포기

원전을 추진하기 위해 정부는 그동안 막대한 세금을 쏟아부어 왔다. 후쿠시마 사고를 경험한 당사국으로서 일본은 탈원전으로 정책을 전환하려고 했지만, 기시다 정권은 불과 12년 만에 그 정책을 다시 원래대로 되돌리려고 한다.

"기존 구조만 쓰면 되니 원래대로 돌아가는 것이 훨씬 더 편해요."

"기득권을 유지할 수 있으니까요."

"탈원전을 하려면 난제가 확실하게 드러나요."

지금까지 정권을 잡아온 사람들의 공통된 증언을 정리하면 탈원전을 실행하기 위해서는 '기존 대형 전력회사 경영 악화 우려', '언젠가 재처리할 계획이던 사용후핵연료 처분 문제', '일부 미국 세력과의 관계' 등을 해결해야 한다. 그래서 기시다 정권은 바꾸는 것은 귀찮고 기득권을 유지할 수 있다는 판단에 원전 추진으로 되돌리려는 것이다.

정말로 이것으로 일본에 사는 사람들의 생명과 안전한 생활은 지켜낼 수 있을까? 대지진과 거대 쓰나미는 언제 일어날지 모른다. 후쿠시마 사고는 동일본이 파멸될지 모르는 상황을 만들었다. 일본에 원전을 도입한 나카소네 전 수상마저 후쿠시마 사고 이후에는 "원자력은 인류에게 해를 끼칠 일면이 있다"며, "앞으로는 일본을 태양국가로 만들어야 한다"고 발언했다(2011년 6월 26일 '태양경제 가나가와회의'에서).

정부의 최대 책무는 국민의 생명과 재산, 국가를 지키는 일이다.

기시다 수상은 중의원 예산위원회(2023년 2월 28일)에서 '북한의 거듭된 미사일 발사 등으로 1945년 이후 제일 엄중하고 복잡한 안전보장 환경에 대치하고 있는 지금, 정부는 제일 중요한 책무로서 국민의 생명, 평화로운 생활, 그리고 우리나라 영토, 영해, 영공을 단호하게 지켜나가야 한다'고 말했다. 원전은 미사일에 약하고 국방을 위태롭게 한다. 전쟁 시에는 우크라이나처럼 '인질'이 아닌 '물질(物質)'이 된다. 공격과 사고 발생 시에는 국민 생명과 평화로운 생활을 위협한다. 일본 영토에는 후쿠시마 일부 지역처럼 여전히 살 수 없는 귀환곤란 구역이 남아 있다. 일본 영해에는 방사성 폐기물을 흘러 보내고 있다. 큰 손실이다.

대지진과 거대 쓰나미, 화산 폭발에 대해 정확하게 예측하기는 불가능하다. 원전을 유지하는 한, 사고 위험성은 결코 제로가 되지 않는다. 최대 책무를 포기하는 것은 정부의 태만이고 직무 유기다. 수상이 하겠다면 다 할 수 있다. 하지 않으니까 못하는 것이다. 이 나라의 장래 모습을 진지하게 생각하는 인물이 수상이 될 날이 올까? 아니면 다음 사고가 일어나는 것이 먼저일까?

글을 마치며

"방사능 오염에 대해서는 회사 판단 때문에 모두 기사로 할 수 없었습니다."

"건강 영향은 없다는 견해도 있어서 회사에서 다시 검토하겠습니다."

정부를 자극할 가능성이 있는 의견이나 분석에 대한 기획 기사와 원고는 퇴짜 맞는다는 얘기를 여러 기자들로부터 자주 듣는다. 개인 SNS에 글을 올리는 것도 상사가 보고 정부 견해에 걸맞지 않다고 지적을 받을 정도다. '피폭의 건강 영향', '방사능 오염에 대한 농가들의 대응 실태', '현재 방사선량 수치', '후쿠시마 오염수 해양 방류에 대한 전문가들의 견해' 등과 같은 내용이다. 기사를 쓸 수 없어서 힘들어하는 기자들이 회사를 그만둔다. 그런데 퇴사한 사실조차 회사가 삭제를 요구하는 사례도 있다. 도대체 무슨 일이 일어나고 있을까? 민간 보도 기관은 정부 홍보 기관이 아니다. 오히려 권력을 감시하는 것이 업무일 것이다.

나는 지금까지도 비슷한 경험을 겪어 왔다.

2003년 재직 중이던 홋카이도신문에서 나는 경찰 뒷돈 문제를 다루고 있었다. 경찰이 출장비·수사비와 같은 경비를 간부 교제비 등 뒷돈으로 활용해 온 것이다. 오랫동안 전국 각지 경찰서에서 관행처럼 해 오던 일이다. 드물게 내부 고발을 통해 수면 위로 올라와도 그때마다 무마해 왔다. 그런데 전 홋카이도 경찰 간부들이 TV 아사히 프로그램에서 뒷돈 문제를 익명으로 증언한 것이 계기가 되었다. 경찰 기자 클럽에 있던 우리들은 형사들을 취재하면서 뒷돈에 대한 실태를 매일 보도하게 되었다. 경찰은 뒷돈을 부정했고 "홋카이도신문 기사 내용은 거짓말이다. 그 증거로 다른 신문사는 보도하지 않았다", "어두운 밤길 조심해라" 등 우리들에게 공격적인 말을 쏟아 부었다. 전국신문, 통신사, TV는 거의 보도하지 않았다. 우리는 계속 괴롭힘을 당했다. 다른 사건에 대한 기자회견을 여는 중에도 경찰 측 홍보 담당 부서장이 "홋카이도신문은 나가라"고 말한 적도 있었다. 옆에 다른 회사 기자들이 앉아 있었지만 그들은 아무 말도 하지 않았다. 후배들도 같은 홀대를 받았다.

나는 전국 신문과 NHK의 고위급 기자들을 간담회 명목으로 불러내 왜 안 쓰는지를 물었다. "경찰 간부들이 우리를 한몸이라고 생각하고 있어서 뒷돈에 대한 정보를 주지 않아요.", "일손 부족으로 쓸 수 없어요.", "너도 우리 회사에 오면 알 거야."

그들이 답한 이유에는 조직적인 문제가 있다는 것을 표현하고 있었다.

결국 2개월 반 후에 전직 간부가 실명을 밝히면서 기자회견을 함에 따라 겨우 다른 회사들도 보도하기 시작했고 홋카이도 경찰은 무려 10억 엔을 정부와 홋카이도에 반환했다. 수사비는 본래 목적인 현장에서 쓰이게 되었다.

전 교동통신사 아오키 오사무(靑木理) 씨도 비슷한 경험을 한 적이 있다고 말한다.

"상사에게 '공안경찰의 실태에 대해 써야 하지 않을까요?'라고 제안했지만 '절대 안 된다'는 답변을 들었다. 경찰은 경찰 담당 기자에게는 최대 뉴스 정보원이다. 경찰이 토라지면 정보를 주지 않을 거라는 것이 제일 큰 이유였다. 결국 쓸 수 없었다."

미디어와 권력이 한몸이 되었기 때문에 써야 할 것을 못 쓰게 된다. 이대로 둬도 되는 걸까? 나 또한 이 책을 출판하면서 이해하기 힘든 경험을 했다. 나는 학생시절부터 원전 문제에 흥미를 가지고 필생의 사업처럼 취재해 왔다. 함께 살았던 조부는 오랫동안 전력회사에서 일해 온 직원이었다. 아버지는 대학 공학부 교수였고 원전을 대신할 수 있는 발전 방법에 대해 연구해 왔다. 학생시절에 아버지의 연구에 관한 학회 개최를 돕기도 했다. 지금까지 세 곳의 보도 기관에서 근무했지만 그동안에도 원전 문제를 다뤄 왔다. 2020년 기자직에서 쫓겨나 신문 매체에 기사를 쓸 수 없게 된 후에도 근무 시간 외에 사비로 회사 기자가 아닌 개인 저널리스트로 활동하면서 조사해 왔다.

문예춘추 편집자에게 책의 초고를 보여주었고 2022년 2월에 간행한다는 방침이 정해졌다. 회사에는 '사외 출판 절차'라는 문서가 있다. 사원이 책을 낼 경우 사전에 회사에 신청하도록 정해져 있는 것이다. 나는 2021년 10월 13일 출판 신청서를 소속 부장에게 제출했다. 회사 '직무'와 관련된 내용은 출판할 수 없도록 되어 있다. 회사가 규정하는 그 '직무'란 '현재 직무와 직접 관계가 있는 것', '과거 직무에서 취득한 지식과 정보가 주된 내용인 것'이다.

문제가 생기지 않도록 신청서에 "원전을 왜 그만할 수 없는지에 대해 다양한 사람들의 얘기와 문헌을 분석하고 그 역사와 경위, 문제점, 현황, 미래 전망 등을 폭넓게 다루는 것이 중심"이고 "직무 활동 정의에 있는 '과거 직무로 습득한 지식과 정보가 주된 내용'이 되지 않았습니다. 직무 외라고 생각합니다"라고 썼다.

지금까지 출판 신청서가 거부된 사례는 들어본 적이 없었다.

5일 후 소속 부장이 "어떤 취재 활동을 했는지 구체적으로 설명하세요.", "편집국에서 이런 주제로 꽤 많은 사람들이 취재하고 있는데, 편집국 외 사람이 취재를 해서 겹치는 일이 생겨서는 안 됩니다"라고 말했다. 나는 구체적인 내용을 정리해서 메일로 다시 제출했다. 10월 25일에는 각 장마다 내용과 아웃라인에 대해 제출하라고 해서, 지시대로 정리해 메일로 회신했다.

신청서를 제출한 지 한 달 정도 지난 11월 8일 소속 부장이 메일로 회신을 보내왔다.

"이동 전 일하던 부서에서 직무 활동을 통해 습득한 지식과 정보를 기초로 하는 것이기 때문에 직무라고 간주된다", "편집국 취재 활동과 겹치고 방해·저해할 염려가 있다", "맡고 계시는 회사 본래 업무에 더 신경을 기울여 주셨으면 좋겠다"라며, "(출판은) 인정할 수 없다고 회사는 판단했습니다"라고 쓰여 있었다.

직무 활동이란 애초에 무슨 뜻일까? 이 책의 기초는 내가 개인적으로 주로 쉬는 날에 돌아다니면서 듣고 알게 된 것들이다. 출판이 왜 안 되는지 이해할 수 없어서 "자세히 설명해 달라"고 메일을 보냈지만 소속 부장은 같은 말을 되풀이할 뿐이었다.

제4장에 등장하는 전 아사히신문 편집국장 소토오카 히데토시(外岡秀俊) 씨에게 상담했다. 소토오카 씨는 국장 시절에 제2차세계대전 시기 보도 책임을 검증하는 연재 '신문과 전쟁'을 기획한 적이 있다. 그는 인망이 두텁고 퇴직 후에도 각 신문사 기자와 경영진으로부터 상담을 많이 받아 왔으며, 그를 초빙해서 공부모임 등이 자주 열리기도 한다. 소토오카 씨는 "저는 회사에 있을 때 허가를 받지 않고 잡지 『세계』(이와나미서점)에 원고를 써 왔어요. 아무도 뭐라 하지 않았어요"라며 희한하다고 반응했다.

문예춘추사 담당 편집 차장은 그 부장에게 직접 설명해 주겠다고 했다. 소토오카 씨도 "문예춘추사가 만나고 싶다고 하면 부장도 아마 만나지 않을까요?"라고 했다. 나는 부장에게 메일을 보냈지만 "면담 신청은 거절하겠다고 전해주세요"라고 회신을 보내왔다.

나는 부장의 상사인 집행 임원에게 얘기를 들어보기로 했다. 12월 22일에 집행임원을 찾아가 경위를 설명했지만 상황은 달라지지 않았다. 그래서 난 물어봤다.

"표현의 자유가 없어요? 직원에게는?"

그는 한동안 침묵하더니 말문을 열었다.

"편집국에 속해 있지 않은 직원이 마음대로 별도 취재 활동을 하면 문제가 생길 수 있죠."

나는 편집국에서 제적당한 후에도 그동안 승인을 받아 책을 출판해 왔다. 편집국 외 다른 직원들도 같은 시기 책을 출판했다. 다시 소토오카 씨에게 상담했더니 그는 "임원도 그렇게 대응하더냐"고 놀랐고 12월 23일 그가 나에게 보내준 메일에는 "편집국 외 직원은 취재도 보도도 할 수 없다는 것은 헌법을 위반하는 일이라고 생각합니다"라고 적혀 있었다.

그 후에도 소토오카 씨에게 메일을 보냈지만 답변은 오지 않았다. 걱정되었는데 그가 갑자기 돌아가셨다는 것을 나중에 알았다. 12월 23일 나에게 메일을 보낸 불과 몇 시간 후 갑자기 돌아가셨다고 한다. 친구들과 스키 여행을 가다가 스키장에서 심부전으로 돌아가신 것이다. 68세였다.

해가 바뀐 2022년 1월 8일 나는 사장에게 1주일 내에 출판할 수 있게 해 달라고 문서로 요구했다. 출판 예정이 한 달 후로 잡혀 있어서 기간이 촉박했기 때문이었다. 답변은 홍보부장 명의로 그 기한이 10일이나 지난 1월 28일 받았다.

"이 저작은 기자로서 직무 활동을 통해 취득한 지식과 정보를 주요 내용으로 하는 것으로 판단했습니다."

"업무 내용·분량과의 균형에 더해 관계되는 부문의 업무 내용·분량과의 균형도 고려한 결과, 이번 사외 활동은 인정할 수 없다고 판단했습니다."

이번 출판이 과거 직무와 연계된 것으로 간주한다는 주장이 이어졌다.

회사에서 어떤 일이 벌어지고 있는지 선배와 동료들에게 물었더니 "지금까지 책을 몇 권 출판했지만 한 번도 사외 출판 절차를 밟은 적이 없었고 어떤 문제도 제기되지 않았다", "출판 이후 요구받아서 나중에 제출했다" 등의 말을 들었다.

한편 최근에는 출판이 인정되지 않은 사례도 몇 건 있었다. 어떤 선배 기자는 편집국이 아닌 부서로 배치되어서 주 4일 근무 제도를 이용해 휴일에 개인적으로 마을 만들기 등에 대해 취재하고 집필하려고 했는데 허용하지 않겠다는 답변을 들었다고 한다. 그는 "개인으로서의 취재 활동까지 빼앗길 것 같아서 퇴직했다"고 나에게 말했다.

사내에서도 기사를 본인 의향대로 쓸 수 없는 경우가 있다. 『태양의 아이: 일본이 아프리카에 두고 온 비밀』에서 신초(新潮)다큐멘트상을 수상한 미우라 히데유키(三浦英之) 씨는 수상식에서 "제가 능력이 부족해서 이 아프리카의 어려운 주제를 소속된 조직에서는 발표할 수 없었습니다. 이와는 다르게 판단해 주신 편집진들과 출판사 분들이 계셨습니다. 덕분에 이 어려운 주제를 책으로 세상에 발표할 수 있게 되었습니다"라고 발언했다.

언론의 자유를 지키자고 늘 주장하던 보도 기관에서 언론 규제는 있어서는 안 될 일이다.

회사에서 최종 거부 회답을 받아도 나는 포기하지 않고 계속해서 취재를 했다. 원전 문제를 큰 목소리로 전하지 않았던 보도기관, 원전 마을의 일각이던 매스컴에도 무거운 책임이 있다. 오랫동안 신문사에서 근무한 사람으로서 목소리를 내는 것을 주저해서는 안 된다. 잊어버리면 정부는 또다시 전철을 밟게 된다. 우리들의 세금을 이용해 망각시키기 위한 대대적인 캠페인을 펼치고 있다. 작더라도 계속 목소리를 낼 수밖에 없다. 나는 동양경제 온라인 등 인터넷 매체를 통해 계속해서 원고를 발표하고 있다. 그리고 후쿠시마 오염수 해양 투기가 큰 파문을 일으키고 있는 이 시기에 이 문제에 대해 공감하는 출판사 분들의 도움으로 출판이 가능해졌다. 원고를 전면적으로 다시 썼다. 그런데 최종 준비를 하고 있던 2023년 9월 28일, 회사는 갑자기 '사외 활동에 관한 가이드라인'을 개정해 '직무' 정의에 한 줄을 추가했다. 직무라는 것은 기존의 '현재 직무와 직접 관계되는 것', '과거 직무로 습득한 지식과 정보가 주된 내용인 것'에 더해 '본사 보도·취재 영역에 관한 취재, 집필, 출판 등'이라는 문장을 추가한 것이다. 10월 1일 시행으로 되어 있다. 보도기관 취재영역으로 말하면 모든 것이 직무로 판단될 가능성이 생긴다. 게다가 직무로 인한 사외 활동의 경우 '편집국의 감수를 받는다'라는 문구도 추가되었다.

감수란 무엇인가? 내가 그 전에 책을 출판할 때 회사에서 '감수'를 받은 적 있었다. 그 중 하나는 이런 것이었다. 내 원고에 대해서 회사가 지적한 부분은, '후쿠시마 제1원전 사고를 이제 지나간 얘기로 하려는 원자력 마을의 큰 힘이 작용하고 있다. 원자력 마을이란 정계, 관료, 학계, 업계와 언론으로 구성되었다'라는 부분이었다. 회사는 "언론에 공개되면 틀림없이 논쟁이 뜨거워질 겁니다. 언론이 후쿠시마를 모두 끝난 것으로 취급하지도 않았습니다"라며 해당 문구를 삭제할 것을 지시했다. 나는 "모두라고는 쓰지 않았다"고 주장했지만 받아들여지지 않았고 관련 문구는 모두 삭제되었다.

이 책을 읽어주신 분들은 아시겠지만 감수를 받게 되면 이 책은 나오지 않았을 가능성이 크다. 제4장에서 언론을 뺄 수 없다. 독자와 취재를 한 사람들을 배신하는 행위가 될 것이고 무엇보다 역사에 대한 모독이다.

출판을 포기하면 "우리의 목소리를 전해주세요"라며 얘기해 주신 분들과 취재에 협력해 주신 분들에게 명목이 없다. 출판할 수 없었던 1년 반 동안에 이 책을 위해 도움 주신 많은 분들이 돌아가셨다. 항상 격려해 주신 소토오카 씨. '출판은 언제쯤 될까요'라고 계속해서 물어보시면서 기다려 주신 피폭자 사노 씨(제5장 참조). 그가 2022년 6월 94세로 돌아가신 것을 그의 아드님 연락으로 알게 되었다. 2023년 7월에는 이탈리아에서 오랜 원전 반대 운동으로 탈핵을 이루어 낸 물리학자 안젤로·바라카(제7장 참조) 씨도 84세로 돌아가셨다. 그 외에도 연구자, 저널리스트, 피폭자, 원전 사고 피난민 등이 돌아가셨다. 원전 취재에 종사했던 젊은 후배 기자도 세상을 떠났다. 빨리 전해드리지 못한 것에 대해 너무 미안하게 생각한다.

나는 내게 실상을 전해 달라고 부탁하신 분들과 협력해 주신 많은 분들의 마음에 응하기 위해서라도 이 책을 출판해야 한다고 생각했다. 그것이 돌아가신 분들의 영혼에 보답하는 일이다.

방법을 생각했다. 회사명과 직책을 밝히지 않고 개인으로 해 온 것으로 사익이나 영리를 목적으로 하지 않는다면 회사에 말할 필요가 없다고 했다. 회사에 알아보고 확인했다. 나는 진실을 전하는 것을 최우선으로 하기 위해 원고와 프로필에서 소속 회사 이름을 표기하지 않기로 했다. 인세는 지금까지의 취재비와 이후 취재 활동에 쓸 것이다.

'사외 활동에 관한 가이드라인' 개정은 언론에서 언론통제 강화로 보도되었다. 언론 기관이 언론의 자유를 침해해서는 안 된다. 나는 어떻게든 언론을 지켜야 한다는 마음으로 사내에 남아 왔지만, 결과적으로 회사를 그만두어야 할지 모른다. 그럼에도 나는 진실을 전하는 것이 더 중요하다고 생각해 이 책을 출판하기로 마음을 먹었다. 이 결단을 위해 고생을 하게 된 분들에게 너무나 죄송하게 생각한다.

핵 때문에 많은 사람들이 힘들어지는 일이 이제는 없었으면 한다. 일부의 이익을 위해 다수 사람들이 희생되는 이 국가 구조가 조금이라도 개선되었으면 한다. 이 책에서 하고 싶었던 얘기는 원전은 거대하기 때문에 바꿀 수 없다는 속임수다. 원전을 추진하는 세력은 일부에 불과하다. 원자력 마을의 촌장은 총리이며 자민당이 중의원에서 과반수 의석을 장악하고 있기 때문에 지자체와 관련 산업에 막대한 세금을 뿌릴 수 있는 것이다.

총리가 바꾸겠다고 결정하면 바꿀 수 있다. 그러기 위해서 한 명이라도 많은 사람이 투표소로 가야 한다. 2021년 중의원 선거 투표율은 55.93%였다. 누구에게 투표할 것인지를 생각하는 것은 미래를 정하는 일이다. 침묵은 현재 상황을 추인하는 것이다.

마지막에 오스트리아 사람들이 핵발전소에 반대한 주요 5가지 이유를 소개하고 싶다. 오스트리아는 핵발전소가 들어섰지만 국민 투표 결과 원전 금지가 결정되었고 원전을 사용하지 않기로 했다.

- 통상의 운전 조건 하에서도 방사선이 방출되고 인체 건강에 영향을 미친다.

- 원자로 용기를 비롯하여 해결되지 않는 기술적 문제점이 존재한다.

- 핵폐기물 관리와 처분 과제는 해결이 어렵다.

- 소위 말하는 '평화적 원자력 에너지'는 군사 원자력 업계와 연계되어 있다.

- 비상시 계획이 불충분하다는 점. 원자력이 파국적 상황에 빠졌을 때 주변 몇 개 도시로 주민을 피난시킬 필요가 있지만 그것은 불가능하다는 점.

(페터 웨잇슈, 루파트 크리스찬,
『오스트리아에서의 원자력 NO』세계, 2014년 4월호)

이 기사는 "국민투표에서 원자력 반대가 과반수를 차지하는 것은 보다 젊은 세대, 특히 젊은 여성과 평균 이상 교육을 받은 사람들의 지지가 있었기 때문"이라고 언급했다. 오스트리아가 핵발전소에 반대한 주요 5가지 이유를 일본에서는 해결할 수 있을까? 원전은 일상적으로 작업자의 피폭을 수반하면서 가동된다. 규슈에 있는 원전에서 일하다가 백혈병에 걸린 남성 노동자에게 산재가 인정되었다. 그는 아파트 2층에 살면서 "지금도 많은 약을 먹지 않으면 살아갈 수 없습니다"라며 나에게 약을 보여 주었다.

잊어서는 안 된다.

사람의 희생 위에 원전은 움직이고 있다. 원전 추진을 결정한 사람들은 피폭하지 않고 원전에서 멀리 떨어진 도쿄 나가타조에[46] 있다.

여기까지 읽어주셔서 감사하다. 여러분들이 힘이 되어 주신 덕분에 이 책은 여기에 있다. 그리고 이 책은 문예춘추 니시모토 고우츠네(西本幸恒) 편집장, 마츠자키 다쿠미(松崎匠) 씨, 오다 하지메(織田甫) 씨의 도움 없이는 출판될 수 없었다. 언젠가 여러분들을 다시 만날 수 있기를 간절히 기대한다.

---

46 수상관저, 내각부, 국회의사당 등이 들어서는 지역

옮긴이의 글

이 책이 일본에서 출판된 것은 2023년 11월이다. 아오키 미키 기자가 그 전에 출판한 두 권의 책도 읽었고 작년 5월 도쿄에서 열린 오염수 반대 집회에서도 그를 만나 잠깐 얘기를 나눈 적 있었다. 이 책 제목이 너무나 나에게는 와 닿았다. 평상시에 내가 생각하고 궁금했던 의문 그 자체였기 때문이다.

일본에서 스물네 살까지 살아온 나는 특별한 어려움 없이 '적당한 풍요로움 속에' 나름 잘 살아온 것 같았다. 그런데 언제부턴가 일본이 갈수록 살기 힘든 나라로 전락해 가는 것을 느꼈다. 여러 계기가 있었겠지만 그걸 결정적으로 느끼게 된 것은 동일본 대지진과 그로 인한 후쿠시마 원전 사고였다.

후쿠시마 사고가 났을 때 나는 환경단체에서 근무하고 있었다. 하지만 그전까지는 원전이 방사능 때문에 위험하다는 정도의 막연한 인식밖에 없었다. 후쿠시마 사고는 내가 그 동안 근거 없이 믿었던 뭔가가 와르르 무너지는 순간이었다. 그동안 누려온 평온한 일상이 수많은 모순과 왜곡과 차별 위에 위태롭게 흔들리고 있을 뿐이었다는 것을 깨달았다.

후쿠시마 사고를 경험하고 나서 한동안 일본 사회는 핵 없는 세상으로 향해 가는 것처럼 보였다. 당시 집권했던 민주당은 '원전에 의존하지 않는 사회'를 선언했다. 후쿠시마 사고로 전국의 모든 원전이 가동을 멈춘 후 재가동 움직임이 있을 때마다, 시민들은 거리에서 '재가동 반대'를 크게 외쳤다. 사회에 대해 늘 소극적이던 일본 사람들이 목소리를 내기 시작한 것처럼 보였다. 그런데 그것도 잠시였다. 2014년 아베 신조 수상이 이끄는 자민당 정권이 재집권하면서 사회 분위기는 다시 원래대로 되돌아갔다. 한때 기울였던 '개혁' 분위기는 희미해져 갔다. 지금은 사회가 점점 더 우경화되어 가는 것을 느끼는 나날이다.

사회가 따뜻하게 품어야 하는 후쿠시마 원전 피해자들은 현재 제대로 된 보상도 받지 못하는 상황에 놓여 있다. 방사능 피폭에 대해 우려의 목소리를 내는 사람들은 오히려 주변에서 차가운 시선을 받는다고 한다. '후쿠시마를 응원하자'라는 구호 속에서 방사능 오염에 대한 언급은 아예 터부시되는 분위기다.

'후쿠시마는 안전하다' 캠페인을 펼치는 어용학자는 이공계에만 있는 것이 아니다. 어느 순간 '풍문 피해'라는 단어가 인문계 어용학자들 사이에서 회자됐다. 피해자가 있으면 가해자도 있는 법이다. 어용학자들은 방사능 위험성을 호소하는 사람들이나 시민단체를 가리켜 '풍문 가해자'라는 말까지 만들었다. 후쿠시마 사고의 진짜 가해자는 사고를 일으킨 도쿄전력이고 원전을 추진해온 일본 정부를 비롯한 핵 추진파들이다. 정작 가해자로 불러야 하는 사람들이 공공연하게 근거 없는 '후쿠시마 부흥'을 외치고 있고 피해를 호소하고 위험성에 경종을 울리는 사람들이 어이없이 '가해자' 딱지를 받게 된 형국이다.

요즘에는 일상적으로 방사능이나 오염수 문제에 대해 언급하는 것조차 어려운 상황이다. 시민들은 후쿠시마 사고에 대해 하고 싶은 말을 할 수 없고 언론인들은 전하고 싶은 소식을 전할 수 없다. 원전 이권에 붙어서 권력을 쥔 사람들이 일상적으로 시민을 감시하고 통제하고 압력을 행사하고 있다. 이런 사회가 진정한 민주사회라고 도대체 누가 말할 수 있을까?

일본이 원전을 멈추기 위해서는 사회 전체가 달라져야 한다. 아오키 미키 씨가 쓴 것처럼, 원전에 의존하지 않는 사회를 만들기 위해서는 '원전 안전 신화'를 만들고 그 구조 속에서 이익을 얻는 세력들의 연합체를 해체하는 일부터 시작해야 한다. 그것은 핵 없는 안전한 사회를 만드는 길뿐만 아니라 일본을 민주사회로 다시 세우는 길이 될 것이다.

핵마피아는 한국에도 있다. 그런 면에서 일본과 한국이 별 차이가 없다. 한국 사회 또한 이 핵마피아와 싸워야만 한다. 원전을 둘러싼 논쟁은 다각도에서 할 수 있다. '안정적인 전력 생산을 위해 원전이 필요하다, 이산화탄소를 내뿜지 않아서 친환경적이다, 전력 국산화를 실현하기 위해 차세대 원자로 개발이 필요하다'는 등 핵마피아들은 그때그때마다 말을 창조하고 바꾸고 사람들을 현혹한다. 근본적인 문제는 바로 민주주의의 문제다. 이 책을 읽으신 독자라면 왜 원전이 지속가능하지 않고 그만해야 하는지, 왜 그것이 진정한 민주주의를 향해 가는 길인지 이해하실 것이다.

탈핵은 멀고도 험한 길이라고 매일 느낀다. 하지만 반드시 인류가 가야 할 길이기도 하다. 나는 그렇게 확신한다. 이 책을 통해 왜 일본이 원전을 멈추지 않는가를 살펴보고 한국 사회와 비교해 생각해 주셨으면 좋겠다.

일본과 한국을 넘어 동아시아, 그리고 전세계가 하루빨리 핵발전소도 핵무기도 없는 사회를 이루기를 진심으로 희망한다.

오하라 츠나키, 2025년 봄

일본은 왜 원전을 멈추지 않는가?

1판 1쇄 2025년 4월 30일
ISBN 979−11−92667−88−1 (03910)

저자 아오키 미카
번역 오하라 츠나키
편집 김효진
교정 이수정
제작 재영 P&B
디자인 우주상자
펴낸곳 마르코폴로
등록 제2021−000005호
주소 세종시 다솜1로9
이메일 laissez@gmail.com
페이스북 www.facebook.com/marco.polo.livre